歷代「朱陸異同」文類彙編

第五册

清代卷　下

丁小明　張天杰　編撰

上海古籍出版社

王崇炳

王崇炳(一六五三～一七三九),字虎文,號鶴潭,浙江東陽人。乾隆丁巳(一七三七)舉孝廉方正。主講於麗正書院。晚年「殷殷於鄉邦文獻之傳,惟恐失墜」,著有金華文略。另有學耨堂詩文集、廣性理吟、東湖講義等。事迹見兩浙輶軒録卷一一。

碑傳集卷一二七理學上陳先生其蒽傳 節録

陳其蒽,字生南,號頻齋,東陽人。中略。或問朱陸異同,曰:「且莫問朱陸異同,但問此心誠僞。子若辨必爲聖人之志,身體而力行之,朱陸異同可不辨而解。」或疑良知未足盡事物之變,曰:「致良知非不博學、審問、慎思、明辨也。學問思辨非良知不可耳。不然,舍繩墨而度長短,離規矩而揣方圓,窮理格物,止益之障耳。理無窮,事無窮,工夫無窮,一致良知,無不併包貫徹。故曰『一以貫之』。」或曰:「致良知恐落虛空。」曰:「萬物皆備於我,致良知,即致萬物皆備之良知也。内而省察克治,外而推行實踐,精粗巨細,周審不偏,何等實落!」或曰:「靜中觀未發氣象,須是閒時用功否?」曰:「未發氣象即良知也。良知時時發而時時未常發也。靜觀謂於心體至靜中觀之耳，非以無事爲靜也。動亦觀，靜亦觀，即『顧諟天之明命』也。」又曰：「致良知與情識異。以良知應物，如日麗天，萬類昭彰；以情識用，如燈光螢火，所照者寡。」或問：「志欲成天下事而才不副，奈何？」曰：「量才而爲，竭才而止，知人善任，天下之事與天下之人或之。如此，則人之有才，皆我才也。」大都先生其葸之學，以致良知爲本，刻苦厲行，齊得喪，忘物我，一死生。雖其行義達道，吾不及知，至於千駟萬鍾，不易其守。家居文溪，明亡，即棄舉子業，樵牧耕耘，自食其力，不避風雨，往來鄉邑，烏巾革帶，布袍草履，不異常人。身經喪亂，挈妻子，東西走，則有可得而想見者，擔負圖書，及祖父神主，頃刻不離。門人數十人，傳其學者爲趙忠濟、慈溪韓霖、永康王同龐。

金華徵獻略卷六儒林三趙忠濟 節録

先師趙諱忠濟，字濟卿，號岐寧，東陽人。其學以致良知爲主，而善氣熏人，不言而飲人以和，則仁者之氣居多。中略。生平未嘗輕議一人，輕絶一人，不因譽喜，不因毁愠，不因情之厚薄、學之同異而分愛惡。或疑姚江之學與考亭異者，則曉之曰：「爲學不在多言，試取子思、孟子、周、程之言，沉潛玩味，一一反求諸身，當自得之。」又曰：「學患見道不明，尤患立志不篤。擔夫販婦，皆可作聖，患在不能自立。」下略。

金華徵獻略卷六儒林三王同龎 節録

王同龎，字天球，號淡庵，永康人。中略。與先師趙岐寧同受學於陳其蒽，卒皆入主五峰，先師亡，主五峰講席十年。予嘗兩至會，見其爲人，敦厚渾樸，貌恂恂如也。又嘗見其手評張武承王學質疑，於姚江盡情剖擊。予積不能平，玩其所評，心平氣和，蓋學姚江而得其氣象，使人意消。中略。其學以爲己爲主，辨志爲先。其報沈學博書略曰：「當今所當辨者，不在異端，而在吾儒。吾儒所當辨者，在君子小人、爲人爲己之間。但辨一片爲己之心，則入門功夫雖有不同，不害其爲大同。尊意欲先於諸儒中辨同異，竊以爲學但求有益於己，期歸於真而去其僞。此事非易非難，而有志者絶少。我輩既以仁爲己任，不能風動而興起之，或者明善誠身之功，尚有未實，所當反己而内省者也。蓋人無不善，誠至則動，誠使欲根盡除，至性流露，必有觀感而興起者。」下略。

潘天成

潘天成（一六五四～一七二七），字錫疇，號鐵廬，江蘇溧陽人。以孝行稱里閭，後遊學桐城，遂隸籍爲安慶府學生，居二十餘年，學益進而家益貧，後竟以窮餓終。門人刻其遺書爲鐵廬集。

鐵廬集卷三

或問：朱、陸往還，發明聖學。朱子嘗云，南渡以來，真實理會做工夫者，惟吾與子静兩人。不知何以紛紛異同，至今不决？先生曰：此兩家門人，各挾好勝之心，以争門户耳，與二先生無與也。今朱、陸之書具在，細心體認，自然明白，不可作矮人觀場，隨人喜怒。先生痛惡詆毁先儒者，曰：先儒救世，各有苦心，棄其所短，取其所長，舜所以成大知也。最恨一班浮薄小人，借衞道之名以自濟其惡。

問：稼書何以痛詆陽明先生？曰：稼書躬行頗好，而識量不足，總由心體不明，還是行不著，習不察。古來了徹心體者不多人，其餘都坐此病。

問：六經皆我註脚？曰：聖人先得我心之所同然者，千言萬語，不過發明我心之理義，豈非六經註我？以我心之理義，發明六經，尊聞行知，豈非我註六經？方合山曰：「六經皆我註脚，此語最精最妙，或以爲禪，豈非癡人説夢！」

或問：格物，朱子云格，至也，窮至事物之理也。或云格如格式，或又曰格去物欲，如

「格其非心」之格。陽明曰格，正也，去其不正以歸於正。諸説紛紛，何也？先生曰：皆是也。

陽明先生善闢二氏。道家長生術錬精氣神，陽明曰：「吾儒慎獨則心定，心定則氣静，氣静則精固，精固則神旺，何用導引？」禪家曰戒生定，定生慧，陽明曰：「吾用戒懼慎獨之功，心體自無不明，何用參悟？」可見二氏竊聖人之一端以詭其説，而聖人之道，固無不該。乃有陳建輯皇明通紀，言陽明害道，把三教打成一滾。此皆好爲議論、不求諸心者之言也。湯師嘗以爲吠聲之犬，職是故耳。

勞史

勞史（一六五五～一七一三），字麟書，余姚人。世爲農，少就私塾讀書，及長，力耕以養父母，夜則披卷誦讀。讀朱子大學、中庸序，慨然發憤以道自任，讀近思録，認爲「吾師在是矣」。康熙五十二年卒，年五十九歲。著有餘山先生遺書。清史稿卷四八〇儒林傳一、清史列傳卷六七儒林傳上二有傳。

餘山先生遺書卷七辯王門宗旨之非

昔陽明以無善無惡爲心之體，從此句錯起，直錯到底。蓋心之體爲性，即仁義禮智是也。今以仁義禮智之性具於心者，謂之無善無惡，斷斷不可。如以仁義禮智未發之際，隱而難見，因謂之無善無惡，請問此仁義禮智至發見時，豈鑿空生出四端乎？吾知人身上舍未發時，無以見仁義禮智之性矣，然謂隱而難見者，亦就陽明自不能見而言之耳。在知性之君子，於心體無不昭然可見，故孟子直指惻隱、羞惡、辭讓、是非等情於未發之先謂之性，性既善，故情亦善，而性之本善益可徵驗，豈如陽明因性之無可見，謂之「無善無惡」乎？子思於未發之際謂之中，下即承之以爲天下之大本。夫曰「中」、曰「大本」，何善如之，豈非其見性之精確而爲是言乎？初未嘗曰未發之際謂之無善無惡也。朱子於「舜之居深山」章，其就舜未感於事物之際，乃下註曰：「聖人之心，渾然之中，萬理畢具。」初亦未嘗曰未感之際，此中不具乎萬理而以爲無善無惡也。程子亦有言曰：「沖漠無朕，萬象森然已具，未應不是先，已應不是後。」其言心之體爲性，益深切著明矣。不特諸大儒之論性者如此，即上古聖人之論性者亦然。蓋性未感乎事物而藴於心，乃謂之德，故堯典云：「克明峻德。」商書云：「顧諟天之明命。」周書言：「克明德。」大學言：「在明明德。」是皆謂之德，不敢以無善無惡目之也。若陽明此言，不以德爲善，將以何者爲善乎？其意未發之際，便把魯論註中「渾然一理」四字來搪塞，乃曰：「未發之際，有何可見，不過渾然而已。」噫，心之體果如是之朦朧乎？且細察其意中，竟以「渾然」作「茫然」解也。并下「一理」二字亦誤看，直以爲一理渾然，毫無可見，認作渺渺茫茫一種景象，如此見解，安得有開明之日乎？朱註曰：「聖人之心，渾然一理。」蓋「渾然」二字是狀聖心未感於事物之象，指聖人之心體而言，一理是指渾然中所具之性，實有著落，特以心當未發，尚不毗於喜怒哀樂一邊，無顯然可見之迹，故以「渾然」二字狀之。然渾然中之所具萬理俱在，不知心體是性者，無以見其真也。惟朱子灼見心之體，直指之曰「一理」，下箇「一」字，下箇「理」字，甚有端的，把「渾然」二字遷他著落。所以然者，蓋心統性情，情之未發，此心可以「渾然」二字狀之；心涵乎性，爲衆道之原，此性當以「一理」二字指之。是以「渾然一理」四字，無一字不妙，其識之精當如此。學者讀書，要句句而琢之，字字而訂之，而理可得，豈如異學之昏昏昧昧、窈窈冥冥，竟將「渾然一理」四字，合看作一團黑暗、沒分曉之光景乎？且朱子於「舜之居深山」章下註釋曰：「渾然之中，萬理畢具。」蓋「一貫」章是以一對貫而言，故云「一理」。「深山」章就下文所感之善言善行而言，故云「萬理」。夫其就心體，時而言「一理」，時而言「萬理」，無不神妙。若陽明之言，是一團黑窣窣之模樣，總未真見性故也。其曰「有善有惡意之用」，孟子言「乃若其情則可以爲善」，惡乃陷溺其心而然，詎可並正指爲用乎？若並正指爲用，則必善惡皆指爲禮，惟皇降衷之始，豈有此等雜揉之理賦予於人，爲心之體乎？則不可言恒性矣。且既並指爲用，則未發時善惡皆已具，與所言「無善無惡心之體」自相矛盾矣。其曰「知善知惡是良知」，似矣，然此不慮之知人人皆有，雖孩提亦有此知，然不能如大人之通達萬變者，以只有此純一之本然，未嘗窮理格物，故其知尚有待於推擴，所謂至知也。不靠實即物窮理，則致字無著，而所知亦不精。陽明質地高明，就所見行去無誤，安得人人盡如陽明乎？況陽明亦從學問得來，非全倚質地高明也。至言爲善去惡是格物，謂致知在誠意，可乎？朱子在「即物而窮其理」一語顛撲不破，陽明偏於行一邊，豈若朱子「知先行後，知易行難」二語之爲精確乎？其宗旨提唱既誤，其後龍溪、心齋竟入於禪，直取釋氏之書，引証其淫辭，王門宗旨一書，雖陽明亦不料其蹉跌至此也。

胡煦

胡煦（一六五五～一七三六），字滄曉，號紫弦，光山人。康熙壬辰（一七一二）進士，選庶吉士，授檢討，直南書房，官至禮部左侍郎，以事罷職。乾隆元年詣闕召見，賞給原銜，是年九月卒於京師，年八十二。著周易函書、易學須知、易解辨異等。清史稿卷二〇九有傳。

周易函書別集卷一三篝燈約旨七朱陸陰陽形器之辨

乾坤者，陰陽之物也。卦爻不離陰陽，故卦爻不離時位。乾以神用，流行而不息，故聖人法之以征時。坤以形用，有定而不移，故聖人體之以征位。陰陽者，太極亨動之靈機。凡氣之流行不息，體之一定不移，非是莫爲之宰。是固方出於太極，全具太極之神，能物物而不物於物者也。周子之誠，太極也。幾，兩儀也。於誠幾之中添一神字，便爲其能不物於物也。張子曰神者，太虛妙應之目，便是説在靈動一邊，非太極渾淪之時矣。朱子執爲形器，則是有形有體之物，乃得具此兩儀，而流行之氣征於天運，運於無形者，皆不得而有之矣。陸子辨之，取始終晦明奇偶上下尊卑之屬，皆無形之陰陽，而時之與位，形之與神，乾之與坤，兼有之矣。今取朱陸往來之書，以辨證於左。

朱子曰：「大傳曰：『形而上者謂之道。』」又曰：「一陰一陽之謂道。」象山曰：「一陰一陽已是形而上者。」朱子答曰：「大傳既云：『形而上者謂之道』，又曰『一陰一陽之謂道』，此豈真以陰陽爲形而上者哉？正所以見一陰一陽雖屬形器，然其所以一陰而一陽者，則道體之所爲也。」

煦按，太極陰陽非有二也，陰陽即太極之既動，能亨太極之大用者也。太極者，主宰之陰陽。陰陽者，運行之太極也。特因太極無形，主宰於中，不可言説，故第從太極之動處説起。孔子之言道也，既説出一字便是太極，而又必説到貫，便是此一之流行處。道也者，天命之大用，充塞昭著於天地間者也，故子思遂稱爲達道。大本則性也，而非道也。周易本言性道之書，因太極之精切，天命之蘊含，非可言説，故多説在大用一邊。如先天圖之兩儀，文王之乾坤，周公之九六，孔子之分而爲二以象兩，皆是從陰陽説起，而陰陽之所從來，俱從而置之，非圖可畫，非言可説也。既曰「一陰一陽之謂道」，又曰「形而上者謂之道」，道字説在用邊，形字説在迹象一邊，皆太極之動，一元之亨，著見流行之會，特未至成形成器耳。若形器已成，則形器也，而非道也。器則有質，在重濁一邊，故曰形而下者謂之器。中庸之言性也，雖從大本説到天命，畢竟未發之時無可言説，故但指其位而證之，謂爲中焉而止耳。以所性之中，非陰陽之所可言也。今既有陰陽可指，故止説在道字一邊，而又以爲形上之事也。今曰「所以一陰一陽，則道體之所爲」，是將道字爲本，陰陽爲用，陰陽與道打成兩截，不唯非夫子一陰一陽爲道之本義，並非一以貫之之旨矣。豈知陰陽方由太極而來，原在兩儀之地，此後所成之四象八卦猶不可以形器論，況陰陽乎？蓋陰陽方出於太極，流行於形器之中，無體而有用，故直以爲道也。道也者，非形器可得而拘，故又曰形而下者斯謂之器也。

象山復之曰：「始終晦明奇偶之屬，何適而非陰陽，是以立天之道曰陰與陽。」

煦按，陸子引天道二語最確。蓋天道但有陰陽可言，非有形器者也。今顧以一陰一陽爲非道，而直謂爲形器，爲昧於道器之分，則孔子「一陰一陽之謂道」此語非乎？朱之顯背於孔莫此爲甚，第證以孔子之言可矣。總由認陰陽爲形器，而不知陰陽全是太極方出之大用，全以神行，故能兼無形之氣、有形之器，胥能合體，而初非有兩。觀陸子所用四十字，如先後始終，動静晦明，上下進退，往來闔辟，盈虚消長，尊卑貴賤，表裏隱顯，向背順逆，存亡得喪，出入行藏，皆無形無器之陰陽，則陰陽之分位，斷可識矣。

朱子答曰：「若以陰陽爲形而上者，則形而下者復是何物？」

煦按，凡有形器者皆物也，非陰陽也，陰陽特具於其中耳。

「凡有形有象者皆器也，其所以爲是器之理者，皆道也。」

煦按，此曰「有形有象者皆器」，是誤看形上之形爲形器之形矣。烏知此形字，即乾彖中流形之形，即中庸形著明動之形，不可以迹拘者也。若形下之形，乃始謂之爲器。此形字亦在動用顯著一邊，亦不可以形器言也。蓋形上形下二形字，雖皆陰陽之所形，而形則不同。形上之形是形之至輕清者，無形之形也。形下之形是形之至重濁者，有形之形也。有形之形可以體求，無形之形不可以迹拘，故孔子遂有道器之分。若以形上之形便謂爲器，則下句爲贅言矣。當知陰陽之妙，資氣以動，故可以形而上，又可以形而下也。上文猶説道體，至此則直謂之道，不獨將道器打成兩截，並將道字分際亦錯看了。蓋道止在大用壹邊，原與大本一邊無涉，故子思曰率性之謂道。性，大本也。道，大用也。故子思遂以達道說在已發之後。今既以陰陽爲形下之器，又曰有形有象者皆器，則是認陰陽爲有形有象之器矣。請問始終晦明，朝夕尊卑上下等，是陰陽乎？非陰陽乎？爲有器者乎？爲有象者乎？此不待辨而自明者也。

「來書所謂始終晦明奇偶之屬皆陰陽，所以謂之器。」

煦按，始終晦明，何器可言？此中惟奇偶二字由大衍之數而成，見蓍之有形，遂謂爲器耳。然蓍之所揲，雖有奇偶之數，而蓍中所藴，則太陰、太陽、少陰、少陽，其義固有四種，非直畫一奇偶，而遂可以使卦體之成也。即卦之既成，畫出重交單拆，乃始有象，其卦究何象乎？不過象陰陽之太、少耳。然奇偶止有二象，將謂奇偶爲少陰、少陽，而已缺卻太陰、太陽；將謂奇偶爲太陰、太陽，而已缺卻少陰、少陽，烏能成卦？夫太陰、太陽、少陰、少陽見於蓍中者，有何形器可象？即聖人擬爲重交單拆，亦但分別動静，想象其道理合當如此。

即後世聖人擬爲連斷之形，亦非有形器之可拘也。予嘗謂易中卦爻皆是先天，正謂蓍中之陰陽老少，原不當以形迹求也。

「獨其所以爲是器之理，如目之明，耳之聰，父之慈，子之孝，乃爲道耳。」

煦按，既以聰明慈孝爲道，聰明由既用而見，慈孝由有作而見者也，謂爲道也誠當。然聰明慈孝，必有所由以聰明慈孝者，予誠不知又將何者爲所由以聰明慈孝者也。今既以道爲形器之所以然，又以聰明慈孝爲道，然則聰明慈孝即形器之所以然乎？且止論陰陽，而牽入聰明慈孝，與陰陽何涉？言耳目而不言心性，宜乎其執陰陽爲形器也。太極之與陰陽，一理而分體用者耳。性與道，一心而分未發已發者耳。太極者，天地之性。性也者，人身之太極也。人知發而爲達道，不可以形器相求，乃顧以太極之動謂爲有形有象。何歟？子思不曰性之謂道，而曰率性之謂道，蓋性之與道，壹事而分體用者也。性不可以明言，子思但謂之爲中，至於發而中節，然後謂爲達道，則是道之爲言，全在大用一邊明矣。朱子謂形象皆器，道爲器之理，將謂陰陽以道爲本乎？如謂陰陽以道爲本，則子思亦當以達道爲本，而未發之中又置之何地乎？不知陰陽即太極之動，道則吾性之發，陰陽之鼓蕩而充斥者也。竟將道字占卻性字地位，則未知性爲本而道爲用矣。然而孔子固曰一陰一陽之謂道矣，謂天地間有形無形之充周，皆此陰陽之流溢，故謂陰陽爲道而不謂爲形器，此斷不可誤解者也。

子思曰「君子之道費而隱」，是從大用之中見出不可思維的道理，正如説陰陽之中便含有太極相似。然陰陽不可以形求，即流行之太極，發育之大道故也。若以太極比之，道與陰陽皆在發用一邊。陰陽之不同於太極者，太極静而陰陽動，太極爲主而陰陽爲使。静而爲主者，隱而不可知。動而爲用者，顯而易見。因陰陽能發太極之用，故尊而重之，謂之爲道，所以説一陰一陽之謂道。蓋凡言道者，皆充周彌綸參贊位育中事也。

煦按，太極，體也，即大本之性也。形器，用也，即達道之道也。其中斡旋妙用，全屬陰陽。形上形下之形，指用而言也。太極之譬若匠，形器之譬若房室廬舍也，其斡旋妙用則斧鑿之力也。指陰陽爲形器，亦可指斧鑿爲房室廬舍乎？太極之譬若豆，形器之譬若腐，其發散凝聚則膏漿之力也。指陰陽爲形器，亦可遂指膏漿爲腐乎？夫果粒之布於土也，而生機勃然，此一粒便是太極，其後開花結實便是形器，而其間之生長滋息所以能如此者，則陰陽之爲也。陰陽而果形器也，則所以能如此者，何不取出一觀？

太極渾渾淪淪，全無形質，萬物則純乎氣質，乃萬物則實由太極而生，中間斡旋妙用，全是陰陽。此處地位分別不清，則全部周易所言皆懵懂。

或問：朱子錯在甚處？曰：夫子形而上者謂之道，與一陰一陽之謂道，此二語皆是言道，而所以爲道者，只在形上形下兩形字發明陰陽之神用耳。其道與器莫非陰陽之用，特器爲頑質，而道體虚靈，故遂以上下分之，竟以道與有形之器相對。今將道字與陰陽對看，便遺了形上二字，且以陰陽作形器，又侵了形下之器壹語，此朱子之所以見屈於陸子也。

陰陽者出於無形之中，運於有形之内，中庸之言鬼神是也。謂鬼神不靈，則又體物而不可遺。謂鬼神有形，則又即物以爲體。然而盈天地間皆鬼神，實則盈天地間皆陰陽而已。

陰陽是太極之動，即是充塞天地物事，何嘗止在有形有器一邊？故斷不可認爲有形有器滯而不靈者也。周易中卦爻圖著四種，俱從陰陽而始。孔子之繫從天尊地卑説起，此處從陰陽説起，皆是兩儀中事，曾無一處説著太極，以陰陽從出之地不可得而言也。然又不可認陰陽爲形器者，陰陽止太極之動而善運者也，故能充塞天地而不可以迹求也。

陰陽者，本於太極之動，而旋用於四象八卦者也。能發太極之大用，最靈最妙者，無逾於陰陽，故曰一陰一陽之謂道。

太極不可以形求，陰陽即太極之動，配之於乾，則元之亨也。聖人之釋亨也，曰品物流形，是端倪呈露之始即形，則著之形也，非有體質，何有形器？形而上者謂之道，此形字便是端倪呈露意思。道也者，陰陽之大用，充塞乎宇宙者也。器則滯而不通，烏能充塞乎？

伏羲先天圖皆陰陽之妙，陰陽始於震巽，配則風雷，全以氣用者也。終於艮兑，配則山澤，始以形成矣。坎離居中，有形而無質，是半氣半形者也。是八卦之中，始於無形之形，終於有形之形，莫非陰陽之爲也。

問：無極之真與未發之中同否？朱子曰：「無極之真是包動静而言，未發之中只以静言。」

煦按，動静本在陰陽一邊，是乾元之既亨，太極之既生時也。今以未發之中爲静，然則人之爲主於身中者，竟無有太極。誠不知子思之所謂中，又何所指也。如以中爲太極，包動静者爲無極，則又分無極太極而二之矣。如以包動静者爲太極，則動静循環，止説得流行壹邊之事，而所謂無極之無，又無處安著。故以動静互根而言太極，本通書之誤，而此言則尤謬者也。何也？既言包動静，則太極之内不可以言無矣。

問：「伊川言静中須有物始得，畢竟此物云何？」朱子曰：「只太極也。」

煦按，既以静時爲太極，誠不知包動静者又是何物？若知動静只在流行壹邊，則静字必説不得中字。中也者，動静之未形者也。

道爲充塞天地物事，而其所以然者，則隱而不可知也。充塞天地，則用之廣也。其不可知者，則體之微也。孔子一以貫之，正體用一如之説。子思曰「君子之道費」，則充塞天地者也，隱則不可知者也。下曰語大莫載，語小莫破，正充塞之大用。而其所以然者，則隱而不可知也。子貢曰「夫子之言性與天道，不可得聞」，蓋言隱也。孟子浩然之氣，配義與道，正與子思費字同旨，正謂道之充塞難量，而吾身之氣克與之配也。今謂陰陽爲形器，以道爲形器之所以然，則是道字占卻隱字地位，無以見道用之充塞而費矣。如謂道爲充塞之物，爲形器之所以然，而道之隱處又另有所以然，則是床上安床，屋上架屋矣，亦不得專以費處爲用，隱處爲體。夫聖人一貫之道，盡在四書、六經。離四書、六經而言聖道，皆非聖道也。

太極者，道之大本也。兩儀四象八卦，由此而漸分者，道之大用也。其中妙用全屬兩儀，而兩儀緊靠太極，又在四象八卦之先，又能充於四象八卦之内，故直以爲形上之事。其但從兩儀起者，太極之中一無所有，而其出不窮，不可名言，不可圖書者也。其必由兩儀四象八卦，而後始達於用者，明大用之實出於大本，而大本之實發爲大用也。文王開爲六十四卦，無有一卦之往來不是説圖中之妙，無有一卦之内外不是説先天之旨，故曰周易爲傳道之書也。今説一陰一陽止是兩儀邊事，如何可作形器論？

兩儀者，太極之神，非形所可拘也。唯神也，故能兼有形無形而入之。今有形之器固有陰陽，而晝夜、昏明、尊卑、上下、始終、動静，何非陰陽？抑何形之可器乎？

太極渾淪靜涵，不可得而言也。故伏羲、文王、周公之易，俱從兩儀而始。伏羲之圖，自兩儀畫起者也，兩儀之前不可畫也。文王之易，自乾坤説起者也，乾坤之前不可知也。周公之爻，自九六説起者也，初爻所自來不可得而言也。孔子之大衍，自分而爲二説起者也，分二之前不可得而知也。故後此無窮之大用，總歸陰陽，故曰一陰一陽之謂道。若不可知者，安可象乎？

或疑除一獨無所象，故謂除一爲象太極。夫天下有象之物乃始可象，無象之太極亦何可象乎？既曰分而爲二矣，一動一靜，獨非分乎？一虚一實，獨非分乎？如必欲於大衍之中求所以象太極者，不若以五十未分之策取而象之，猶庶幾也。大衍之數五十，其用四十有九，其下不言太極，便曰分而爲二以象兩也。以太極爲陰陽形器之主宰，非形所可象，非數所可紀也。凡物之有形可象，有數可紀，皆兩儀之事，非太極之事也。夫既有蓍之可見，則有形矣。有五十之可言，則有數矣。故孔子之言道器，遂皆説在形邊，曰「形而上」、「形而下」。自來不諳形器體用之分，故於大衍之用數補出除一以象太極之語，此似是而實非者也。不知孔子開口便從象兩説起，初無取象太極之説，以其既有蓍數，全然屬在形邊故也。

或曰既稱爲兩，焉得非數？曰兩非數也，是匹對之稱也。獨陰獨陽不可以資生，故坤必得乾，然後謂爲得朋。故兩也者，相資有助之稱。如天地山澤，雷風水火，對舉而互征，皆兩之義也。蓋天地有敦化之太極，有流行之太極，而流行之太極非兩不成，故孔子曰「天地絪緼，萬物化醇」，絪緼則男女之太極也。男女構精，萬物化生，構精則萬物之太極也。天地男女皆兩也，化醇構精渾兩而爲一，皆太極也。天地以前，原不可以意識解説。如但以流行而論，絪緼者固在兩前，構精者固在兩後也。此等境界辨别不精，皆不達周易正理。如上所論，則兩儀爲形下之器矣，而又非也。兩儀者，太極亨動之靈機，變化時物之主宰也。故時有四，兩無四，物有萬，兩無萬，因時而見，因時而變，不離物而存，不執物而有，是形形而不可以形拘，始數而不可以數衍者也。孔子釋乾之亨，謂爲品物流形，是誠則形之形，非形體之形也，形言其才露端倪而已。故即其亨動之機而謂之爲流，象其形之動也。比之於人，則天命之命，即保合太和之事，故不可以形拘也。獨立之物，不以數衍，故周公之命爻也，於兩儀初得之爻但名爲初，而不名爲壹，是不可以數紀者也。

朱陸此論，原因辨無極而起，朱子主張無極爲最妙。煦按，後之學者，原不能輕置六經，自爲一學。孔子繫易，固曰易有太極矣，太極之中果有無極，孔子何憚而不爲之開諭來學乎？伏羲畫卦從太極始，文王釋乾從元始，孔子繫易從太極始，學者當以六經爲主，六經以外，煦固不之從也。即如朱子所論，以無極爲足發太極之妙，則是太極中原自具有此理，又何必詹詹形諸論辨乎？二先生於此，亦少競矣。

朱子曰：「周子言無極而太極，方見有無渾合之妙。」又曰：「無極者，無形體，無聲臭。」周子之語既以無極之下贅以「而太極」三字，則是朱子之意，竟以孔子之謂太極者爲有而言之乎？大誤大誤，故予曰不如存孔子之旨也。

朱子曰：「太極非是別爲一物，即陰陽而在陰陽，即五行而在五行，即萬物而在萬物，只是一個理而已，因其極至，故名曰太極。」此語卻是無弊，此即大本發爲達道，不可謂達道中便無本也。然物之一字亦不可於太極言之，蓋物物而不物於物也。

朱子又曰：「太極便是性，動靜陰陽是心，金木水火土是仁義禮智信，化生萬物是萬事。」此以動靜陰陽爲心，只言其性之動耳。是謂心爲妙於運動之物，只配得中庸發字。然不若止言發，與孟子止言性情爲當。

周易之卦以乾坤居首，便在兩儀之中，便屬有形有象之後。所以繫傳直謂爲陽物陰物，而孔子於乾坤兩卦亦遂著有象傳。然雖有形有象，卻又不可直謂爲形器。蓋乾坤生物之物也，器則有體而物於物矣。今觀揲蓍求卦之際，擬爲重交單拆之形，則有象矣。然謂太陰、太陽，少陰、少陽，實爲有形體則又不可，此朱子所以見屈於陸子也。

太極之真，虛靈之妙，原不可以有無言也。如以爲有，而兩儀未形之先，必不能確指其所由以形之故。如以爲無，而兩儀四象實由此生，故孔子但以爲太極。太也者，尊上之稱。極也者，指其無以復加之妙而言也。此孔子會三聖之妙，言兩儀未生以前，其理之尊上無加，實有如此。止如解釋乾元，無可稱説，但用大哉二字贊之而已。後人把做圖看，已非其旨，乃周子特加「無極」二字於前，又復立而爲圖，或因當時流傳，竟指太極實有此陰陽之藴，故周子病之，加出無極二字於上，其下緊連「而太極」三字，總以象太極中虚而能靈之妙耳。然無之一字不可輕用者，爲其言無，則必與有爲對也。況其上既言無極，其下忽擺出「而太極」三字，則已儼然與無極相對，是指太極爲有而命之矣。況無下用一極字，太下又用一極字，是二極矣。極至之理，豈有二乎？朱子主張無極二字之妙，不憚憚繁言與陸子辨之者，謂無極之説，足以發太極中無形質、無聲臭、無方體之妙，其下合「而太極」三字共爲一句，因謂此語得有無混合之妙。不知太極之體必不可以有無言也，如使可以言有言無，則孔子當已言之，何俟後人之嘵嘵哉？意謂「無極而太極」五字，周子合爲一句，正以無之一字發明太極之體爲至虚者耳。果如此，則謂周子之圖是有無混合爲不當矣。如謂前説無極，其後方説出太極，則不應太極之前又有無極一層，是打成兩截矣。如謂太極之體爲有而虚，故以無極二字發明至虚之妙，則又目太極爲有，是以合無極太極而論之，分無極太極而論之，皆不可也。況有兩極之分，宜陸子不肯屈服也。大約聖人之論，止宜存聖人之旨，不必添説意見可也。太極之説雖出於孔子，然不自孔子始也。伏羲之先天一圖，已圓而虚其中矣。文王之於乾卦，已稱其元矣。周公之九六，已稱其初矣。是皆欲人從陰陽既形之後因而上，因而上溯之，以默識其意而已矣。故太極之上必不能有絲毫增加，太極之中必不能容絲毫言説。如其可以言説，自伏羲至孔子，經四聖之闡揚，宜可以無微不悉，豈猶有未盡之義可言而不之言，俟諸後儒之增設耶？此如「一以貫之」，只此「一」字聖人不之解説，曾子亦不之解説，可以觀矣。又如兩儀四象，伏羲原本河洛二圖盡情畫出，而太極則不可圖畫者也。又云分而爲二以象兩也，後人添「除壹以象太極」六字，便非孔子之旨。何也？太極之真，伏羲尚不可畫，孔子由何而象之乎？況太極之真何等尊貴，心思想不到，語言説不出，而顧可以有形有數之物，從而象之乎？若其既已有蓍，則有形矣。既曰五十，則有數矣。有形有數之物，又烏可以象太極乎？孔子止以分二象兩言之，亦如伏羲畫圖，止自兩儀始，文王立卦，止自乾坤始，周公立爻，止以九六爲初，而兩儀之所由生，乾坤之所由立，九六之所以有初，皆不能實證其所以然，俟諸一以貫之者之自領焉耳。此聖人傳心之最精最密者也，言有無，豈四聖人之旨哉？

學者讀孔孟之書，學孔孟之學，先須識得大綱，正其主腦，到得集學既成，全是一團沖粹和平之氣，故能句育萬物，經綸天地，成絶代之品。語孟俱在，可以觀矣。論語一書，莫詳於言仁，是沖粹和平之本也。孟子雖具泰山巖巖氣象，要亦集義不動心之後，持身之正自然如此。觀其酬對學者，應接同儕，祇敬君長，曾有一焉不沖粹和平而資人指摘者乎？蓋人皆可以爲堯舜，爲其性善而已。性命於天，乾元初亨，便屬太和之保合，繼善成性，便爲長人之善。孔子諄諄言仁，正從性功上指出端倪，故與顔子論仁，止謂之復禮而已。復也者，指其固有者而言之也。學者取法孔孟，必先變化氣質，使暴戾全消，沖粹可睹，斯爲得力。今觀朱陸往來之書，陸稱朱爲尊兄，朱稱陸爲老兄，則已不能有相下之情矣。一以爲理有未明，一以爲昧於道器之分，其爲争競不已甚乎？陸子二書之後不復有言，知其亢高，不肯相下，雖百千萬言無益也。夫學者之所急，無若格物致知。宜格之物，無若子臣弟友；宜致之知，無若孝弟忠信，此最切近而易求者也。無極太極與一貫相似，縱極力分疏，難爲未嘗入室者道矣。今顧嘵嘵不休者，誠不知羲文周孔，何以絶無一言指明無極，而孔子繫傳亦止標太極之説，而曾無一辭贅於其後，以爲深造自得，俟諸其人，果得能唯之曾子，自當有妙契也。

今觀無極之説，即誠如朱子所言無形迹，無聲臭，無方體，而太字之下用一極字，無字之下又添一極字，爲兩極乎？爲一極乎？謂「無極」二字本止解説太極之妙，則以無之一字作太極之註解，系於太極之後，猶之可也。今顧加於太極之上，太極而謂爲極矣，無下所用之極不蛇足乎？若謂此極字不須著意理會，則又安用此極乎？且於此處直謂爲無，吾不知後此之生生不息者，又資何地以立其始也。況其中用而字一轉，已將無極太極打成兩截，不若止存太極之説，實足以混有無，該動静，渾淪藴藉，猶有不可思議，不可言説者存也。今單指出無字，不已偏乎？即其指陰陽爲形器，而陰陽則實非形器。指道爲陰陽之所以然，而道實非陰陽之所以然。此亦不足深辨，但當以孔子之言證之。子曰「形而上者謂之道」，夫既形而始爲道，豈其未形而遂謂爲道乎？子曰「一陰一陽之謂道」，謂道爲陰陽之用也，豈其未有陰陽而先有道乎？學人不精察其論説，不深究其得失，徒道聽而塗説，匪唯兩人之是非不明，恐聖人之學亦終無闡明之候矣。煦於髫稚時，便樂玩太極圖及先儒言道理之書，今四五十年矣，似於此理，微有一見，統俟高明正之。

朱軾

朱軾（一六六五～一七三六），字若瞻，號可亭，江西高安人。康熙甲戌（一六九四）進士，改庶吉士，授潛江知縣。以薦入爲刑部主事，轉員外郎、郎中，督陝西學政。歷光禄寺少卿、奉天府尹、通政使，出爲浙江巡撫，擢左都御史。雍正二年（一七二四），拜文華殿大學士，兼吏部尚書。坐撫浙時失察吕留良私書，吏議革職，命仍視事。尋還職，兼管兵部尚書事。高宗御極，命協辦總理事務，充纂修三禮館總裁官。乾隆元年（一七三六）卒，贈太傅，謚文端。著周易傳義合訂、儀禮節略、春秋鈔、孝經注、名儒傳、名臣傳、續編、循吏傳、文集、輶車雜録、廣惠編等。清史稿卷二八九、清史列傳卷一四有傳。

朱文端公集卷二太極圖説解

乾坤者，對待之體；六九者，流行之用。筮卦之數，陽極於九，陰極於六。陽主進，進至於無可進則退。九退爲八，八，少陰也。陰主退，退至於無可退則進。六進而爲七，七，少陽也。圖極所説，動極而静，静極復動。動静互爲其根者，即筮卦九六進退之謂也。動極、静極者二，太陰生於動極，陽生於静極者，六子也。圖、書不言四象八卦，義已見於是也。此陰陽流行之用，總不外乎兩儀對待之體。先言用而後及體者，一生於兩，一見而後兩立也。或問：「陽變陰合，而生五行，五行非即四象八卦乎？」曰：「四象八卦，乃兩儀之倍分，五行則兩儀之所資以爲用也。文圖離坎居乾坤之位，後天入用故也。五者之氣，彌綸充塞，播於四時。凡陰陽之流行，皆此五者行之也，此水、火、木、金、土之所以名行也。二氣五行，同出於太極，生則俱生，而無極太極之藴，即在陰陽五行之中，同出於太極者，亦各具一太極也。無妄之理，與不二之氣，渾淪融洽而無間。其合也，其妙也，妙合者一也。五行一陰陽，陰陽一太極，氣含乎理内也。五行之生，各一其性，理行乎氣中也。理氣之絪緼，分之無可分，兩非兩，五非五也，一而已矣。一故妙，妙故凝，凝則生生不息矣。乾，天也；坤，地也。言乎其質，則五行生成於天地；言乎其氣，則二五實生乾坤。乾道成男，坤道成女，男女分而形交。氣感萬物，化生天地者，萬物之大父母也。人與物同具此太極之理，而所禀之氣有清有濁。人靈於物，而人之中又有頑秀之别焉。五性動而善惡分出，吉凶悔吝所以紛然多故也。惟聖人定以中正仁義而主静，人極立而三才位焉。定之者，定此感動之性也。感於物而動，性之欲也。定之以中正仁義，所謂先立乎其大，其小者不能奪也。中正者，仁義之中正也。先儒以中正爲智禮，禮所以節文斯二者，智則二者之正而固也。言禮智不足以盡中正，言中正而禮智在其中矣。通書云：『性者，剛柔善惡中而已矣。』剛惡柔惡故非中，剛善柔善亦未必皆中。剛柔者，仁義之偏也。凡物立於偏陂之地，則脚根不定，中則得所止而定矣。大學曰『知止』，得止；易曰『艮止』，定之謂也。求止之功在格致誠正，而其要不外於主静。静者動之本，易所謂『無思無爲，寂然不動』是也。『廓然大公』，性也，無極太極也。『物來順應』，情也，太極之理藴於中而發於外也。天禀陽動而静，地禀陰静而動，而要皆本於太極，太極之理本静也。聖人主静而性以定，定則動静隨時而因應不窮。聖人一天地也。極者至也，道理至此盡頭，更無去處，故推行變化而不可測，皆自極生也。自氣言爲陰陽，自質言爲剛柔，自人心而言爲仁義。動極者，純陽也，動極而静，乾卦所謂用九，陽而陰，天極也。静極者，純陰也，静極復動，坤卦所謂用六，陰而陽，地極也。主静而動以定者，聖人洗心藏密，吉凶與民同患，仁而義，人極之所以立也。曰陰陽，曰剛柔，曰仁義，對待之體也；曰陰與陽，剛與柔，仁與義，流行之用也。與云者，自此及彼，一而二，二而一，張子所謂一神兩化也。原始反終，無終無始者，精氣游魂，屈伸往來之妙也。大哉，易乎！聖人立教以裁成，輔相君子脩德以趨吉避凶，孰有外於是乎？」

儲大文

儲大文（一六六五～一七四三），字六雅，號畫山，江蘇宜興人。性聰穎。初以制藝名，後肆力爲古文。讀書九峰樓數十年。姜宸英見其文，嘆爲曠代異才。康熙六十年（一七二一）進士，改翰林院庶吉士，授編修。告歸後，主揚州之安定書院，學者宗之。年七十九卒。清史列傳卷七一文苑傳二有傳。

存硯樓二集卷二一 朱陸異同辨

宋崇安朱文公、金谿陸文安公皆以學名，嘗會白鹿洞，文安講君子喻義章，文公謂深中學者隱微深錮之病，此其同也。鵝湖寺之辨，此其異也。而論太極三書尤甚，此天下所共傳，三尺童子所習聞也。同與異固若是易辨邪？文安講畢不契，門人請著書，文安正色曰：「朱晦庵如泰山喬嶽，詎願卒異邪？」而文公不得已，且曰：「我日斯邁而月斯征，無可望於必同也。」是所以望其同也。文公嘗一出而遇唐仲友，再出而遇林黄中，三出而遇吴禹圭，今世之士，於仲友、黄中、禹圭曾不少忿，甚或舉其姓氏，至與胡紘、沈繼祖輩胥忘之，而獨文安是讐，若必甘心焉而後逞者，壹何其不知類之甚也。夫今世之士所以尤讐文安者，蓋緣江門、姚江，而姚江尤甚。姚江立身本末少可訾議，則舉龍溪之闢説，心隱、温陵之破裂軌範以爲之證佐，而若姚江直無以自解，夫三子者，吾不謂其胥善也。然而天下之爲李斯者多矣，其果可以罪荀卿否也？浸淫不已，甚至襲崇仁之説，科臣崇祀之餘議，曰無君、曰宣淫。是踵紘、繼祖，而爲宸濠暨桶岡、浰頭諸賊報讐也。矧讐近日姚江之講學者以及姚江，又讐姚江以及文安，展轉變遷，皆非本指。而謂有事於學者，可無加察邪？且近日以學名者，容城爲甚，士大夫以學名，睢州爲甚。蘇門學統，或列之姚江之徒矣。平湖尊朱，而睢州遺書告以務爲其實者，然則二子之學可知也。今世之士，名尊朱學，又不必盡如平湖，大率事干謁、談文字，無所取重，則揭揭然號於天下曰：「此文公之學也。」吾不知文公之學其果若是焉否也？且使仲友、紘、繼祖而生於今，詎敢曰吾不尊文公邪？夫仲友詎非工於文者邪？曰然則朱陸可無辨乎？曰今有兩人於此，其一曰石崇富也，其一曰王愷富也，而問其家，則不名一錢者也。夫不名一錢而欲辨崇愷之孰富，即果辨之奚用也？吾謂士苟志學，必誠有事於文公之訓，所謂敬及致知者，而後朱陸異若同乃可置辨。

朱澤澐

朱澤澐（一六六六～一七三二），字湘陶，號止泉，寶應人。諸生。得程畏齋讀書分年日程，即尋其次序，刻苦誦習。嘗講求經世之學，凡天文躔度，山川形勝，以及水利河渠，農田社倉，學校諸法，考核精詳。念朱子之學，實繼周、程，紹顏、孟，以上溯孔子。有謂朱子爲道問學，陸、王爲尊德性者，以是蓄疑於中，復取朱子文集、語類觀之，潛思力究，至忘寢食。嘗講學錫山，通書關中，皆闡明朱子之學。卒年六十七。著有止泉文集、外集、朱子聖學考略、學旨、朱子誨人編、先儒闢佛考、王學辨、陽明晚年定論辨、吏治集覽、師表集覽、保釐集覽各若干卷。清史稿卷四八〇儒林傳一、清史列傳卷六七儒林傳上二有傳。

止泉先生文集卷七朱子格物説辨

自陽明以朱子格物爲析心理爲二、爲義外，於是明季學者大都沉溺其中，置朱子書不讀。後來宗朱子者，力闢其非，按之朱子格物實落處，少所發明。宜乎此以爲一，而彼以爲二，此以爲内，而彼以外，徒見立説之多，互相攻詆，而於朱子格物之要領、實功，未透其所以然，而宗朱、宗王之兩家，卒未平心而定其一是之極。近又有調停之説，以爲朱、王皆有當，而於陽明闢朱子之論一概不辨，視爲非學者切己要務。嗚呼！辨論前賢之是非，誠非切己要務也！獨指朱子格物爲二、爲義外，而不辨其非，不獨於朱子格物之要領、實功多所未明，即於自家格物之要領、實功未得透徹，茫無下手處，獨非切己要務乎？愚竊以爲，闢陽明可緩，而朱子之學受誣於陽明者，不可不辨。誠於朱子格物之學，得要領、實功，則吾道明，而其畔朱子者自屈矣。

朱子自從事延平，深懲虚無空寂之非。其所考究、參詳乎事物者，非逐末也，實從自家心地動處體驗，以究其不容已之故。即從自家心地接萬物處體驗，以究其不可易之則，庶乎方寸之間明乎物理，確有定準。是朱子壬午以前，三見延平，以察識端倪爲窮理之要，皆於思慮感動時着力，而所格者，性發之情也。及延平既没以後，與南軒、擇之往復參究，無非心地工夫。當其執心是已發之説，幾以爲無可改，始而信，既而疑且悔，後乃恍然悟。是朱子己丑以前，不敢信前賢之言據爲有得，而必詳究其至當不易者，正以窮夫未發之體，而所格者情之性體也。自此後，凡講習、討論之功，酌古參今之學，無非明此性體。久之而衆物之表裏精粗無不到，即物之統於吾性者無不至，吾心之全體大用無不明，即吾性之涵夫物者無不徹。終朱子之身，總是格物，總是知性，而未發之中昭明形著，斯學問之極功，内外一致之實驗也。夫朱子格物之學，心理合一，無内非外，無外非内，可謂顯明矣。

陽明倡爲析二、義外之説以議朱子，吾亦不暇多舉。朱子之訓，即以已發未發説、仁説、太極注、西銘注四篇言之，其云「未發之中，本體自然，不須窮索」者，二乎？義外乎？其云「衆善之源，百行之本，莫不在是」者，二乎？義外乎？其云「天下之故，皆感通於寂然不動之中」者，二乎？義外乎？其云「存則不違其理，没則安而無所愧對於天」者，二乎？義外乎？由四篇而細繹之，朱子深明吾性之本體，著之簡編以示後人，皆深切收斂身心性情之要，未見有拘牽文義，如後世詞章之學也。由四篇而推廣之，凡朱子著述、纂注，皆身心性情之所發見；應事、接物，皆身心性情之所施行，未見有不察之動静微危，而徒託之口説辨論也。

四篇之中，已發未發説，朱子所最先窮究者。所謂「事物未至、思慮未萌之時，即是心體流行、寂然不動之處，而天命之性體段具焉」數語，直窮到雜念俱消、性體呈露微渺處矣。所謂「當此之時，敬以持之，使此氣象常存而不失，則自此而發者必中節，此是日用之間本領工夫」數語，直窮到性體呈露，即工夫即本體，教人刻刻保守性命之學，莫切於此矣。所謂「察其端倪之動，致擴充之功，一不中則非性之本然，而心之道或幾乎息」數語，直窮到性體發動，持守益密，不令毫髮走作致虧本體矣。所謂「周流貫徹工夫初無間斷，但以静爲本」數語，直窮到主静立極，復其本性全體地位。而仁説之包羅，太極注之原原本本，西銘注之踐形成性，已具於心體流行、天性體段之中矣。

夫朱子格物之功，研究凡十餘年，不得未發之旨，深探静會，只據「心屬已發」一語。後又詳玩遺書，乃得凍解冰釋，其見於中和舊説序者甚詳，爰著是説，以衷於一是。至今讀之，溯其原委，想其苦心，歎服其格物之根於心理篤實，反求不諱，其用功曲折，吐心瀝膽，明示學者，一至於此。試思陽明集中，如「天泉證道」，有如是之切實的當者乎？如答舒國用、陸原静諸書，未嘗不中人深弊，然説來卻似自然、太直截，欲尋其端緒，無下手用功處，有如是之委曲、先後可依循者乎？如傳習録中要語，亦有克己切當處，然只是一静便了，有如是之透天命源頭、涵蓋萬理者乎？學者循朱子之序，由發處用功，體驗到未發之中，即仁、義、禮、智之渾然者，原自天地、萬物一處來，自與天地、萬物同條共貫，而無彼此之分，夫乃恍然知朱子格物之學，真是心理合一而非二也。心理合一，義生於心，無内無外，無乎不統，而非義外也。朱子之格物知性如此，陽明之説何其誣哉？

夫太極、西銘注，讀者遍天下，而不知其義，以爲高遠而非初學所及；仁説一篇，讀者亦日習而不用力。至已發未發説則未有及焉，不知此一篇者，實大學、中庸章句、或問之根原，格物知性之實地，必熟體之而後深信朱子格物之學，實有向裏安頓處，初不令人誤用所不當用也。予故特宗之，以明陽明之議朱子者，實不知朱子云。

止泉先生文集卷七朱子未發涵養辨

自程子發明平日涵養之旨，傳之龜山、豫章、延平以及朱子，而聖學大明。朱子之涵養也，雖受之延平，而其默契乎心統性情，貫動静之奥，傳之久遠無弊者，實發龜山、豫章、延平所未及言，而直上合乎伊川。成書具在，可考而知也。明正、嘉後學者，皆講良知，宗無善無惡之教，以朱子道問學之功居多，群指爲章句文義之學。即有遵朱子者，力言格物致知之功，主敬存誠之要，而於未發涵養之故，無一言及之。夫主敬存誠，即所以涵養於未發，以貫通乎已發，實用力者自喻其微。然朱子未發涵養一段工夫，原極力用功，後儒爲之諱者，其防微杜漸之意，自有所在。特以陽明晚年定論一書，取朱子言收放心、存養者，不分早晚，概指爲晚年，以明朱、陸合一，定學者紛紜之議。若更言涵養，是羽翼陽明，無以分朱、陸之界，故概不置詞，可謂用意深遠矣。然朱子涵養原與陸、王兩家不同，乃有所避忌，不顯明指示，不惟無以闡朱子涵養之切要，且益增章句文義之譏，而目爲道問學之分途矣。縱有言及者，又似自陳所見，按之朱子涵養切要之序，不甚相合。

予讀朱子書，積有年所，明儒集間窺一二。陽明晚年定論之舛，既駁正之，而朱子涵養切要之序，稍見端緒者，又烏敢不顯明其旨，以大别於無善無惡之教，而又豈章句文義之學所得借口哉？

朱子從事延平十餘年，相見不過三次，後來追敘當年授受之旨，屢見於答何叔京、林擇之及中和舊説序，答林擇之及中和舊説序在己丑後。提敘於此，其中詞旨井然可見。當見延平時，用力於格物致知之學，延平雖授以未發之旨，而朱子不以爲然。十餘年而延平没，未達其旨，故與何叔京輩敘説，以爲「辜負此翁」。及與張南軒往還，以未發之旨再三質證，所以有「人自有生」四書，皆是竊究此旨而未達之時，所諄諄問辨者也。是朱子不以體驗發爲然者，在癸未以前，自甲申至己丑，越六年，其答友朋書，無日不以此旨未達爲念。而其考程子書及前輩名言，只以心爲已發，性爲未發，亦只以人生自朝至夜，自少至老，無時不是已發，而未發在其中，因以察識端倪爲用功之要。而程子未發之旨，未嘗一日去於心，亦未嘗一日不與同志者相與辨論也，迨己丑春而恍然矣。夫延平所云「終日危坐，以驗夫喜怒哀樂未發之前氣象如何，而求所謂中」者，朱子聞之久，自宜服行之，乃以爲不然者，何哉？蓋朱子於程子未發之旨，辨之精，有一毫之未當不敢以爲是；思之切，有一毫之未信不敢以爲安。驗喜怒哀樂之前氣象，而求所謂中者，延平得知豫章，以上承龜山、伊川者也。凡言心者，皆指已發而言，程子之言也。與其信程子轉相授受之言，不如信程子之言親切而有味。是以用功於察識端倪，而不以觀心於未發爲然。然惟其辨之精、思之切，有一毫之未當未信者，不敢以爲是而安，故於季通辨論之餘，疑而悔，悔而悟，反覆於程子諸説，而自覺其缺涵養一段工夫也。朱子悟涵養之旨，自己丑始；悟涵養之旨，無諸賢之流弊，亦自己丑始。集程子諸説，參而求之，會而通之，因疑心指已發之未當而不可信，始悟心兼體用，必敬而無失，乃所以涵養此中，必實致其知，日就光明而學乃進也。悟心兼體用，而有涵養於未發、貫通乎已發之功，則向來躁迫浮露之病可去，而有寬裕、雍容之象矣；悟敬以涵養又必致知，則絶聖去智、坐禪入定，歸於無善無惡之弊有所防，而陽儒陰釋之輩無所假借矣。自此以往，涵養之功日深，所見愈精，本領親。如「涵養於未發之前，則中節者多」，湖南諸友無前一截工夫，則有答林擇之之書；「平日有涵養之功，臨事方能識得」，則有答胡廣仲之書：此尤章章可考者也。

夫以朱子好學之篤，功力之專，自不數年而體立用行，然猶需之十數年者，亦有説焉。答吕伯恭、周叔謹輩，往往從涵養中自見支離之失而不諱，固所以教友朋、箴來學，而自己之由疏而密、由淺而深，亦層進而有驗。蓋涵養而略於理者易，涵養而精於理者難；涵養而處事不盡當者易，涵養而事理合一者難；涵養而偏於静者易，涵養而動静合一者難。朱子自四十後，用許多工夫，漸充漸大，漸養漸純，至丙午答象山，有「日用得力」之語，至庚戌有「方理會得恁地」之語，又曰「幸天假之年，許多道理在這裏」。所謂涵養於未發而貫已發者，心理渾融無間而歸於一矣。要其用功，一遵程子「涵養須用敬，進學在致知」之説，即「尊德性而道問學」之旨也。朱子涵養之序如此，此直上溯伊川，以接子思子之脉者，原與後世陽儒陰佛、假未發之旨以實行其不思善、不思惡之術者，較若黑白，亦何爲有所避忌而不言哉？

或曰：「子言朱子涵養之序詳矣，彼援朱入陸者，方爲晚同之論，以混於一。吾子之言，得毋中其所欲言而賫以糧乎？」曰：不然。彼良知家多言朱子晚年直指本體以示人，今朱子之書具在，如答度周卿、周亞夫、潘子善、孫敬甫諸書，皆六十以後筆，皆以涵養、致知爲訓，曷嘗單指本體乎？其言涵養也，莫精於答呂寺丞「純坤不爲無陽」，無知覺之事而有知覺之理；其言進學在致知也，莫精於答張元德「横渠成誦之説，最爲徑捷」。此甲寅、戊午後之言，又何嘗不以涵養致知爲訓？又何嘗單指本體？與良知家有一字之同乎？如單指本體，不惟理不能窮，中無所得，即所養者亦無理之虚靈知覺，正朱子所云「一場大脱空」者，亦不俟明者而知之矣。

止泉先生文集卷八選讀語類目録後序　節録

上略。朱子之學，原是尊、道齊頭用功，雖有「道問學工夫多了」之語，實從德性上著力，且明以訓詁、詞章無益於性情之病，深戒學者。後儒吴草廬輩遂從而分之，以尊德性屬陸氏，以道問學屬朱子，歷今五百餘年，未有定論。正、嘉間，陽明倡爲格物徇外之説以議朱子，使後世之宗其説者，皆執此言，紛紛立論，遂使朱子平生「尊德性」最切要、最精透之旨，皆置而不省。爲吾徒者，於此等切要、精透處，亦不力加發明，闡明其藴，且以心學爲諱，是無異於藉寇兵而齎盜糧也。

幸子洪先生記載分明，令人一見了然，有直截下手處，深得當日諄諄誨人收斂藏密、專致其尊德性之教，是洵一片苦心，上衛朱子聖道，而下教後學者矣。但切要、精透語，散見於各卷者甚多。在子洪先生，亦不料後世學脉分裂之弊，竟至於此。後人值妄説猖狂之餘，若不彙聚發明，拈出此義，力爲説破，以明當日指本體親切做工夫深意，則爲彼妄説者，只以講解常語視之，而爲吾徒者，又不知從此等切要、精透語，循其方、遵其旨，就自己身心實下奉持德性工夫，則朱子誨人收斂藏密之教，依舊埋没於紙上，而不深入於人心，大可痛惜，莫此爲甚。有志朱子聖學之正脉者，安得不起而任其責哉？

予愚不敏，不足以及此。竊慮學脉不明，思得前哲留傳之集，有能明此者，以爲之宗而繼述之。遍爲搜訪於書肆藏家，既不獲有一二，又求之近世海内宗匠之儒者，冀有同心，共學商究，而知交既寡，解者無人。於是不揣愚昧，擅爲闡明，選文集數百篇，略敘此義。尚有未盡，繼乃依九條之式，採語類各卷切要精透之語，附於文集之後，而此義亦大顯明矣。

試以「居敬持志」一條言之。如五十九卷「仁父問平旦」數段，一百十八卷「一日因論讀大學」數段，一百二十一卷「或問居處恭」數段，其斂束放心者，如何切要，如何精透，象山、陽明集中有此等語乎？猶謂之略於尊德性乎？以「涵養未發」二條言之，如六十二卷「楊通老問中庸或問」數段，七十四卷「易簡理得」數段，九十四卷「問無極而太極」數段，其涵養本體者，如何切要，如何精透，象山、陽明集中有此等語乎？猶謂之略於尊德性乎？即此一百八十餘段裁之，自知朱子收斂藏密之功，煞有次第，故舉以教人。於德性之體段條理，言之極詳，尊之之功必居敬以整内外，由已發以反未發，淺深疏密，顯著昭明，恭敬奉持，直透本原，與天命默相契合。歷觀先賢之言，所以指示性情、提撕工夫，未有若此之明且要者也，且非獨二條爲然也。

朱子二十餘歲時，從事延平，以求聖學之傳；後交南軒，以識端倪之真。至四十，透未發之旨，自此以後，無時不用力於尊德性矣。以主敬補小學，即以養德性之原。其言立志、知性者，所以植德性之發幾，藏德性之脉絡也；其言窮理、致知者，所以開明此德性，而不使之稍昏昧蔽塞也；其言力行、踐履者，所以堅實此德性，而不使之稍傾圮虚浮也；其言王道、措施者，所以運用此德性，而不僅僅獨善自了已也。若夫歷患難、生死，而德性之凝定、貞固，不摇奪於利害；極盛大輝光，而德性之純粹、精白、直馴，至於渾全。此尊德性之極功，而終其身以優入聖域，而無已時者也。合此四百餘段讀之，皆是循循收斂藏密，以盡尊德性之實修。乃知其道問學之孜孜不已者，無非明瑩德性，無有不透澈，無有不完足，以充滿夫全體大用之本量，而非判爲兩途，何嘗有徇外遺内之病，如彼妄説之分毫哉？又豈屑與彼只拈心靈以爲奇特，而混佛、老、管、商以爲體用者，共較短長哉？

嗚呼！朱子之學，原自顯明於天地間，上承孔、顔、曾、思、孟之正脉，非象山、陽明所能幾及。即其所訾議，亦扣槃、捫燭之見，何能損其萬一。然自正、嘉後，學者頗有分門、豎幟之勢。則衛道之責，必有攸屬。後世誠有卓然崇正之儒，於語類一書反復研窮、沈潛玩味，尋其脉理先後次第之所在，日用之間，認得自己德性，以其所言尊之之功爲宗，步步遵循，時時效法，戰兢惕厲，以保守其固有之良，又讀書窮理，力踐躬行，以不懈其道問學之業，則德性日存日充，問學日明日著，以求無負朱子嘉惠後學之教。又與二三同志共爲講求，俾各尊其德性，各道其問學，一如朱子語朋友講習之旨，則子思子尊道之教，惟朱子得其宗。惟宗朱子之學者，爲能傳其宗。而彼之奉佛、老以託名於尊德性，師管、商以託名於道問學者，謬戾舛差，不待辨而自明。以此質之子洪先生，可以印合，即上質之朱子，亦可以潛通而無愧也夫。

王懋竑

王懋竑（一六六八～一七四一），字予中，寶應人。少從叔父樓村先生學，篤志經史，恥爲標榜聲譽。精研朱子之學，身體力行。康熙戊戌（一七一八）成進士，年已五十一。乞就教職，授安慶府學教授。雍正元年（一七二三），以薦被召引見，授翰林院編修。乾隆六年卒，年七十四。歸里後，杜門著書。以明李默所定朱子年譜多删改原編，與晚年定論、道一編暗合，因取文集、語類等書，條析而精研之，以正年月之後先，旨歸之同異，訂爲年譜四卷，考異四卷，附録二卷。又著有白田草堂存稿、朱子文集注、朱子語録注、讀經記疑、讀史記疑等。清史稿卷四八〇儒林傳一、清史列傳卷六七儒林傳上二有傳。

白田草堂存稿卷一三答朱宗洛書

前辱手書，以病未及作答也。昨覆閲鄒琢老所寄年譜，其規模大多本之尊公先生，而議論則多取愚説。所增入文集、語録，欲發明朱子學問次第，爲舊譜之所未及。其删削聯比，甚費苦心，而考訂歲月先後尤極精密，但不著舊譜異同，僅指摘其舛誤，間有增入數條，亦不言其所據；又以他人之説與己説混而不明，此則非著書之體也。主静之説，前與尊公先生往復論難，卒不能合。大抵此等向上地位，與吾人相去甚遠，未可以意見窺測。今但以文集、語録求之，略見彷佛，非敢自立一論也。程子曰：「敬則自虚静，不可把虚静唤做敬。」又曰：「言静則偏了。而今且只道敬。」又曰：「若言静，便入於釋氏之説也。」朱子之論本此，而發明尤詳。如曰「道理自有動時，自有静時，不可專去静處求。所以伊川説只用敬，不用静，便説得平也。是他經歷多，故見得恁地正而不偏，此其大指亦瞭然矣」。朱子教人，專以四書集註章句，而集註章句未嘗有主静一語。大學或問發明「敬者，聖學所以成始成終」最詳且盡，只言主敬，不言主静也。主静之説，出於周子。朱子作濂溪祠記凡四，未嘗一及主静。以此爲證，更大煞分明矣。太極圖解以仁義中正分動静，而言「非四者之外，别有主静工夫」。其引翕而後闢，專而後遂，亦言其先後輕重之序耳。下言君子小人，只以敬肆分之，不及主静也。尊公先生謂「必從主敬以透主静消息」，以愚見妄論之，則既曰主敬，又曰主静，心有二主，自相攫拏，非所以爲學。又主敬之上，更有主静一層，未免頭上安頭，是太極之上又有無極，上天之載之上又有無聲無臭，恐其卒歸於虚無寂滅而已。朱子以静爲本，見南軒書。必曰主静之論，皆在己丑、庚寅間，壬辰、癸巳以後，則已不主此説。其或隨人説法，因病與藥，亦有以静爲説者，而非學問之通法也。至於從居敬以透主静消息，則反復朱子之書，未有所據，故未敢以爲信然耳。來示所云，與舊説略有不同，而未免以主静兼説。至所論朱子爲學次第，以愚見求之，亦有未盡合者。蓋朱子自十五六時，即用力爲己之學，内外並進，齊頭用功，未嘗有偏。即其出入老、釋，亦從心地本原處用力，故延平言其從謙開善處下工夫來，皆就著裏體認。至於考釋經書，講磨義理，則自其時用心爲已極矣。及見延平，始悟老、釋之非，其於考釋講磨，益以精密。獨受求中、未發、默坐、體認之旨，反而求之未有以自信，是以延平殁而往問南軒。已而自悟心之動静皆爲已發，而未發爲性體，自以爲無疑矣。「人自有生」二書，向以爲在戊子，今考之何叔京、羅參議兩書，則在乙酉、丙戌間，蓋未至潭州前也。比至潭州，與南軒論不合。朱子謹守師説，而南軒以求中、未發、默坐、澄心爲不然，見南軒書，廖子晦録。至未發、已發則無以異。朱子與南軒詩可考。其後又卒從南軒受胡氏之學，先察識，後涵養，答程允夫、何叔京。戊子諸書皆主此論。己丑春，乃悟已發、未發之各有界地時節，於是改從程子，而於未發，復尋延平之説。又至庚寅，乃極言「敬」字用功親切之妙，與林澤之書。拈出程子「涵養須用敬，進學則在致知」二語，與吕東萊、劉子澄書，與延平之云亦少異。自是指歸一定，終身守之不易。若三十年以來，考釋講磨之功，雖有淺深精粗之異，而未嘗一日廢也。蓋於答江元適書，而知戊寅前出入釋、老之非；於答薛士龍書，而知己丑前馳心空妙之失如以未發爲性體，及先察識後涵養之類；於答陳正己書，所云「中間非不用力，而所見終未端的，所言雖或誤中，要是想像臆度」，則自己丑以前，亦非錯用功夫也。又云：「反復舊聞而有得焉，乃知明道先生『天理』二字自家體貼出來者爲不妄。」此亦自明所得，非延平之傳所能盡矣。來示云：「見延平後一意於格致上用功，己丑悟未發之旨，乃知主敬涵養爲學問本領。」似未免説成兩截，非所以言朱子之學也。又前云主静涵養，後云主静持守中，又有「主敬持守」字，未知涵養工夫主敬乎？主静乎？蓋敬可以貫動静，而静不可以該動，其不可混而爲一，明矣。來示又言：「於一本涵養栽培，而平日之銖積寸累者，皆豁然貫通。」此亦似説成兩截。

又云：「及造之熟，則至虛至靈之中，萬理咸備。」是豁然貫通之後，又有造之、熟之一層矣。大學或問云：「盡心之功，巨細相涵，動静交養，初無内外精粗之擇。及其真積力久，而豁然貫通，則有以知其渾然一致，而無内外精粗之擇矣。」補傳云：「及其一旦豁然貫通，則衆物之表裏精粗無不到，而吾心之全體大用無不明矣。」夫衆物之表裏精粗無不到，而吾心之全體大用無不明，是所謂渾然一致者，非「衆物之表裏精粗無不到」後又有一層工夫，而後「吾心之全體大用無不明」也。至虛至靈之中，萬理咸備，此惟顔、曾方能與此，子貢以下所不得聞，今日何敢擬議及此？然嘗聞之程子曰：「性中只有仁義禮智而已，何嘗有孝弟來？」又曰：「在物爲理，處物爲義。」是所謂萬物咸備者，即或問所云「心之虛靈，足以管乎天下」之理，非必事事物物納入心中，而後徐徐自此出之也。陳白沙曰：「一片虛靈萬象存。」楊慈湖默自反觀，覺天地萬物通爲一體，非心外事，與此亦復何異？而何以爲禪學乎？即云從格致得來，非由反觀而見，亦朱子所云「别有一物，光明燦爛，動盪流轉，必要捉取此物，藏在胸中，而後别分一心，出以應事接物也」。毫釐間，其不陷而入於虛無寂滅者幾希矣」。凡此皆與鄙見有未盡合處，輒爾妄言之，亦未知其是否也。尊公先生閉户讀書，不涉世事，於静中大有得力處。其於文集、語類反覆推尋，非儔輩之所能及。今日當識其苦心用功，及其自得處，而於小小離合，自可置而不論。顧念創始之難，而思有以賡續成之。

常欲以文集、語類一一考其前後□的可知爲某年者系以某年，不甚可考者則曰某年後，而極異同之趣。其中可疑者，亦各疏於其下，以待後人之考證。此不過言語文字之間，而於學問源流，實大有關係。今已衰且病，度不足以了此望，足下與星兄共有以成之也。嘗妄論朱子少時，知行並進，幾類於生知安行，無積累之漸者。及己丑、庚寅後，指歸一定，終身不易，又與孔子之「不惑」，孟子之「不動心」略同。其後，則所謂「獨覺其進，而人不及知」者。語録載朱子言六十一歲方始無疑，又云「上面隔得一膜」，此皆謙己誨人，有而不居之辭。而或者以爲晚年始悟，不亦妄乎？朱子曰：「曾子工夫，只是戰兢臨履是終身事，中間一唯，乃不期而會，偶然得之，非别有一節工夫做得到此。而曾子本心蘄向，必欲得此而後施下學之功也。」其言最爲明了。今日學朱子之學者，只於平實切近處加功，默默做去，而至於豁然貫通境界，且可置之。雖云射者之的，行者之歸，而行遠自邇，登高自卑。今遽妄論及此，正患朱子所訶，必欲蘄向得此，而後施功也。愚見若此，未知如何，幸有以訂正之。病後心思枯竭，語多冗長，前後亦有不相應處，亦不能復改正也。同學王懋竑頓首。

作字已，覆閲之，語多冗長，而喫緊處尚未分明，大抵此要分别「敬」、「静」兩字。敬者，心在之謂，與「畏」字相似，即中庸之「戒慎恐懼」也。朱子曰：「當自整頓得醒醒了了，即未發時不昏昧，已發時不放縱而已。」此言似淺，而實盡之。故居敬窮理對言則分内外，以統體言則未有窮理不本於居敬者，此敬所以貫動静，而可言主敬也。至於静，則無思無爲，寂然不動而已。及其感而遂通，則爲動，而不名爲静。故静與動對，而别無不與動對之静，此静不能以該動，而不可以言主静也。蓋敬專以心言，動静則以時節言。如人閉户獨坐，默然無思，此静也。忽有一念之起，將禁之乎？忽有一事之來，將卻之乎？若以静爲主，必屏絶念慮，坐禪入定，則類朱子所云「貌曰僵，視曰盲，聽曰聾，言曰啞，思曰塞」者；而又必以静統動，則雖應事接物，而其心塊然如木石，一無所動於中，又朱子所謂「未發别爲一物，與已發不相涉入」而已。發之際常挾此物以自隨者，而豈理也哉！夫人之心不可以二用，當其動也，必不可别有一心以主静，此亦最易明之事矣。中庸戒慎恐懼，與慎獨時節不同，而工夫則一，此即敬貫動静之旨。既曰致中，又曰致和，此即静不可以該動之旨。未有致中而不能致和者，未有致和而不本於致中者，此正發明敬貫動静意，故曰體立而後用行。其實非有兩事，而一體一用，動静之殊，則終合并不得也，致中、致和各有功夫，不是致中便了卻也，章句分明。又曰非存心無以致知，而存心者，又不可以不致知，正相發明。聖人發用處，在行達道時出之，而立大本溥博淵泉，爲行達道時出之之本。若止立大本溥博淵泉，則聖人之學亦無所用。來示云「自此而感，自此而通」，孔子六十九歲尚未敢云「從心所欲」，即七十「從心所欲」，尚著「不踰矩」三字。曾子一唯之後，戰戰兢兢，臨深履薄，死而後已，非自此感，自此通，遂都無事也。若云立大本又行達道，溥博淵泉又時出之，則仍是兩言之，而非主静之謂矣。翕而後闢，專而後遂，此不貞則無以爲元之義。以此爲主静之證，不又曰元爲四德之首，而貫乎天德之始終，不又可以主動乎？亦可以啞然而一笑矣。今之言主静者，據朱子「以主静爲本」，「必曰主静」兩書之語，皆在己丑、庚寅間。言主敬者，則據朱子大學或問「敬者，聖學之所以成始成終」，及甲辰答吕士瞻、戊申答方賓王書。楊道夫、葉賀孫、沈僩諸録，皆在甲辰、癸卯後，而大學或問則朱子之手筆，以爲垂世立教之大法者，其所據之前後得失，亦自曉然矣。陽明晚年定論所以惑世誣民者，在顛倒歲月先後，而詆四書章句集註爲未成之書。今將力攻其失，而不悟其覆轍，可乎？凡此數條，似較爲明晰。唯一屏諸説，詳考而較正之，則合并爲一，亦必有日矣。

方苞

方苞（一六六八～一七四九），字靈皋，一字鳳九，號望溪，亦號南山牧叟，安徽桐城人，寄居江寧府。康熙丙戌（一七〇〇）進士，嘗坐戴名世案下獄，後官至禮部侍郎。以古文名重當時，提倡古文義法，爲清「桐城派」代表人物。理學崇尚程、朱，堅詆與其立異之學。有望溪集傳世。清史稿二百九、清史列傳一九有傳。

方苞集卷四學案序

昔先王以道明民，範其耳目百體，以養所受之中，故精之可至於命，而粗亦不失爲寡過，又使人漸而致之，積久而通焉，故入德也易而造道深。程朱之學所祖述者蓋此也。自陽明王氏出，天下聰明秀傑之士，無慮皆棄程朱之説而從之，蓋苦其内之嚴且密而樂王氏之疏也，苦其外之拘且詳而樂王氏之簡也。凡世所稱奇節偉行非常之功，皆可勉强奮發，一旦而成之。若夫自事其心，自有生之日以至於死，無一息不依乎天理而無或少便其私，非聖者不能也。而程朱必以是爲宗，由是耳目百體一式於儀則，而無須臾之縱焉。豈好爲苟難哉？不如此，終不足以踐吾之形而復其性也。自功利辭章之習成，學者之身心蕩然而無所守也久矣，而驟欲從事於此，則其心轉若軀尩而不安，其耳目百體轉若崎嶇而無措，而或招之曰：「由吾之説，塗之人可一旦而有悟焉。任其所爲而與道大適，惡用是戔戔者哉？」則其決而趨之也，不待頃矣。然由其道，醇者可以蹈道之大體，而不能盡其精微，而駁者遂至於猖狂而無忌憚，此朱子與象山辨難時，即深用爲憂，而豫料其末流之至於斯極也。

金沙王無量輯學案，以白鹿洞規爲宗而溯源於洙、泗，下逮饒仲元、真西山所定之條目，以及高、顧東林之會約。蓋無量生明之季世，王氏之飈流方盛，故發憤而爲此也。此所謂信道篤而自待厚者與！惜乎其學不顯於時，無或能從之而果有立也。今其孫澍將表而出之，學者果由是而之焉，則知吾之心必依於理而後實，耳目百體必式於儀則而後安，而馴而致之，亦非强人以所難。既志於學，胡復樂其疏且簡，以爲自欺之術哉？

方苞集卷六與李剛主書

九月中自塞上歸，附書相問，而息耗久不至。仲冬望後二日，或致函封，發之則太夫人行述也。呼兒章讀之篇終，而郎君長人之狀附焉，驚痛不能夕食。太夫人耄而考終，在仁孝者猶難爲懷，況重以長人之夭枉乎？此子天民之秀，非獨李氏所恃賴也。僕不能自解，豈能爲吾兄解？然有區區而欲言者，言之則非其時而重傷吾兄之意，不言則於交友之道爲不忠，是以敢終布之。易曰：「洊雷震，君子以恐懼修省。」僕平生所遭骨肉閔凶，殆人理所無，悲憂危蹙中，每自念性資迫隘，語言輕肆，與不祥之氣，實有相感召之理。以吾兄之德行醇懿，而衰暮罹此，語天之道有不當然者。竊疑吾兄承習齋顔氏之學，著書多訾謷朱子。此如習齋之自異於朱子者，不過諸經義疏與設教之條目耳，性命倫常之大原豈有二哉？此張、夏論交，曾言議禮，各持所見，而不害其並爲孔子之徒也，安用相詆訾哉？記曰「人者天地之心」，孔、孟以後，心與天地相似而足稱斯言者，舍程、朱而誰與？若毁其道，是謂戕天地之心，其爲天之所不祐決矣。故自陽明以來，凡極詆朱子者，多絶世不祀。僕所見聞，具可指數。若習齋、西河，又吾兄所目擊也。僕自今年來，食飲益衰，塞外早寒，得上氣疾，幾死者再焉。恐一旦委溝壑，則終無以此聞於左右者。是僕負吾兄夙昔相愛重之誼，而死有餘責也。昔泰伯無子，伯魚早喪，況吾兄子姓甚殷，固知所陳理弱情鄙，不足移有道者之慮，然君子省身不厭其詳，論古不嫌其恕。倘鑒愚誠，取平生所述訾謷朱子之語，一切薙芟，而直抒己見，以共明孔子之道，則僕之言雖不當，而在吾兄爲德盛而禮恭所補，豈淺小哉？聞太夫人既祔葬，僕身拘綴，兒章瘮後不可以風，將使獻歲赴弔，先此代唁，并呈長人哀辭，其遺腹若天幸男也，則速以報我。臨簡哽咽，不盡欲言。

方苞集卷一四重建陽明祠堂記

自余有聞見百數十年間，北方真儒死而不朽者三人：曰定興鹿太常、容城孫徵君、睢州湯文正，其學皆以陽明王氏爲宗，鄙儒膚學，或勦程、朱之緒言，漫詆陽明，以釣聲名而逐勢利。故余於平生共學之友，窮在下者，則要以默識躬行；達而有特操者，則勖以睢州之志事，而毋標講學宗指。

金陵西華門外，舊有陽明書院，不知廢自何年。講堂學舍，周垣盡毁，其餘屋圃者居之，繚以廁匽。欲聲其罪，則其人已亡，欲復其舊，則費無所出。乾隆十一年，貴州布政使安州陳公調移安徽，過余北山，偶言及此，遂議興復。逾歲五月告成，屬記之。蓋公乃余素以睢州志事相勖者，其尊人鳴九先生，承忠節、徵君之學，爲教於鄉國，故公於兹祠，成之如此其速也。

嗟乎，貿儒耳食，亦知陽明氏揭良知以爲教之本指乎？有明開國以來，淳朴之士風，至天順之初而一變。蓋由三楊忠衰於爵禄，以致天子之操柄，閣部之事權，陰爲王振、汪直輩所奪，而王文、萬安首附中官，竊據政府，忠良斥、廷杖開。士大夫之務進取者，漸失其羞惡是非之本心，而輕自陷於不仁不義。陽明氏目擊而心傷，以爲人苟失其本心，則聰明入於機變，學問助其文深，不若固守其良知，尚不至梏亡而不遠於禽獸。

至天啟中，魏黨肆毒，欲盡善人之類。太常、徵君目擊而心傷，且身急楊、左之難，故於陽明之説直指人心者，重有感發，而欲與學者共明之。然則此邦人士升斯堂者，宜思陽明之節義勳猷，忠節、徵君、文正之志事爲何如，而己之日有孜孜者爲何事，則有内愧而寢食無以自安者矣。又思陽明之門，如龍溪、心齋，有過言畸行，而未聞其變詐以趨權勢也。再傳以後，或流於禪寂，而未聞其貪鄙以毁廉隅也。若口誦程、朱而私取所求，乃孟子所謂失其本心，與穿窬爲類者，陽明氏之徒，且羞與爲伍，是則陳公重建兹祠之本志也夫。

郡志載前輩焦弱侯重修書院記，略云創建者海門周公，時攝京兆，厥後與參黄公嗣事，乃成之。今兹重建，費大於作始，公惟不詰屋與地私相授受之由，而官贖之，價從其低。鳩工庀材，並出禄賜。邑侯海寧許君助之，屬役於紳士，不由胥吏，故不日而事集。經始於乾隆十一年季冬，訖工於十二年仲夏。方苞記。

方苞集卷一四鹿忠節公祠堂記

定興鹿忠節公致命於城西北隅，邑人就其地爲祠。曾孫某葺之，列樹增舍，俾子孫暨鄉人志公之學者，得就而講習焉。余嘗謂自陽明氏作，程朱相傳之統緒，幾爲所奪。然竊怪親及其門者，多猖狂無忌，而自明之季以至於今，燕南、河北、關西之學者，能自豎立而以志節事功振拔於一時，大抵聞陽明氏之風而興起者也。昔孔子以學之不講爲憂，蓋匪是則無以自治其身心，而遷奪於外物。陽明氏所自别於程朱者，特從入之徑塗耳，至忠孝之大原，與自持其身心而不敢苟者，則豈有二哉？方其志節事功，赫然震動乎宇宙，一時急名譽者多依託焉以自炫，故末流之失，重累所師承。迨其身既殁，世既遠，則依託以爲名者無所取之矣。凡讀其書，慕其志節事功而興起者，乃病俗學之陋，而誠以治其身心者也，故其所成就皆卓然不類於恒人。

吾聞忠節公之少也，即以聖賢爲必可企，而所從入則自陽明氏。觀其佐孫高陽及急楊、左諸公之難，其於陽明氏之志節事功，信可無愧矣。終則致命遂志，成孝與忠，雖程、朱處此，亦無以易公之義也。用此知學者果以學之講爲自事其身心，即由陽明氏以入，不害爲聖賢之徒。若夫用程、朱之緒言，以取名致科，而行則背之，其大敗程朱之學，視相詆訾者而有甚也。公之生平，耿著於天壤，蓋無俟於余言，故獨著其所以爲學之指意，使學者知所事而用自循省焉，是則公之志也夫。

李紱

李紱（一六七五～一七五〇），字巨來，號穆堂，江西臨川人。康熙己丑（一七〇九）進士，改庶吉士，授編修，累遷左副都御史兼内閣學士。雍正初，召攝吏部侍郎，尋除兵部侍郎，出爲廣西巡撫，擢直隸總督。乾隆即位，命以侍郎銜領户部三庫，尋除侍郎。左遷詹事。以母憂歸。服闋，起授光禄寺卿，遷内閣學士。以病乞歸，十五年卒。所著有穆堂初稿、續稿、别稿、春秋一是、陸子學譜、年譜、朱子晚年全論、朱子不惑録、陽明學録等。清史稿卷二九三、清史列傳卷一九有傳。

穆堂初稿卷一八心性説

羅整庵因伊川程子有「吾儒本天，釋氏本心」之語，遂爲釋氏有見於心，無見於性之説，以排世之爲良知之學者，其言似是而實非也。張子謂：「心統性情者也。」心能兼性，性不能外心。若有見於心，豈無見於性乎？心之所統，五倫五常，萬物皆備。釋氏外人倫，棄萬物，豈能有見於心哉！伊川蓋偶爲此言，未及分析，而後人遂誤解之也。整庵又謂「今人心學之説，混於禪學」，其意亦指陽明，其實亦非也。心學肇自唐、虞。堯、舜授受，止曰人心、道心，未及所謂性。其言雖出於古文尚書，宋以來儒者未有非之者也。大學言心而不及性，亦未嘗謂之禪。若謂盡心爲正學，而明心爲禪學，則朱子釋明德爲虚靈不昧，豈非心乎？又曰：「具衆理，應萬事。」伊川謂：「性即理也。」具衆理，應萬事，豈非心乎？以心釋明德，則明明德非明心乎？此心既明，發之爲五常，施之爲五事，明於人倫，察於庶物，固非聖人不能也。彼釋氏者遺棄人倫，空諸萬有，施之爲教，不可以修身，不可以齊家，不可以治國平天下。舉吾心所有者而悉昧之，何明心之有！使陽明之學而果如是，謂之禪可矣。

然謂陽明之學不足以修身、齊家、平均天下，雖童子知其不然也。不考之實事，而漫爲心性之空言，使異端之徒得駕其謬悠恍惚之説，假心性以相欺誑。至吾儒之躬行實踐，有得於心學，實可以見之修齊治平者，則反推而遠之，以爲近禪，甚且辭而闢之，以爲害道，豈不悖哉！不獨明道程子謂：「在天爲命，在物爲理，在人爲性，主於身爲心，其實一也。」即伊川程子亦謂：「性之本謂之命，性之自然者謂之天，自性之有形者謂之心。凡此數者，皆一也。」明道又言：「心便是天，盡之便知性，知性便知天。」故本天本心，伊川實偶爲此言，未及分析耳。而後人遽欲分心性爲二，黨同而伐異，謬亦甚矣！整庵，吾鄉之先達，而陽明爲浙人，吾豈私所好於陽明者？然平心論之，整庵與陽明同在武宗之時，天下多故，身爲大臣，離事自全而已，能抗劉瑾乎？能誅宸濠乎？能靖粤西之亂乎？此實學與虚説之辨，不敢爲鄉先達諱也。若陳建輩無知妄論，則自檜無譏。余嘗爲學蔀通辯辯，條析其説，今不復論云。

穆堂初稿卷一八發明本心説

朱子因陸子教人有「發明本心」之説，遂以頓悟目之，而其實非也。陸子全集二十八卷，余家所藏宋本與明朝荆門州儒學藏本、撫州家祠本並相同，無片言增減。嘗繙閲數十過，絶無「頓悟」二字。其生平教人，好舉木升川，至專以循序爲主，積小以高大，盈科而後進。即鵝湖之詩，必曰「涓流積至滄溟海，卷石崇成泰華岑」，此天下所共見共聞者，其不爲頓悟之説也明矣。至於發明本義，竝非頓悟。孟子論乍見孺子入井，即所以發明惻隱之心；論嘑蹴之與不受，即所以發明羞惡之心；而不辨禮義而受萬鍾者，則謂之失其本心。陸子發明之意不過如此，非如朱子所謂「一旦豁然貫通，而衆物之表裏精粗無不到」也。故嘗因楊敬仲扇訟一事，謂「是者知其爲是，非者知其爲非，即敬仲是非之本心」，此即發明之一證也。其所以必欲發明人之本心者，蓋專以效法先覺言學，則中材以下必且以資性諉爲不能，惟知仁義禮智皆本心固有，非由外鑠，然後夫婦之愚不肖者，皆可以與知，可以能行，而人皆可以爲堯舜，無庸自諉，亦無可自棄。此發明本心之教所爲不可以已也。自聖賢之學變而爲科舉之業，剽竊口耳，不復以身心體認，陸子之書未嘗經目，而道聽塗説，隨聲附和，咸曰陸氏爲頓悟之禪學。不知陸子全書具在，絶無此説，而循序之教，則無時不然，無人不然，正與尚頓悟者相反。學者試取陸子全書讀之，則知娶孤女者，不可誣以撾婦翁矣。

或謂陸子既非頓悟之教，其弟子慈湖楊氏何以專言覺悟？曰：覺非聖學之所諱也。先知覺後知，先覺覺後覺，孟子不嘗言之乎？惟覺悟之後，功夫正多，既察識，必存養，必擴充，以四端保四海，以親長達天下，終身之憂俛然日有孳孳。而敬仲一覺之後，純任自然，故有過高之論。梨洲黄氏云：「象山以覺爲入門，而慈湖以覺爲究竟，此慈湖之失其傳也。」

以慈湖爲失傳，則知陸子之傳不如是矣。天下之人，試即吾説求之，其於陸子頓悟之誣，庶幾釋然已夫。

穆堂初稿卷一八致良知説上

良知之説，始於孟子，所謂「孩提之童，無不知愛其親；及其長，無不知敬其兄」者也。良訓善，朱子釋以自然，語異而意同。蓋自然發見之善心，即所謂性也。顧中人以下，善端之發，道心甚微，而氣拘物蔽，人心甚危，良知不可全恃，則修道之教起焉。陽明先生有見於此，故即良知而加以致之之功。蓋盡人以合天，明善以復性，至當而不可易者也。其答陸原静書云：「性無不善，故知無不良。良知即未發之中，即廓然大公，寂然不動之本體，人人之所同具，惟不能不昏於物欲，故必致以去其昏蔽。然於良知之本體，不能有加損於毫末。所謂致良知者，不過如此。」致如致曲、致中和之致，朱子所謂推而極之也。中庸或問致曲之説，朱子謂人性雖同，而氣禀或異。自性而言之，則人自孩提，聖人之質悉已完具。以其氣而言之，則惟聖人爲能舉其全體，而無所不盡，上章所謂致誠盡性是也。若其次，則善端所發，隨其所禀之厚薄，或仁或義，或孝或弟，而不能同矣。自非各因其發見之偏，一一推之以致乎極，使其薄者厚而異者同，則不能有以貫通乎全體而復其初。此與陽明先生所以答陸原静者語有詳略耳，其意則豈復有絲毫異同也哉！或謂信如此言，則何不直舉致曲、致中和之説以示人，而必自爲致良知之名，致煩解説？曰：此非陽明先生之故欲爲異，立標準而闢門户也。爲聖學者，切己自修，真積力久，必各有躬行心得之妙，因各舉以示人，以爲學者入聖域之門徑。如濂溪之主静，明道之定性，伊川之敬，横渠之禮，紫陽之窮理致知，象山之求放心，白沙之静中養出端倪，甘泉之隨處體認天理，皆是也。而自善學者觀之，則皆與致良知之説無異。良知爲未發之中，所謂「人生而静」之天性，主静即致良知也。良知爲性之發見，定之則廓然大公，物來順應，事事皆本乎性，是定性即致良知也。敬則心存而知不昧，循禮則制外以養其内，主敬與執禮，皆所以致良知也。即物窮理，似涉於逐外，然窮理以致吾心之知，所謂察之念慮之微，則亦致良知也。求放心，則陽明所宗主者，固爲致良知之説所自出。而胡柏泉謂「良知者，良心之别名，則求放心即致良知也。端倪即良知，指發見之性，由静中養出，亦致良知也。良知即天理之發見，隨處體認，亦致良知也」。蓋致良知之説，苟得其解，觸處洞然，一以貫之。故陽明先生之論，亦非執定一端。其答歐陽崇一，則謂「集義即是致良知」。傳習録謂：「事物之來，惟盡吾心之良知以應之，所謂忠恕違道不遠也。」又云：「所惡於上是良知，毋以使下是致良知。」蓋致良知之説，近求之濂、洛、關、閩而盡合，遠求之孔、曾、思、孟而無不同。推其解則萬變而不窮，極其功則四達而不悖。爲學之要，莫切乎此。而世俗陋儒沈溺於訓詁章句，嘵嘵然二百餘年而未已也，故爲之説，以告天下之有志於聖學者，俾毋惑焉。

穆堂初稿卷一八致良知説下

致良知之説，昭然無可疑。而至今未決者，支離之俗學，以謬見駁之；而放蕩之門徒，以末流失之也。自陽明先生倡道東南，天下之士靡然從之，名臣修士不可數計。其道聽塗説，起而議之者，率皆誦習爛時文講章以求富貴利達之鄙夫耳。間有一二修謹之士，闇然媚世而自託於道學者稍相辯論，不知其未嘗躬行，自無心得，不足以與於斯事，而考見其是非之所在也。當時首與陽明辨者爲羅整庵，然往復二書，未及致知，止辨朱子晚年定論及格物而已。晚年定論考訂未確，固啟疑竇。格物之解，則章句固失之，而陽明亦未爲得，宜其駁也。至於致良知之辨，見於答歐陽崇一兩書。世俗之人，頗主其説，不知其支離而不足據也。其駁良知即天理之説，以爲良知乃知覺，非天理。崇一答之，謂知覺與良知，名同而實異。知惻隱、羞惡、恭敬、是非爲良知，知視、聽、言、動爲知覺，蓋即人心道心之分也。整庵復書，乃謂人之知識不容有二，然則心亦豈容有二乎？蓋心本一也，就義理言則爲道心，就氣質言則爲人心。道心不離乎人心，而人心不能冒道心之稱，故必於人心之中，別其爲道心也。知發於心，心本一，故知亦一。然就義理言則爲良知，就氣質言則爲知覺。良知不離乎知覺，而知覺之知，不能冒良知之稱，故必於知覺之中，別其爲良知也。整庵又謂：「知乃虛字，不可指爲天理。」而引程子「知是知此事，覺是覺此理」以爲證。不知先知後知、先覺後覺竝指人言，則此知字即實字矣。大學八條目，格致、誠正、修齊、治平八字皆虛，而天下、國家、身、心、意、知、物皆實。且知即智也。春秋以前，止有「知」字，無「智」字，故易、書、詩、春秋、禮記、論語凡「智」字皆作「知」，仲虺之誥有「智」字，蓋古文贋書也。孟、荀、莊、列諸子始兼用「智」字。智非實字乎？若謂知平聲，智去聲，此特齊、梁以後之論，古未嘗分四聲也。又謂：「天地萬物皆具天理，而良知則山河、大地、草木、金石皆未嘗有。」以證良知之非天理，則其説尤謬。人所具之天理，即大學所謂明德，蓋虛靈不昧，具衆理而應萬事者也。動物之有知者，猶不能全具，況草木、金石，豈能具人之天理乎？人具此理，可以參天兩地而立人極，草木、金石豈能之乎？山之理峙，水之理流，草木之理曲直，金石之理堅剛，特理中之一端耳。如以一端論，則山川、草木、金石具一端之理，亦未嘗無一端之知。山川之神，列在祀典。有道之世，山出器車，河出馬圖，而草木咸若蓂莢叶歷，屈軼指佞，奇木則連理，模木則因時，皆不可謂無知。至於大地，上配彼蒼，謂地無知，則北郊可不祀矣！其論之謬如此，顧可據以駁良知之説乎？然世之人據其言以相詆諆，紛紛然至今而未已者，雖由於章句口耳之俗學，道聽而塗説，而陽明之門，不善學者，末流之弊，亦有以啟其隙而召之謗，特不可以此上累陽明耳。當時親炙如鄒文莊，私淑如羅文恭，皆粹然無疵，一出於正。文莊作九華山陽明書院記，以愛親敬長爲良知，以親親長長達之天下爲致良知；以惻隱羞惡爲良知，以擴而充之以保四海爲致良知。而文恭答郭平川書謂致良知之説本於孟子，以入井怵惕、平旦好惡、孩提愛敬三言爲證，而歸重於致之之功，謂一端之發見，未能即復其本體，故言怵惕必以擴充繼之，言好惡必以長養繼之，言愛敬必以達之天下繼之。二子之論若此，亦復有何疑義？而一時從學之士不盡爾也。龍溪王畿首爲狂論，純任自然，洸洋恣肆以禍師門。而心齋王艮，亦多怪異。二王之學，數傳而益甚。若羅近溪、周海門，遂參以異説，誠不可不辨。然詭異者不過數人，若徐文貞、李襄敏、魏莊靖、郭青螺諸公之勳業，陳明水、舒文節、劉晴川、趙忠毅、周恭節、鄒忠介諸公之風節，鄧文潔、張陽和、楊復所、鄧潛谷、萬思默諸先生之清修，其因致良知之説，躬行心得，發名而成業者，未易更僕數，豈不猶賢於整庵輩訓詁章句，闇然媚世，而一無所建立者乎？且學術之傳，有得有失，雖聖如孔子，不能保後世所傳之無失。漆雕開未信不敢仕，而傳其學者，世乃目爲賤儒；子夏之後爲田子方，子方之後爲莊周，遂爲荒唐之論；子弓之後爲荀卿，荀卿之後爲李斯，乃有焚書之禍，亦豈足以上累孔子也哉！然則欲知致良知之學者，毋惑於俗儒之論，而不以末流一二人之失，上累立教之師，亦可以曉然而無疑，奮然而從事矣。

穆堂初稿卷一八心體無善惡說附跋

無善無惡心之體，本龍溪所記天泉會語，果否出於陽明先生尚未可知。其語亦無病，而後人輒詆之，謂心體不當言無善，是以辭害意，而未審「體」字之義也。心之體寂然不動，善惡未形，故曰「無善無惡」。就静言，故即繼之曰「有善有惡意之動」。猶周子論誠，謂「静無而動有」云爾。静豈果無誠乎？至誠無息，如静而無誠，則誠息矣。朱子釋無極而太極，謂無形而有理，極無形可曰無極。善惡未形，獨不可曰無善無惡乎？或謂心之體當曰有善無惡，不當曰無善無惡。此説非也。心統性情，兼理與氣者也。謂性爲有善無惡則可，謂心爲有善無惡則不可。況性有義理之性，又有氣質之性。性猶不能俱有善而無惡，而況心乎？或又謂論學者當本性，不當本心。此説亦非也。義理與氣質爲定名，心與性爲虚位，義理之性即所謂道心也，氣質之性即所謂人心也。就義理言之，性固有善而無惡，心亦有善而無惡，道心是也。就氣質言之，心固有善而有惡，性亦有善而有惡，氣質之性是也。若謂當就義理言，不當就氣質言，獨不聞伊川謂「言理不言氣，不備」乎？理乘於氣，性統乎心，與生俱生，與習俱長，心與性，一而二，二而一者也。如言心性者止言義理，而不當言氣質，則舜之命禹止曰道心可矣，何必復言人心？孟子言「命也，有性焉，君子不謂命」，可矣，何必復言「性也，有命焉，君子不謂性」乎？是故言性可，言心亦可；言有善無惡可，言無善無惡亦可。意各有所指，言各有攸當也。然則世之紛紛然致疑者，何爲耶？曰：是成見所拘，而勝心害之也。在周子言無則不敢疑，在陽明子言無則紛紛然疑之；在陸子駁周子之言無則不敢信，而後人駁陽明子之言無則紛紛然和之。心不虚而氣不平，一己之心性且未能知，況於議古人之言心性者乎？雖然，學者苟有志於聖賢之學，躬行實踐可矣，何必言心性？孔子之自勉者在子臣弟友，若命與仁則罕言之。子貢亦謂性與天道不可得而聞也。孟子因告子論性而誤，故反覆與辨耳，其教門人則止曰孝弟而已，義利而已，未嘗言性。今之教人者不敢望孔、孟，從學者不敢望子貢，實行不修而高言心性，妄也甚矣！吾非敢言心性也，吾嫉夫世之實行不修，於陽明子無能爲役，而高言心性者也。

余既爲此説，客有疑之者曰：韓昌黎作原道，謂仁與義爲定名，道與德爲虚位。龜山楊氏猶非之，謂韓子所謂道德云者，仁義而已，故以仁義爲定名，道德爲虚位。中庸曰：「天命之謂性，率性之謂道。」仁義，性所有也，則捨仁義而言道者固非也。道固有仁義，而仁義不足以盡道，則以道德爲虚位者亦非也。今子復以心與性爲虚位，得無有楊氏者起而議之乎？余笑曰：子亦審其所議者之是非而已，烏能保人之不議哉！若楊氏之議韓子，則韓子是也，楊氏非也。楊氏謂仁義不足以盡道，則易傳所謂「立人之道，曰仁與義」，楊氏何不併易傳而議之乎？論道之實，有就五常言者，有就四德言者，而五常四德之中，惟仁義爲尤重，故易大傳以配陰陽柔剛而概乎人之道。孟子之告梁惠，亦曰「仁義而已」。其論士，曰「居仁由義，大人之事備矣」。曰已曰備，楊氏何不併駁其未全乎？韓子以仁義明道德，意實本於易傳。其原性也，則曰「所以爲性者五」。楊氏所云，豈韓子所不知哉？至其所云虛位，則明以「道有君子小人，德有吉凶」證之矣。此猶不解，尚可與論文義乎？且道德之爲虛位，不止君子小人、吉凶二者，韓子特舉其大凡焉耳。孟子謂「道二，仁與不仁」，又曰「妾婦之道」、「饜足之道」。易有「吝道」。書稱「穢德」、「惡德」、「爽德」、「酒德」、「逸德」、「比德」，又曰「夏德若茲」。左氏有「涼德」，孝經有「悖德」，詩有「滔德」。德可謂非虛位乎？其見於經者如此。若子史文集，不勝徵引，虛位之說，又何疑焉？宋儒惟周、程、張、邵、朱、陸數子足以衍孔、孟之傳。其餘拘文牽義，不過細行修謹而已。其天姿學力，見道之明，衛道之勇，則皆不及韓、李、歐、曾四君子，不可以楊氏爲程門弟子，而遂震而奉之也。又考朱子語類，萬正淳問：「楊氏言仁義不足以盡道，恐未安。易只說『立人之道，曰仁與義』。」朱子答云「仁義不足以盡道，游、楊之意大率多如此。蓋爲老、莊之說，陷溺得深，故雖聞二先生之言，而不能虚心反覆，著意稱停，以要其歸宿之當否，所以陽合陰離到急衮處，則便只是以此爲主也。此爲學者深切之戒。然欲論此，更須精加考究，不可只恃『曰仁與義』之言，而斷以爲然也。近得龜山列子説一編，讀了令人皇恐，不知何故直到如此背馳」云云。然則楊氏之論，朱子師弟已駁之矣，但朱子語亦過甚。楊氏爲程門高第，道南第一人，未必遂至背馳，徑以老、莊爲主，不過拘於五常舊目，又忘卻易傳耳。至所以教正淳論此須加考究，亦非切要法。凡欲知道者，直須躬行，而後心得。若止懸空考究，終無定見，不過望壋説相輪而已矣。

穆堂初稿卷一九大學考

惟王陽明先生卓然特立，由陸子之言求聖人之學，於是古本大學復見於世，而道聽塗説之流，譁然議之。謂朱子補傳自云竊取程子之意，程朱大儒，宜若可信，不知二程雖嘗更定其節次，而「誠意」之上，增添格致之傳，則未嘗有是意也。明道程子改本，止移「克明德」至「與國人交止於信」於「古之欲明明德」節前，又移「淇澳」二節、「聽訟」一節於「節彼南山」節後，「其此謂知本」二句，仍同古本位置，則亦以格本末之物爲格物，致先後之知爲致知矣。伊川程子改本亦與今本不同，並未嘗指某節當爲經，某節當爲傳，雖移「聽訟」節於「此謂知本，此謂知之至也」二句之上，嫌「此謂知本」重出而衍其一，然亦以知本爲知至，未嘗謂格物致知别有它義。故曰，孔氏教人之法，至朱子而一變也。今天下競言尊朱，吾亦從而尊之，然朱之前尤有當尊者。陽明先生謂今之學者重於尊朱而輕於叛孔，蓋古本大學，孔氏之遺書也，朱嘗尊矣，孔其可叛乎？吾誠不能重於尊朱，吾實不敢輕於叛孔焉耳。至所謂修身以下，古本與朱子章句並同，惟删去分章爲傳諸語，餘不復置論焉。

穆堂初稿卷二四中庸明道論

道猶路也。凡道就所行者言，行必有其實，指其實，行乃不迷。中庸一書，子思爲明道而作。第一章止渾舉道之名義，尚未詳道之實際。如作文之有冒，蓋發端之辭云爾。謝秋水先生乃謂「首一章足以正道之名，而定學者之趨向」，未也。必如「哀公問政」章，實指君臣、父子、夫婦、昆弟、朋友爲五達道，然後道之名正，而佛、老二氏不得依附而假託焉。如子思作中庸，止曰「天命謂性，率性謂道」而已，則二氏之徒，未嘗不妄引天而謬談性。此曰天，彼亦曰天；此曰性，彼亦曰性，烏足以正道之名，而定學者之趨向哉！南宋以後，諸儒與二氏辯者，誤解本天、本心之説，終日言性、言心、言命，論愈多而聽愈熒。惟實指五倫爲道，然後二氏之徒無所容其身，無所置其喙。此中庸之功之所以爲大，而道之所以明也。

至於論道之功效，中和、位育亦渾舉之辭，二氏之徒猶可依附假託。必就五達道而推之於九經，然後爲性道教之實際，而二氏不得而依託焉。廬陵胡氏士行釋尚書云：「典叙禮秩，天命之謂性也；五惇五庸，修道之謂教也。」其論切實，而世之論學者不盡在於是也。彼見自宋以來，儒者各有所主，以爲立教之法，周子曰「主静」；明道程子曰「定性」；伊川程子曰「主敬」；朱子本主敬之説而益以兩言，曰「窮理」，曰「躬行」；陸子曰「辨義利，求放心」；白沙曰「静中養出端倪」；陽明子曰「致良知」，遂亦妄舉一言以標宗旨。不知先儒亦各有躬行心得之妙，因舉其所得，以示學者爲用功之法耳。然指其用功之法，未實指其用功之地，則異端邪説猶得影借，誠不若實指用功之地之爲愈也。用功之地，人倫而已矣。唐、虞五教，不過教以人倫。文王之敬止，在仁敬孝慈；孔子之自求，在子臣弟友。故孟子謂「學則三代共之，皆所以明人倫」，蓋即中庸所謂五達道也。余於聖學，功力至淺，不敢自立宗旨。有來問者，則以明人倫告之，明人倫固周、程、朱、陸、陳、王諸君子所不能違者也。道之名，其正矣乎！學者之趨向，其定矣乎！

穆堂初稿卷三二陸子學譜序

昔朱文公與吕成公作近思録，記濂、洛諸先生之言者也。文公又獨爲伊雒淵源録，記諸先生之行者也。言與行分而爲二，視論、孟所記，若有間矣。孔子教人，自謂無行不與。孟子論君子之所以教者五，答問特其一耳。慈湖楊氏簡作陸子行狀，謂先生授徒即去今世所謂學規者，而諸生善心自生，容禮自莊，雍雍於於，後至者相觀而化，蓋以言教不如以身教。求先生之學者，或分言與行而二之，豈有當哉！雖然，先生之教無方，而學者所從入則不可以無其方也。先生之教，思雖無窮，而淵源所及，確乎可指目者，自有其人，不可得而誣也。紱自早歲即知嚮往，牽於俗學，玩物而喪志，三十餘年矣。再經罷廢，困而知返，棄宿昔所習，沈潛反復於先生之書，自立課程，從事於先生所謂「切己自反、改過遷善」者五年於兹，於先生之教，粗若有見焉。獨學無友，不敢自信。今歲萬子宇兆奉召還朝，相見之次，叩其近業，心同理同，若同堂而共學也。既而同事書局，時相考證，益著益明，乃敢鈔撮先生緒言，併其教思所及，共爲一書，名曰陸子學譜。蓋兼用近思、淵源二録之體，先生之言與行略備，將以藏諸名山，傳之其人，俾有志於希聖者，門徑可循，歸宿有所，不沈溺於利慾，不泛濫於章句，不參錯於佛、老，庶幾斯道有絶而復興之日矣乎！吾與萬子，既幸晚而有聞，同守斯編，歲寒相勉。若道聽塗説之流，未嘗身習其事，呫呫然動其喙，所不計也。

雍正壬子仲冬，穆堂學人李紱書於京邸寓舍。

穆堂初稿卷三二朱子不惑録序

朱子生平之學凡四變。自言十六歲時在劉病翁所，會僧妙喜，始爲禪學；十九歲，應禮部試，依妙喜説作文，説動試官，得中進士。二十二歲，築室修煉，讀道書，手定牧初净稿。始辛未，止乙亥，蓋三十歲以前，專爲二氏之學者也。

至三十歲，爲紹興三十年，歲在庚辰，因師事李延平先生，屢以其所言爲不是，始將禪學權時倚閣。三十三歲再往就教，於是學益純正，一變至道。三十五歲時，延平先生卒，謹守師説猶四五年。故自三十一至四十，此十年中，粹然儒者，與林擇之、何叔京等書可考也。

四十歲以後，始棄延平之教，如與林擇之書論中和，謂「舊聞李先生論此最詳，後來所見不同，遂不復致思」之類是也。專意著述，欲擬孔子删定纂修之業，偏重於語言訓詁，此又一變也。

四十六歲，爲鵝湖之會，陸子指其學爲支離，而朱子守其説不變。又六年，五十二歲，陸子相訪於南康軍，講義利之章，始有悔心，親題講義之末，欲守陸子所講爲入德之方。五十四歲，答項平甫書自謂持守不得力，當兼取陸子所長，漸有向裏切己之意。五十九歲，與陸子論「無極」不合，因力詆陸子之學。然自六十歲以後，至於終身，所以爲學與所教人者，悉依陸子尊德性、求放心之説，故雖詆陸子，而詆浙學之務末者爲尤切，其詳見答呂子約、鄭子上諸人之書，至終身不改。此一變，則朱子之定論也。

余既全鈔朱子五十一歲以後論學之説，爲朱子晚年全論一書，其論説合於陸子而年無可考者，亦附見於後矣。又抄其三十一歲至四十歲，恪遵延平之教者，別爲一卷，名曰不惑録。蓋起書止於四十，故借孔子爲學之次名之，又是時不雜於二氏，不溺於章句，可謂不惑者也。若無知之陳建，概排斥以爲早年未定之論，與三十歲以前氾濫佛、老之説，一例棄置，則名爲尊朱子，實則慢朱子之尤者矣。今之妄附於朱子，而未嘗細讀朱子之書者，輒誤以陳建之言謂據，則朱子全集當十删五六，豈不謬哉！朱子大全集百有十二卷，又卷帙重大，倍於古人，能讀而卒業者，吾見亦罕矣。四變之説，世之人未能信也，敬取明李文愍公默所定朱子年譜，稍加增益以附於後，庶初學之士知端末無聽熒焉。

穆堂初稿卷三二陸子年譜序

陸子年譜，始創稿於高第弟子袁正獻燮、傅琴山子雲，而彙編於李恭伯子愿，宋寶祐四年，劉應之林刻於衡陽者也。其後，陸氏家祠附刻於全集之末，凡集中所已見者，輒加删汰，止云見前某卷。以此施之著述文字可也，乃楊文元簡所撰行狀之辭亦不備載，則事實爲不全矣。至於諸兄爲陸子淵源所自，復齋並稱二陸，合梭山稱三陸，其行實尤未可略。今悉爲補入，而文字有當載者，亦附見焉。明陳建等道聽塗説，勦襲舊聞，詆陸子爲禪學，實未究觀二家之書，不知朱子晚年之教，盡合於陸子。凡朱子所以致疑者，特以其弟子包顯道、傅子淵等過爲高論，而未及盡見陸子所以爲學與所以教人之説，故其所疑爲禪者，皆懸空立論，未嘗實有所指。其實指而出之者，惟輪對五劄與答胡季隨一書耳。季隨書之駁，出於語類，門人所記，容有謁舛，而五劄之譏，則屢見於筆札，所宜備載，俾天下後世得公聽而並觀，且亦陸子經國之大猷，不可略也。他若無極之辨，爲朱陸異同之始，而實則兩先生可以無辨，蓋非辨其理，特辨其辭耳。余別有論著，此譜仍照原本檃括，不復補入云。

穆堂初稿卷四三答雷庶常閱傳習録問目

竊謂講學之人，宗程朱者立意摘陸王之疵，宗陸王者立意摘程朱之疵，如此皆是動氣否？末學無知，敢求教正。

講學而立意摘人之疵，其意已不善，不得爲講學者矣。雖然，此當爲宗朱子者言之，不必爲宗陸王者言之也。群講學者於此，求其摘朱子之疵者，千不得一也；求其不摘陸王之疵者，亦千不得一也。蓋世止有摘陸王之疵者，未聞有摘朱子之疵者。非陸王之多疵，而朱子獨無疵也，勢也。自有明以朱註取士應科舉者，共守一家之言，爲富貴利達之資，大全、講章而外，束書不觀，道聽塗説，成爲風俗。人學改本，雖棄孔子以從朱子而不邉恤，孰敢爲陸王而議朱子哉？吴文正公生平信奉朱子，晚始略舉尊德性、道問學爲調停之説，其言本出朱子，而論者已譁然攻之矣。南宋至今六百餘年，止有一陽明先生追尋古本大學，而攻之者至今未已。其實，古本大學，孔氏遺書，非陽明之有心求異也。陽明謂：「有心求異即屬不是，吾説與晦庵時有不同者，爲入門、下手處，有毫釐、千里之分，不得不辨。然吾之心與晦庵之心，未嘗異也。若其餘文義解得明當處，如何動得一字。」此條現載傳習録中，陽明且如是，況宗陽明者乎？若程篁墩道一編，止言朱、陸晚同；席文襄鳴冤録，止辯陸學非禪，並未嘗摘朱子之疵。惟一無所知，如陳建、吕留良輩，妄附朱子，著爲謬書，詆諆陸王，至不可堪忍，凡宗陸王者從無如此語言文字。然則，孰爲動氣，亦不辨而自明矣。至於程朱之稱，亦當分别，就伊川言稱程朱可也，就明道言當稱程、陸。陸子之言與明道若合符節，無絲毫之異，朱子與明道，則相背馳。明道謂「存久自明，何得窮索」，又曰「不可將窮理作知之事」，而朱子立教則首曰「窮理以致其知」，大端如此，小者益無論矣。二程遺書與朱、陸全集具在，請細覆之。

又案：舍心逐物，是俗之失，朱子大學或問論「格物」，「先格心之爲物」，即從仁、義、禮、智格去，原自切實。

天下所共讀者，格致補傳也。或問特以救補傳之失，非朱子正解也。如「先格心之爲物」爲正解，則何不直見之於補傳，便人人讀之乎？且或問亦未嘗以此爲正解也。考或問論「格物」云：「心之爲格，實主於身，其體則有仁、義、禮、知之性，其用則有惻隱、羞惡、辭讓、是非之情。」若止此句，可謂切己近裏。但其意則欲推廣言之，而姑自近者始，以爲此特物中之一，於窮至之義無當。故此段末著「格」字，而必以表裏、精粗無所不盡，又益推其類以通之，爲「格物」正。觀其駁楊氏、尹氏之説，而於延平所論猶以爲規模未大、條理未密，則其意可知矣。所作補傳則云：「必使學者即凡天下之物，莫不因其已知之理而益窮之，以求至乎其極。」而此篇之首亦云：「凡有聲、色、貌、象而盈於天地之間者，皆物也。」其後云：「極其大，則天地之運、古今之變不能外；盡於小，則一塵之微、一息之頃不能遺。」蓋謂不極盡天之物，不足以言窮理，遂申之曰：「理有未窮，故知有不盡，知有不盡，此所以意有不誠。」噫！如是而言「格物」，雖聖人不可能，「意」將何日而誠乎？至謂中庸言明善、擇善，孟子言知性、知天，皆在固守、力行之先，可驗大學始教之功，有在乎此。夫物格知至，即所謂知性而知天乎？足下誠反身而思之，謂足下今日尚無與於大學始教之功，雖途之人弗信也；謂絶無固守、力行之事，度足下亦不任受也。然遽謂已能知性、知天而盡其心，愚固未敢以爲然也。以是而言「格物」，適足以阻絶天下之人，使無望於大學之道斯已矣。又，朱子並未言先格心之物，並未言即從仁義禮智格去，蓋欲人隨事討論，勿徒求之一心耳。而足下執此爲説，毋乃僅爲陽明「格其心之物」一語作注釋，而於朱子之説，反有所不達也乎？

心地與聞見分不得兩橛，忘卻心地者，俗學也；離卻聞見者，異學也。敢求教正。

心地與聞見不得分兩橛，足下之言是已，而未盡也。須知心地爲本，聞見爲末。在心地用功，則聞見足以養心；在聞見用功，即於心地無涉。故程子謂：「學文之功，觸類至於百千，至於窮盡，亦只是學，不是德，有德者不如是。」張子謂：「世人之心止於聞見之狹，聖人盡性，不以聞見梏其心。」又曰：「誠明所知，乃天德良知，非聞見小知。」朱子解「天地之化育」，亦曰：「其極誠無妄者，有默契焉，非但聞見之知而已。」此皆爲分作兩橛否耶？兩橛二字，出僧人語録，君子辭遠鄙倍，似不宜用。

能視、聽、言、動的便是性，卻是告子「生之謂性」矣，此處豈可不辨乎？

告子謂「生之謂性」，至當不易。孟子固未嘗駁之，而亦毋庸置辨者也。惟性有偏全，而告子未分等差，故喻以白而駁以牛、犬耳。蓋此理未賦於人，止謂之理；既賦於人，而後爲性，故曰「生之謂性」。程伯子謂：「人生而静以上不容言，纔説性便已不是性也。」此理既賦於人，可謂之性，亦可謂之心。故虞書有「道心」，而「口之於味」五者，孟子亦目之以「性」。朱子釋「明德」爲「虚靈不昧，具衆理、應萬事」，豈非心乎？可以釋「明德」，不可以釋「性」乎？此一段，陽明先生語蕭惠謂：「汝心不專是那團血肉，如今已死之人那一團血肉還在，緣何不能視、聽、言、動？所謂汝心，卻是那能視、聽、言、動的，這箇便是性，便是天理。」「能視、聽、言、動的」以心言，下二句則推言性之具於天也。今截去上下文而置以兩層爲一句，非陽明之本旨矣。足下所以必欲置辨者，不過謂能視、聽、言、動者，是氣，不是性耳，此則確遵朱子「理、氣決是二物」之説。然明代從祀諸儒，皆謂「理、氣合一」，而近日之講學者復有取焉，足下其更思之。要之，以此爲辨亦無益之空言也。

中心斯須不和不樂，而鄙詐之心入之矣；外貌斯須不莊不敬，而慢易之心入之矣。可見禮、樂，正是戒懼、慎獨之實功。禮主敬，樂主和，敬也、和也，與中和之旨有兩橛乎？敢求教正。

「教」字有二義：有聖人教人之教，則禮樂、刑政，教天下之人各率其性，而各修其道者也；有君子由教而入之教，則戒懼、慎獨、致中和以率其性，而自修其道者也。中庸首言「之謂性」、「之謂教」，第二十章又言「謂之性」、「謂之教」，前之「性」、「教」，與後之「性」、「教」必無異義，故第二節以下，即緊接「戒懼」、「慎獨」、「致中和」，並言自修之事，朱子大全集中亦曾主此説，而後乃不用。其實「教」字必主自修，而後與下文相接，又與第二十章相符，故陽明先生發爲此論，極爲允當。今若如尊意云云，以和、敬言禮樂，自然即是戒懼、慎獨之實功，但注中若「禮樂、刑政之屬」一句，則專教人之治具言，非指君子自修之心，欲其敬且和也。以敬、和言禮、樂，因以牽合戒懼、慎獨，則政、刑又將若何？此不惟未解陽明語，亦未解朱注矣。伊川先生解「道千乘之國章」，言「敬事」以下論其所存，未及治具，故不及禮樂、刑政，蓋語各有所指，不容牽混。朱子以此等語確有分别，讀其書者當仔細觀之，未可容易立論。「兩橛」字屢見，皆世俗陋儒惡習。

「照心」二字，不知何所本？

照心、妄心，本陸原静問話，陽明先生如其辭以答之耳。「照心」二字，未必有所出，想原静因程子答横渠書有「非明睿所照」之語，而遂以照爲心之用，若曰「能照之心」云爾。朱子釋「聞一知十」，亦曰「明睿所照」；横渠言性，又有「照納」之説。「照」字亦無礙，然闡發道理，貴在明白坦易，正不必如此著語，觀者亦不必致辨也。尊意下問，或疑爲禪語乎？佛書余嘗閲，並無此二字。

按「心放則不正，心不放則正」，極爲親切。但以此屬「格物」，則「誠意」下何須又説「正心」乎？

此一條，原靜所問、陽明所答，俱就無事時論「格致」，故予注其上謂：「無事時致知，只是求放心，求放心即是格物。」蓋身、心、意、知、家、國、天下皆物，而無事時則惟有此心，故即就心格之。格、致、誠、正，皆所以修身；格物、致知、誠意，皆所以正心。意誠而後心正，功夫次第如此。其實格之、致之、誠之，皆此一心耳，非如身與家、國、天下，判然各爲一物。且足下謂「先格心之爲物」，朱子或問之説也。程子亦云：「格物者，適道之始，思欲格物，則固已近道矣。是何也？以收其心而不放也。」然則以「心不放」屬「格物」，程子固已言之矣。陽明先生以「正」訓「格」，故又如其解而注之謂：「心放即不正，不放即正。求放心即是格，知求放心即是知。而求之即是致之，求之必極其誠，即是誠意；求得之而不復放，即是心正也。」此皆依陽明先生之解。若予解「格物」，只是量度物之本末，「知本」即爲「知至」，恪遵古本，不自立説。

穆堂初稿卷四五書程山遺書後

秋水先生謂：「堯舜事業，隨出隨處，皆有可施，不專指出身加民。」斯言固然。然必天德發爲王道，乃謂盡明明德之量。孔子稱堯，亦稱成功文章。蓋聖德神功，與雜霸功利不同。且管仲之功，孔子亦稱之，乃謂唐、虞治蹟不足邀儒者一盼，則亦過矣。廣土衆民，君子欲之；中天下而立，定四海之民，君子樂之。畎畝樂道，何如堯舜君民修身見於世？特君子不得志者之所爲耳。故曰載諸空言，不如見諸行事。自程子有「堯舜事業，浮雲太虛」之語，世儒藉口輒欲以空言傲實績，不知程子就性分全量言之，自無窮際。故曰泰山之上，已不屬泰山。若腐儒撮土俱無，安敢藐泰山也哉！內聖外王之學，一變而爲迂疏無用，至今天下以儒相訾訾，皆此等謬説啟之也。功業固須因時，道行固須由命，然道德既充，氣盛化神，隨在可見，不分窮達。大舜耕則人讓畔，漁則人讓居，陶則器不苦窳，所居成聚，二年成邑，三年成都。孔子所至，必聞其政。孟子後車千乘，傳食諸侯。朱子釋孔子賢於堯舜，亦就事功言之，則知矯語仁義而長貧賤者，未可以薄唐虞之治蹟也。自漢以來，惟諸葛武侯始著儒者之效。唐韓子、宋歐陽子用之不盡。濂溪、明道則十未用一。象山亦然。其餘則雖欲用之，未必有用。直至有明王文成公出，始大著儒者之效，一洗腐儒之恥。而世俗無知小人謬附講學者，輒以空言詆之，不知此輩何所用於天地間也！人極之不立，豈可徒咎溺於嗜慾之人也哉！

穆堂初稿卷四五書孫承澤考正朱子晚年定論後

孫北海承澤作考正朱子晚年定論，蓋從未讀陸子、陽明子之書，亦未嘗細讀朱子之書，徒欲鈔竊世俗唾餘，以附於講學者也。所載朱子之語，止取其詆諆陸子之言，其論學之合於陸子者，則概不之及，其所辨年歲，亦不甚確。如鵝湖之會，謂各賦一詩見志，是全未見陸子語録者也。陸子兄弟之詩皆作於途次，既見而述之耳。朱子則三年之後始和，故曰「别離三載」。鵝湖爲朱陸初相見，謂之「别離三載」可乎？此等眼前文理尚不及考，況能考正朱子晚年定論乎？至謂年愈晚，闢邪愈堅，無一字合於陸，無一言涉於自悔，則併全未見朱子之書，乃學則曰「切己自反，改過遷善」而已，所舉以教學者，則曰「辨義利，求放心，先立乎大而已」。蓋皆孔孟之言，故曰「在我全無杜撰」。若謂朱子無一字合於陸子，是無一字合於孔孟也，而可乎？自悔爲學問進境，朱子之賢正在於此，何必諱之？且亦有不可諱者，余嘗盡録朱子五十一歲至七十一歲論學之語見於文字者，一字不遺，共得三百七十餘篇，名曰朱子晚年全論。其言無不合於陸子，其自悔之言，亦不可以數計。今就其與劉子澄一人之書觀之，其第七書有「張、吕二友云亡，耳中不聞規益之語」，張以朱子五十一歲卒，吕以朱子五十二歲卒，則此書爲五十歲以後無疑矣。書中言「日前爲學緩於反己，追思凡百，多可悔者，所論著文字，亦坐此病，多無着實處，計非歲月功夫所能救治。」「反己」之説合於陸子，謂凡百、多可悔，豈止涉於自悔矣乎。與子澄第九書謂：「子澄只學人弄故紙，過了光陰，都無實得力處，且心知其爲玩物喪志而不能決然舍棄，此爲深可惜者。」又云：「埋没身心，不得超脱，無惑乎子静之徒高視大言，而竊笑吾徒之枉用心也。」其第十三書云：「大學近看過，方得下手用功處，路陌徑直，日前看得，誠是不切，亂道誤人。」其第十四書云：「近覺向來爲學，實有向外浮泛之弊。不惟自誤，而誤人亦不少。方别尋得一頭緒，似差簡約，端的始知文字語言之外，真别有用心處。」其第十六書云：「日用功夫，只在當人着實向前，自家了取，本不用與人商量，亦非他人言説所能干預。縱欲警覺同志，只合舉起話頭，令其思省，其聞之者亦只合猛省提撥，向自己分上著力，不當更着言語，論量應對。」又云：「今將實踐履事卻作閑言語説了，方其説時，意在於説而不在於行，此恐不惟無益，而反有害也。」此數書尤在第七書之後，皆有年月可考，確爲晚年。其論學全與陸子合，其悔悟亦甚深切，北海豈全未披閲耶？抑亦知之而故爲違心之論耶？北海在明朝官居至九列，家居京師，親闖賊之亂，國破君亡，偷生忍死，晚年沉酣於富貴利達之場，耄而不止。蓋患得患失之鄙夫，本不足與論學，而世俗空疏之士以其頗涉獵載籍，疑爲或有所考，不知其茫然一無所知也。姑爲辨其大概如此，俾惑者解焉。

穆堂别稿卷九古訓考

近世以誦讀、講論爲學，多引説命：「學於古訓乃有獲，事不師古，以克永世，匪説攸聞。」以爲古人讀書之證。然曰事曰師，恐傳説所謂學，不止誦讀而講論之也。且不知所謂「古訓」是何書籍。五子之歌稱「皇祖有訓」，又曰「訓有之，内作色荒」云云，豈其書耶？商書伊尹始作「訓」，有「三風十愆」之戒，太甲三篇及咸有一德，不以「訓」名，亦「訓」體也。泰誓、牧誓並稱「古人有言」，恐止是方言，如莊子所謂「法言」之類耳。他如蔡仲之命，稱「率乃祖文王之彝訓」，君陳稱「爾尚式時，周公之猷訓」。蓋不過祖訓，又皆古文尚書之辭，而今文無有也。

至周官稱「學古入官，議事以制」，又云「不學牆面，涖事惟煩」，畢命稱「不由古訓，於何其訓」，其言並一正一反，與説命辭意如出一手，豈漢時崇重經典，儒者遂專以讀書爲希聖之業，陰傅會殘經，託於蝌蚪古文，不知聖賢爲學，雖不廢書，實不專在於書，尚書古文未可以爲信也。

後人徒以古文有禹謨「人心、道心」數言，及仲虺之誥「義制事、禮制心」，湯誥「恒性」等語，開後世理學心性之宗，似非聖者不能作。然獨無一語出於今文尚書，良可疑也。朱子固謂「今文多艱澀，古文反平易；暗誦者不應偏得所難，而考文者反專得其所易」，是朱子固疑之矣。今文尚書惟酒誥稱「聰聽祖考之彝訓」，顧命稱「嗣守文武大訓」。亦皆祖訓云爾，未必別有古書。若尚書而外，惟詩有「古訓是式」之語，「式」就「行」言，非指誦説。易、春秋，皆不聞有所謂古訓者。周禮地官有誦訓、土訓，不過道方志、地圖，未審周已前亦有之否？

昔人謂皋、夔、稷、契所讀何書？楚左史倚相能讀三墳、五典、八索、九丘，今惟二典僅存，其實一典耳。其餘既爲孔子所删，則亦非不可不讀者。子路何必讀書之對，夫子雖惡其佞，亦未有以折其非也。孔子教弟子必餘力然後學文，其語子貢自以爲非多學而識。謝上蔡記程子語謂：「須於事上學，何必讀書然後爲學。」然則，有志於聖賢之學者，亦惟以人倫日用、實踐躬行爲主，其行之而有餘力，然後玩心經籍，以爲退息之居學，庶乎其可。而或者鰓鰓然，教人以咿唔佔畢，日以讀書、講論爲致知之事，謂入聖者必由於此，是謂萬物不皆備於我，而仁義禮智皆由外鑠我也。尋章摘句，如治絲而棼之，老師、宿儒斷斷於片言半語之間，終身聚訟而此心茫然，無所歸宿卒不暇顧，是明道程子所訶爲玩物喪志而已。

朱子中年，亦以讀書教弟子；至於晚年，則專以求放心、敦踐履爲主，而深以徒倚書册爲戒。余所輯朱子晚年全論三百七十餘條，皆可覆按，惟語類有勸人讀書之説，則皆門人以意爲記録者耳。我聖祖仁皇帝命纂朱子全書，凡例云：「語類一篇，係門弟子記録，中間不無謟誤、冗複，雜而未理。」然則善學朱子者，毋惑於門人謟誤之詞，而細觀其晚年所著述，庶不爲世俗爛時文、破講章所愚也。

藍鼎元

藍鼎元（一六八〇～一七三三）字玉霖，號鹿洲，福建漳浦人。康熙中隨族兄藍廷珍入臺征討。雍正元年（一七二三）以拔貢選入京，分修大清一統志，是年秋，任廣東普寧知縣，兼潮陽縣政務。被誣革職入獄，十年平反。十一年暫理廣州知府事務，卒於任。著平臺紀略、棉陽學準、鹿洲初集等。

鹿洲初集卷一〇棉陽書院碑記 節録

上略。顧惟書院之建，必崇祀先賢，以正學統。正統不明，陽儒陰釋之徒，皆得竊其似以亂吾真。宋有白鹿書院，亦有鵝湖書院，明有河津、餘干之講學，亦有新會、姚江之講學，同學孔孟，同談仁義，而操戈入室，甚至詆紫陽爲洪水猛獸，毫釐之差，千里之謬，夫非天下後世之大憂歟！周、程、張、朱五先生，上接洙泗之正傳，下開萬古之聾瞶，宜妥侑斯堂，春秋祀典勿替，俾學者識所依歸，而異端邪説不能淆亂。孟子曰：經正則庶民興，庶民興斯無邪慝。自書院既建以後，邪説息，詖行消，人心正，風移俗易，禮樂可興。余亦幸兹，雨暘時若，百室盈寧，得於簿書鞅掌之暇，與諸君子横經講學，溯白鹿之淵源，塞鵝湖之坑阱。雖不敢謂廓清摧陷，可能於斯道有功，亦庶幾兹邑之風俗人才，由斯而一大振起哉！希聖希賢，自是儒者分内事，世多聞之震驚，則不學之故也。吾所謂學者，非窮高極遠、幽渺難行之謂，即在爾室屋漏、人倫日用之閒。爾心無邪則爲正，爾意無妄則爲誠，爾爲善人無爲惡人，則可以爲聖人。尊君親上，袛父恭兄，爾之能事畢矣。文行忠信，是爲四教；禮義廉耻，是謂四維。吾所以移風易俗者在此，所以興賢育才者亦在此。願諸生發憤自雄，以聖賢爲必可學，登五子之堂，讀五子之書，行五子之事。濂洛關閩將復見於今日，夫寧獨一鄉一邑風俗人才之關係也。下略。

童能靈

童能靈（一六八三～一七四五）字龍儔，晚號寒泉，福建連城人。「少受學於家庭，先君子授以章句集註及太極通書、西銘解義」，「自二十二歲補弟子員，爲諸生者四十一年」，「年近五十，不復應舉。乾隆元年（一七三六）薦博學鴻詞不就，累舉優行，皆以母老辭。」乾隆十年卒，年六十三。「於書無所不窺，而歸宗於性命」。「守程、朱家法，不踰尺寸」。「晚主漳州芝山院，結廬冠豸山，十年一榻如老僧」。著有朱子爲學次第考、周易剩義、樂律古義、周禮分釋、理學疑問等。傳見清史稿儒林傳、清儒學案翠庭學案、連城縣志等。

冠豸山堂文集卷二朱陸源流考

朱子與陸氏並時而生，皆以道自任，而各授其徒，以傳其學於世。然朱子之學有蚤年中晚之異，陸氏則終始但守一説，未嘗變遷。故有謂二家蚤異晚同者，程篁敦之道一篇、王陽明之晚年定論，此欲合朱於陸者也。有謂二家蚤同晚異者，陳清瀾之學蔀通辨，此欲析陸於朱者也。今細考其淵源，而辨其蚤晚異同之實，則學者可以定其所宗矣。

蓋朱子生於宋高宗建炎庚戌，甫四齡，父指天示之，即問天上何物。八歲，與群兒戲沙中，獨以沙排八卦。

十一歲受學於家庭。

十四歲，父没，以遺言禀學於三劉。嘗自謂十五六時，從劉病翁所，扣僧談禪。

二十四歲，之同安任，始往見延平李先生。李謂其説不是，而教以讀聖賢之書，猶於李説自信不及。

二十八歲，爲許順之作存齋記，專説求心之學焉。

三十二歲，答汪尚書書自謂「馳心空妙之域者十餘年」。

三十五歲，答何叔京書謂「因其良心發善之端，猛省提撕，使心不昧，是做功夫底本領」。又一書論鳶飛魚躍曰：「日用之間，觀此體之流行舞間斷處，有下工夫處。」此與「守書册、泥言語」全無交涉，而是時屢書與南軒先生論未發之中，以未發已發爲無分段、無時節。至於己丑春，始作序自悔所謂「中和舊説」是也。四十一歲答薛士龍書曰：「少年粗知有志於學，求之不得其術，蓋舍近求遠，處下窺高，馳心空妙之域者二十餘年，此乃困而自悔，退而求之句讀文義之間，謹之視聽言動之際，銖積絲累，分寸躋攀，以幸其粗知義理之實。」四十三歲作仁説，又作西銘解成。四十四歲，門人廖子晦記其所聞曰：「二三年前曾自見得鶻突，近年方看得分曉。」是歲太極圖解義成。蓋自此始有定論，而不復如前之屢悔矣，然猶未與陸氏相聞也。

四十五歲，答吕子約書曰：「陸子静之賢，聞之蓋久，然似有脱略文字，直趨本根之意，不知其與中庸學問思辨然後篤行之旨何如。」又書曰：「近聞陸子静言論風旨之一二，全是禪學，但變其名號耳。競相祖習，恐誤後生，恨不識之，不得深扣其説，因獻所疑也。然其説方行，未必肯聽。此老生常談，徒竊憂嘆而已。」

四十六歲，吕伯恭始約陸子及其兄子壽會於鵝湖僧舍，論學不合，各賦詩以見志。是冬答張敬夫書曰：「某平日解經，最爲守章句者，然亦多是推衍文義，自做一片文字，使人將註與經作兩項工夫做了，下稍看得支離，於本旨全不相照，方知漢儒善説經，不過只説訓詁，使人以此訓詁經文不相離異，只做一道看，真是意味深長也。大學中庸章句緣此略修一過，然覽其間尚有合删處。論語如此草論一本，未暇脱藁。孟子則方欲爲之而日力未及也。」「子壽兄弟氣象甚好，却是盡廢講學而專務踐履，於踐履中要人提撕省察，悟得本心，此爲病之大者。要其操持謹質，表裏不二，實有以過人者。惜其自信太過，規模窄狹，不復取人之善，將流於異學而不自知耳。」

四十八歲，論孟集註成。

五十一歲，陸子静之兄子壽卒，張敬夫亦卒。

五十二歲，朱子在南康軍，陸子來訪，與俱至白鹿洞爲諸生講論語「喻於義理」一章。朱子稱其發明懇到，切中學者隱微深錮之病。是歲，吕伯恭書問：子静留得幾日，鵝湖氣象已全轉否？朱子答書曰：「子静舊日規模終在。」

五十四歲，答項平父書曰：「所喻曲折及陸國正語，三復爽然，所警於昏惰者爲厚矣。大抵子思以來教人之法，惟以尊德性、道問學兩事，爲用力之要。今子静所説專是尊德性事，某平日所論却是問學上多了。所以爲彼學者多持守可觀，而看得義理全不子細，又別說一種杜撰道理遮蓋，不肯放下。而熹自覺雖於義理上不敢亂說，却於緊要爲己爲人上多不得力。今當反身用力，去短集長，庶幾不墮一邊耳。」

五十六歲，貽書陸子曰：「奏篇垂寄，得聞至論，慰沃良深。語圓意活，渾灝流轉，有以見所養之深，所蓄之厚。但向上一路未曾撥轉處，未免使人疑著恐是葱嶺帶來耳。」與劉子澄書曰：「子静寄得對語來，昨答書戲之云恐是葱嶺帶來，渠定不服，然實是如此，諱不得也。近日建昌説得動地，撑眉努目，百怪俱出。」蓋建昌者，陸子門人傅子淵也。陸亟稱之，而朱子深闢焉，二家自是冰炭始矣。

五十七歲，答陸子書曰：「子淵氣質剛毅，極不易得，但其偏處亦甚害事。道理雖極精微，然初不在耳目見聞之外，是非黑白即在面前，此而不察，乃欲別求元妙於意慮之表，亦已誤矣。某邇來日用功夫頗覺有力，無復向來支離之病。甚恨未得從容面論，未知異時相見，尚復有異同否耳。」又答程正思書曰：「汀州見責之意，敢不敬承。蓋緣舊日曾學禪宗，故於彼説雖知其非，而不免有私嗜之意，亦是被渠説得遮前掩後，未盡見其底蘊。去冬因其徒來此，狂妄凶狠，手足盡露，自此乃始顯然鳴鼓攻之，不復爲前日之唯阿矣。」五十九歲，貽書陸子静辨無極。

六十歲，答陸子書曰：「老氏之言有無以有無爲二，周子之言有無以有無爲一，正如南北水火之相反，更請子細著眼，未可容易譏評也。」「迥出常情等語，只是俗談，即非禪家所能專有。今雖偶然道及，而其所見所説即非禪家道理。非如他人陰實祖用其説，而改頭換面，陽諱其所自來也。」答程正思曰：「所答子静書無人寫得。聞渠已謄本四出矣，此正不欲暴其短，渠乃自如此，可歎可歎。然得渠如此，亦甚省力，且得四方學者略知前賢立言本旨，不爲無益。」是歲，序大學中庸章句。

六十三歲，辨陸子解皇極大中之失。又與萬正淳論集義曰：「今陸氏只要自家心裏見得底，方謂之内，自别人説出，便指爲義外。如此乃是告子之説。」是歲，陸子卒於荆門軍，朱子帥僚友門人往寺中爲主哭之，既罷，良久曰：「可惜死了告子。」

六十四歲，答趙然道書曰：「來喻謂恨未及見子静與熹論辨有所底止，此尤可笑。蓋老拙之學，求之甚艱，察之甚審，視世之道聽塗説於佛老之餘，自謂有得者。蓋嘗嘆其陋而譏其僭，豈今垂老而肯以千金易人之弊帚者哉？」作鄂州稽古閣記曰：「人之有是身也，則必有是心；有是心也，則必有是理。然聖人之教，不使學者收視反聽，一求諸心爲事，而必曰博學、審問、慎問、明辨而力行之，何哉？蓋理雖在我，而或蔽於氣稟物欲之私，則不能以自見。學雖在外，然皆所以講乎此理之實，及其浹洽貫通而自得之，又初無内外精粗之間也。世變俗衰，士不知學，挾册讀書者，既不過於誇多鬬靡，以爲利禄之計，其有意於爲己者，又直以爲可以取足於心，而無事於外求也。是以墮於佛老空虛之邪見，而於義理之正，法度之詳，有不察焉。道之不明，其可嘆已。」

寧宗慶元庚申，朱子七十一歲，卒。以深衣及所修儀禮經傳通解付勉齋黄氏。前一歲，以尚書解付九峰蔡氏，俱令續成全書。其高弟西山蔡氏，先朱子卒。此外門人甚衆，而其後有西山真氏最著，則私淑而得其傳云。

陸子少朱子九歲，生於高宗紹興乙亥。幼而穎異，嘗問父賀曰：「天地何所窮際？」父笑而不答，遂深思至忘寢食。後十餘歲，因讀書至「宇宙」二字，解者曰：「上下四方曰宇，古往今來曰宙。」忽大省悟，曰：「原來無窮，人與宇宙皆在無窮之中也。」援筆書曰：「宇宙内事乃己分内事，己分内事乃宇宙分内事。」又曰：「宇宙便是吾心，吾心便是宇宙。東海有聖人出焉，此心同也，此理同也。西海、南海、北海有聖人出焉，此心同也，此理同也。千百世之上、千百世之下有聖人出焉，此心此理莫有不同也。」

三十六歲，朱子答吕子約書，始聞其「言論風旨全是禪學」。

三十七歲，吕伯恭約與朱子會於鵝湖。四十三歲，復訪朱子於南康，講「喻於義理」章。

朱子答吕伯恭書曰：「子静舊日規模終在，其論爲學之病，多説如此即只是意見，如此即只是議論，如此即只是定本。某因與説，既是思索，即不容無意見，既是講學，即不容無議論，統論爲學規模，亦豈容無定本，但隨人材質病痛而救藥之，即不可有定本耳。渠却云正爲多是邪意見、閑議論，故爲學者之病。某云如此即是自家呵叱，亦過分了，須是著邪字、閑字，方始分明，不教人作禪會耳。又教人恐須先立定本，却就上面整頓，方始説得無定本底道理。今如此一概揮斥，其不爲禪學者幾希矣。」

四十六歲，上輪對五劄。

四十七歲，録所對語寄朱子。朱子貽書曰：「恐是葱嶺帶來。」

四十八歲，陸子謂：「學者要知所好，此道甚淡，人多不知好之，只愛事骨董。」而詹民記曰：「象山舉『公都子鈞是人也』一章云：『人有五官，官有其職，某因是便收此心，惟以照物而已。』他日侍坐，先生謂之曰：『人能常閉目亦佳。』某因此無事則安坐瞑目，用力操存，夜以繼日，如此者半月，一日下樓，忽覺此心已復澄瑩。中立竊異之，遂見先生。先生目逆而視之，曰：『此理已顯然也。』某問先生何以知之。曰：『占之眸子而已。』因謂某道果在邇乎，某曰然。昔者嘗以張南軒所類洙泗言仁書考察之，終不知仁，今始解矣。先生曰：『是即智也、勇也。』某因對曰：『不惟智勇，萬善皆是物也。』先生曰：『然。』」「徐仲誠請教，陸子使思孟子『萬物皆備於我，反身而誠，樂莫大焉』。仲誠處槐堂一月，一日問曰：『仲誠思得孟子如何？』仲誠曰：『如鏡中觀花。』陸顧左右曰：『仲誠真善自述者。』因説與此事不在他求，只在自家身上。既又微笑曰：『已是分明説了也。』少間，仲誠因問中庸以何爲要語。答曰：『吾與汝説内，汝又説外。』」又陸子與邵叔誼書曰：「此天之所以與我者，先立其大者立此也，積善者積此也，集義者集此也，知德者知此也，進德者進此也。同此之謂德，異此之謂異端。」又曰：「某觀人不在言行上，不在功過上，直截雕出心肝。」又曰：「惡能害心，善亦能害心。」「或問：『先生何不著書？』曰：『六經註我，我註六經。』」又曰：「仰首攀南斗，翻身倚北辰。舉頭天外望，無我這般人。」朱子答劉公度書曰：「建昌士子過此者，多方究得彼中道理，端的是禪，誤人不少。」又答趙幾道書曰：「所論時習之弊甚善，但所謂冷淡生活者，亦恐反遲而禍大耳。孟子所以舍申商而距楊墨者，此也。向來正以吾黨孤弱，不欲於中自爲矛盾，亦厭繳紛競辨，若可羞者，一切容忍，不能極論。近乃深覺其弊，全然不曾略見天理，仿佛一味只將私意東作西捺，做出許多詖淫邪遁之説。又且空腹高心，妄自尊大，俯視聖賢，蔑棄禮法。只此一節，尤爲學者心術之害。故不免直截與之説破。渠輩家計已成，絶不肯舍。然此説既明，庶幾後來者免墮邪見坑中，亦一事耳。」

四十九歲，陸子奉祠還家，學者輳集。朱子答書曰：「税駕已久，諸況益佳。學徒四來，所以及人者，在此而不在彼矣。區區所憂，一種輕爲高論，妄生内外精粗之别，以良心日用分爲兩截，謂聖賢之言不必盡信，而容貌辭氣之間不必深察者。此其爲説，乖離狼悖，大爲吾道之害，不待他時末流之弊矣。」

五十歲，作荆國王文公祠堂記。是歲，陸子改貴溪應天山爲象山，建精舍講學。與學者云：「二程見周茂叔後，吟風弄月而歸，有『吾與點也』之意。後來明道此意卻存，伊川已失此意。」又云：「元晦似伊川，欽夫似明道。伊川蔽錮深，明道卻疏通。」又謂人曰：「丱角時，聞人誦伊川語，自覺若傷我。」又曰：「伊川之言，何爲與孔子、孟子不類？」又曰：「伊川學問不免占决卜度之失。」又曰：「李白、杜甫、陶淵明，皆有志於吾道。」朱子曰：「陸子静看伊川低，此恐子静看其説未透耳。譬如一塊真金，卻道之不是金，非金不好，不識金耳。」曾祖道曰：「頃嘗見陸象山，象山與言曰：『目能視，耳能聽，鼻能知香臭，口能知味，手足能運動，如何更要甚存誠持敬，硬要將一物去治一物，須要如此作甚？詠歸舞雩，自是吾夫子家風。』」朱子答歐陽希遜書曰：「學者當循下學上達之序，庶幾不錯。若一向先求曾點見解，未有不入於老佛也。」是歲，陸子與朱子書曰：「昔年兩得侍教康廬之集，加款於鵝湖，然猶莽鹵淺陋，未能成章，無以相發，甚自愧也。比日少進，甚思一侍函丈，當有啟助，以卒餘教。梭山兄謂太極圖説與通書不類，疑非周子所爲。此言殆不可忽也。極者，中也。言無極，是無中也。豈宜以『無極』字加『太極』之上？『無極』二字出於老子，聖人之書所無有。」朱子答書曰：「周子所以謂之『無極』者，正以其無方所，無行狀，如老子復歸於無極，乃無窮之義，非若周子所言之意也。」陸子答書曰：「老子以無爲天地之始，以有爲萬物之母，以常無觀妙，以常有觀徼。直將無字搭在上面，正是老子之學，豈可諱也。尊兄所謂真體不傳之秘，及迥出常情、超出方外語，莫是曾學禪宗。」朱子答書又謂老氏之言有無云云，具載朱子語録中。陸子又與陶贊仲書曰：「荆公祠記與答元晦二書，可精觀熟讀。此皆明道之文，非止一時辨論也。吾文條析甚明，晦翁書但見糊塗，没理會。吾所明之理，天下之正理、實理、常理、公理，所謂本諸身，證諸庶民，考諸三王而不謬，建諸天地而不悖，質諸鬼神而無疑，百世以俟聖人而不惑者也。」又與邵叔誼書曰：「元晦書來，其弊殊未解。」朱子亦與叔誼書曰：「子静書來，殊無義理。每爲閉匿，不敢廣以示人。不謂渠自暴揚如此。大率渠有文字，即傳播四出，惟恐人不知，是其常態，亦不足深怪。吾人所學，且要自家識見分明，持守正當，深以此等氣象舉止爲戒耳。」陸子又答胡季遂書曰：「以顔子之賢，必不至有聲色貨利之累，忿恨縱肆之失，夫子答其問仁，乃有克己復禮之説。則所謂己私者，非必如常人所見之過惡而後爲己私也。己之未克，雖自命以仁義道德，自期可至於聖賢之地，皆其私也。顔子之所以異於人者，以其不安乎此，而極仰鑽之力，卒能踐克己復禮之言而知，遂以至善，遂以明也。」朱子曰：「陸子静説顔子克己，不是克去己私利慾之類，別自有箇克處，又卻不肯説破。某嘗代之下語云，不過語言道斷、心思路絶耳。此是陷溺深坑，切不可不戒！」

五十四歲，陸子知荆門軍，帥吏民講洪範「五皇極」云：「皇，大也。極，中也。九疇，五居其中，故謂之極。」朱子曰：「今人將皇極作大中解，『皇建其有極』，不成是『皇建有其中』，『時人斯其，惟皇之極』，不成是『時人斯其，惟大之中』。」是歲，陸子卒於荆門軍。光宗紹熙壬子也。明年癸丑，朱子答詹元善書曰：「子静旅櫬經由，聞甚周旋之，此殊可傷。見其平日大拍頭、胡叫喚，豈謂遽至此哉！然其説頗行於江湖間，損賢者之志而益愚者之過，不知此禍又何時而止也。」陸子没，其弟子楊慈湖最得其傳。

或問：朱子之學近日既大著於世矣，惟陸氏之説，然猶有隱中於人之心，足爲朱子之累者。此尤爲淵源所在，可不有以剖之歟？曰：天地之間，止此理氣二者而已。此即古今學術之辯所由分也。以理言之，則爲當然之則，所謂「有物必有則」是也。其具於人心，則在人之則，而爲性者也。天地之生，而萬物之靈，故其性無所不綰，所謂「萬物備於我」者，非獨備其影像也。即萬物之所以爲物者，綰於此焉。其爲體也，渾然一理而萬分具足。凡天地之道、聖人之藴，措之爲禮樂刑政，垂之爲詩書、易象者，皆是理之所蟠際，即皆是性之所充周，而日用彝倫、視聽言動之間，須臾而離之，則是自失其則，而不誠無物矣。是以聖人之教，必使擇之精而執之固，有以完其所以爲性者焉。此其學固非可以一朝頓悟，而一悟無餘者矣。朱子所謂「老拙之學，求之甚難，察之甚審，而不肯以其千金易人之弊帚者」，此也。以氣言之，則氣之粗者凝而爲形，其精爽則爲心。心之精爽至於神明，故其體虛而無物，其用靈而不測。方其未用也，寂然而虛，及其既用也，亦寂然而虛。則其方用之際，亦謂必有常虛常寂者存於其中，而不得以心思求之，恐心思之有著而非虛也；不得以言語求之，恐言語之外諠而非寂也。心思路絶，言語道斷，惟静惟默之際，而其爲神明之本體，静極當動，歛極當發，介然有頃之間，而偶爾感觸，光明呈露，自覺自知，遂詫爲神奇，得未曾有。他人不見，師友莫與，而惟我獨自得之者矣。斯時也，或忻悚然而動，如陸子之乍聞鼓聲，震然省發是也。或躍然而喜，如王陽明之中夜叫絶，僕從驚起是也。又有一種静默之久，神明未瞑，亦未發用，迷離惝恍，虛實之間，有影象參差呈露於前，如睡初覺，如夢中見，原非實有，則遂以此爲萬物皆備之象呈於我矣。如徐仲誠之鏡中看花，楊慈湖之鑒中見象，皆得陸子之傳者是也。不獨此也，影象之見有而非實，則又以此因緣天地，謂凡聲色貌象呈於太虛之中者，皆同此影象之觀，即天地之大，亦止此太虛中影象，惟此心乃與太虛同體，常虛常寂，超超元著而出乎天地之外焉，如陸子謂「仰首攀南斗，翻身倚北辰，舉頭天外望，無我這般人」是也。然自窮理者觀之，此皆心之神明不得循其寂感動静之常，而束於空寂，爲之變現光影如此。既已自爲之眩而不自知，遂欲保以終身，惟恐或失。此正朱子所謂「禪家作弄精神，到死不肯舍放」者也。嗟夫！以心爲理，此勢必眩於心，而一於虚寂之見者，必不得與事相操持，泛應之際，涉而不有日用彝倫之地，皆歸之於浮薄，不可止矣。陸子自謂心不可泊在一事上，而居喪之際，論卒哭爲祔，其兄有所不忍焉，陸子行之而安者，此其效也。且夫虚寂之體，豈得不以禮法爲束縛而廢棄之哉？卒之門人高弟傅子淵遂至祝髮披緇爲僧，而陸子曾莫之止，反許而樂之，此皆虚寂入禪之效，尤爲彰明者也。陸子之學與朱子之學，同耶？異耶？即與孔、孟，同耶？異耶？學者可以知所擇矣。

謹按：朱、陸淵源各出。朱子之學，近主周、程而遠宗孔、孟，後世述之者衆矣。今略舉其最著者，則元有魯齋許氏、東陽許氏，明有河東薛氏、餘干胡氏、泰和羅氏、晋江蔡氏，近代當湖陸氏是也。陸子之學，雖亟稱孔、孟，而實内主禪宗，後世述之者亦不少。略舉其最著者，明爲餘姚王氏、白沙陳氏是也。明初學者皆墨守朱説，中葉王氏出，宗陸而毁朱，天下靡然從之，自正、嘉迄於天、崇之末，朱子之學，幾於晦矣。我朝崇尚正學，尤表彰朱子，聖祖之世，御纂全書，陞配十哲，示天下趨向，由是闡明者日益衆，而人心學術皆定於一焉。儀封張公撫閩時，復梓陳氏通辨行之，則前此所謂道一編及晚年定論之説，不得以惑人矣。近因讀朱子文集，同異參差，蚤晚莫辨，爰就本文事迹，證以年譜、宋史，而得其先後次第，爲之逐年編次，逐條辨析，亦不敢遠引別説，止就朱子晚年之書，訂其蚤歲之同異，名曰朱子爲學考云。

陳梓

陳梓（一六八三～一七五九），字俯恭，號客星山人，浙江餘姚人，遷嘉興濮院。雍正年間舉孝廉方正不就，樂爲童子師。於書無所不窺，工古文及詩。行草書直造晋人堂奧，與北地李鍇齊名，號「南陳北李」。私淑張楊園，撰有四書質疑等。清史列傳卷六六儒林傳上一有傳。

删後文集卷八答黃岐周書

能言距楊墨者，聖人之徒也。楊朱泣歧路，其踐履必不讓陽明；墨氏善守，其行軍亦當勝陽明。必謂不如楊墨不可以距楊墨，即朱子所謂倡爲不必攻討之説者，其爲亂賊之黨何疑哉？當明季袁、李猖獗之後，其禍甚於洪水猛獸，有奮臂倔起，假時文講學辭而闢之者，雖其制行未醇，立言過激，然使天下八股經生猶知恪守章句，不敢操戈而入孔孟之庭者，不可謂非紫陽之功臣也。詳味來教，語語回護陽明，如曰不善學陽明乃致此弊，然則善學陽明即無弊耶？曰非陽明之説誤人，人自誤耳，然則陽明之説本無誤耶？又曰心其心，學其學，不至墮即心即佛、明心見性坑坎。夫陽明之心□□□譌之心也，陽明之學陽儒陰釋之學也，果心其心、學其學，小則爲無忌憚之小人，大則爲無父無君之禽獸矣。告子曰：「性無善無不善。」而彼亦曰：「無善無惡心之體。」程子曰：「性即理。」而彼僞易之曰：「心即理。」其與即心即佛、明心見性之説有以異乎？至謂原其心，不過欲駕新安而上之，此語可謂推見陽明隱衷。蓋陽明本具英雄質，性喜熱鬧，不耐冷淡，其講學也，即以事功作用行之，苟不高自位置，別提宗旨，壓倒前人，何以號召徒衆、簧鼓群生？乃逞其狡獪之技，閃鑠變幻，不獨函蓋一世，直可角勝千古，使天下後世不僅以功臣名將目之，而或可以竊取兩廡之一席。其倡教之始，特萌於一念之好名，而不知其流禍遂及於率獸食人而人相食也。嗚呼痛哉！昨所奉楊園備忘數則，兄以爲何如？楊園躬行實踐、下學上達，駕薛、胡而直接紫陽，較之時文講道者，不啻什伯千萬，不知如此等造詣，可許之闢楊、墨否？向有先生所評傳習録，春間爲硤川友人借鈔，他時當奉一覽，以兄之高明，必能豁然如夢之覺、醒之解，出阬坎而升於高陵，不終爲狐魅所祟耳。

刪後文集卷八與湯三聘書

昨所述周君□論「素以爲絢」，必須破朱子解，擡高子夏身分，子夏深於詩教，豈有訓詁不通如此者？噫，此陽明之流毒也。周本於毛大可，毛本於袁了凡，袁本之陽明，其衣鉢源流，固有自也。子夏本是拘泥一邊人，此是初學詩時偶然疑義，因夫子而忽然有悟，故曰「始可與言詩」，猶之子貢初用力於自守，故問「無諂驕」，因夫子而悟義理無窮，故亦曰「始可與言詩」。凡看四書，第一在平心和氣，涵濡玩索，自有愈平淡愈精深，愈卑近愈高遠的道理。楊園先生云：「三代以上，折衷於孔子；三代以下，折衷於朱子。」此定説也。象山與朱子樹敵而致厓山之變，陽明與朱子爲難而招流賊之熾。稼書先生云：「明之天下，不亡於流賊，而亡於陽明。」豈苛論哉。袁了凡刻黄楊朱子像，每讀章句，則曰某處誤，當笞幾下。奇齡效之，以竹腔糊朱子像立案側，每誤加栗暴幾下，此雖陽明，不應病狂喪心至此。然而報仇行劫，其獄有歸，起陽明於九原，使僕以身後之禍面數而詰之，未有不呼天號泣，自痛自艾，願爲千木胎、萬紙胎分授九州鄉塾，家撻户鞭以稍贖其愆於萬一也。足下聰穎過人，高明之士多入於異端，故懇切陳之。梓再拜。

删後文集卷一二傳習録辨跋

右錢塘王嗣槐著。康熙丁丑鏤板，共四卷。尊朱子，闢陽明，以通俗語解釋辨駁，使人易曉，「良知」家陽儒陰釋之詭幻，無可逃遁，誠紫陽之功臣也。第崇伊川而貶明道，與象山並黜，謂陽明直接程氏之真傳，本告子而通之佛氏，則得失相半矣。又謂「主一」不必贅以「無適」，「純於天理」不必復加「無一毫人欲之私」，爲畫蛇添足，亦失之過高，反易流於異學。後之學者能熟玩楊園之批傳習，此書雖置之高閣可也。

范爾梅

范爾梅（生卒年不詳），字梅臣，號雪庵，山西洪洞縣人。康熙五十一年（一七一三）貢生，屢試不第。潛心程、朱理學，晚年喜易，獲周易折中，喜不釋卷。著有周易輪圖一卷、大易札記五卷、易卦考一卷、讀書小記等。

雪庵文集明儒考陽明王氏

陽明之行高矣，而立言則偏也。如無善無惡，滿街聖人，聞見遮迷，格物、誠意諸説，大率多偏。嘉善陳氏之論出而陽明定矣。

先儒云：「先認聖人氣象。」陽明以爲欠頭腦，須從自己良知認取。又答顧東橋格物致知云云，皆一家言也。其別湛甘泉序甚善，「吾亦甚惡詞章之習，吾亦甚不喜」後之言，太詳析太精。然執陽明之説，又恐使人束書不讀，陷於虚無而不知也。其序朱子晚年定論曰：「集註、或問之類，乃其中年未定之説。余考朱子與廖德明帖云『大學又修得一番簡易平實次第，可以絶筆。』是年戊午，朱子六十九矣，又易簀前三日，尚修改『誠意章』，是大學注確是晚年定論也，陽明乃謂中年未定之説，何哉？此序正不敢矇曨讀過。大抵陽明與朱子牴牾，故推尊周、程而不及朱子，又以陸氏接孟氏之傳皆非也。

鄭德夫，從吾道人，高士也。師事陽明，書張思欽卷妙甚。爲人子者可以知所用心矣。

陽明大約重本而抑末，重内而輕外，其學以立誠爲主，而自用不用人。

汪紱

汪紱（一六九二～一七五九），初名烜，字燦人，號雙池，婺源人。諸生。自力於學，未嘗從師。後漂泊至閩中，爲童子師。及授學浦城，從者日衆。自二十後，務博覽，著書十餘萬言，三十後盡燒之。自是凡有述作，凝神直書。自六經下逮樂律、天文、地輿、陣法、術數，無不究暢，然又一以宋五子之學爲歸。著有理學逢源、易經詮義、尚書詮義、詩經詮義、四書詮義、大鳳集、雙池文集等。清史稿卷四八〇儒林傳一、清史列傳卷六七儒林傳上有傳。

理學逢源卷一二異端子曰攻乎異端斯害也已

異學而謂之端者，以立異之始，爲端甚微，而其末之流爲害甚大，君子宜辨之於早也。老氏之初其意亦未嘗直以仁義爲非也，而第以自然爲可尚，則視煦煦孑孑之仁義爲不足爲耳。然既以仁義爲不足爲，禮法爲不足事，則其説必至於毁棄仁義，而虚無之害長矣。釋氏之初，其意亦未必欲盡廢人倫也，而第以厭棄人事，則以枯寂自甘耳。然既以枯寂自甘，則其勢必至於盡廢人倫，以同人於禽獸矣。象山氏學匪師承，知由頓悟，辨明義利，切中學者隱微，宗孟子之立大，詆濂溪之無極，在朱子亦嘗稱其功夫切實，此豈欲同於異學之虛無寂滅者？然恃其頓悟之見以自多，遂欲播弄天地，囊括萬象，而以意見爲不可有，以議論爲不必多，以六經爲我注腳而不自知其已，私立一意見、私持一議論，多背謬於六經，以幾流於禪寂矣。朱子曰：子靜知一而不知貫，知有生知之質，而不知有困勉之功，不得於言，勿求於心，其學深似告子。夫一以貫萬，而見知一而不知貫，則爲空虛矣。生知之質，孔子不居，不知困勉之功，則釋氏之單提直指矣。反求諸心而後知言，不得於言，勿求諸心，則外義而任其運水搬柴皆説是道矣。陸氏之爲陸氏如此，而猶得謂其不流於異哉。顧象山猶有閑闌，而其徒王、楊、舒、沈乃益加决裂，張九成直詆大學爲非聖人之書。陳白沙以自然爲宗，以忘己爲大，務去耳目支離之用，以全虛圓不測之神，而其學遂與釋氏之清浄六根、明心見性者全無少間矣。王陽明遠祖金谿，近宗新會，倡良知之學，以號召一時，竊孟子之説而實揚告子之波，飾儒者之名，而實爲釋氏之黠，雖時强自爲别白於釋，而亦烏得爲别白之？其徒王艮、王畿益暢其邪，顛倒愈甚。心齋之學一傳而顔均，再傳而羅汝芳，龍溪之學一傳而何心隱，再傳而李贄，乃直引三教爲一家，異端之賊道者，不在佛老而即在吾徒矣。而要不得謂非陸氏之偏於主静立大爲有以開其端也。乃至於理窮辭遁，而又欲援朱入陸，而陽明以有朱子晚年定論之書，趙東山以有始異終同之説。將誰欺，欺天乎？是以有明之季爲舉業者，争以私智穿鑿，離經畔傳爲奇；立朝廷者，争以影響風聞，快於搏擊爲事。而是非之顛倒錯亂，所不計焉，未必非認取一心，而不必格致，不必敬誠之爲害祟也。夫自用私智以立異於天下者，世不能盡無其人，而吾儒苟嚴以絶之，辨以明之，則斯人亦何自以爲害於天下。無如以一人倡之，則群然和而專治之，而害斯溥矣。而世之人猶有以攻訓攻擊之攻，謂異端雖存，不必攻擊，擊之則反爲害者，則聖王一道德以同民，俗之謂何其非聖人之罪人也哉。

雙池文集卷二無極而太極説　節録

周子之所謂無極者，非太極之外别有所謂無極也。正所以發明夫太極之本體，本渾然而無迹者也。形而下者謂之器，器有具而有不具。形而上者謂之道，道無爲而無不爲。後世之論無極者，陸氏疑其出於老莊，而朱子力爲辨之。然老子之所謂無者，將絶夫萬有之擾，而以虚無爲道德之宗。而周子之所謂無者，將溯萬有之源，而以主静立人道之極。以虚無爲宗，則必以仁義爲小，而其所謂無者，實出乎道之外；以主静立極，則仁義中正由是出，而其所謂無者，即此道之本然也。此陸氏之所見，所以不如朱子之精也。

雙池文集卷二主静立人極論 節録

獨是陸學亦言主静，而卒之幾流於禪寂之途者，是則何歟？體立而後用行，主静者，所以立天下之大本也，然非立體，無以致用，而不顯於用，亦無以盡其體。體立用行，非有兩事，故君子有中和交致之功焉。周子言此，豈偏於静者哉？乃陸氏徒欲絶去意見，撤其門户，註腳六經，以求其所謂立大者焉，是偏於静者矣。而甚且以戒慎恐懼之心爲妄見害道，則其所謂主静立大者，又果安在乎？陸氏於無極之文，且疑其出於老氏，乃學之所偏，則有日鄰於老、佛而不自知者，誠不知其何説也。此中幾微之介，學者可不辨哉？

陳法

陳法（一六九六～一七六六），字定齋，貴州安平人。康熙癸巳（一七一三）進士，改庶吉士，授檢討，改刑部郎中。乾隆初，授登州知府，歷河東、運河、盧鳳、淮揚、大名諸道。在翰林時，與孫嘉淦、謝濟世、李元直以古義相勖，時稱四君子。學宗朱子。著易箋、明辨録、河閒問答、醒心集等。清史稿卷三〇六、清史列傳卷六七儒林傳上二有傳。

明辨録 節録

明辨録辨象山爲禪宗，略曰：象山於慈湖舉四端以發明本心，慈湖當下忽覺此心澄然清明，亟問曰：「止如斯耶？」象山曰：「更有何也？」於徐仲誠，令其思孟子「皆備於我」，「反身而誠，樂莫大焉」。仲誠處槐堂一月，問之曰：「如鏡中觀花。」象山謂其「善自述」，因與説云：「此事不在他求，只在自己身上。」仲誠因問中庸以何爲要語。答曰：「我與爾説内，爾只管説外。」看其機鋒迎擊，真是一棒一喝手段。嗚呼！孟子之言四端，在察識而擴充之。由火然泉達之機，以至於保四海。而象山借之，以識取其靈覺之心。孟子之所謂「反身而誠」者，朱子謂乃「窮理力行工夫」。成就之效，貫通純熟，與理爲一處，則是非歲月之功所能至，而直欲於一月半月之間，瞑目安坐而得之，此所謂「直指人心，見性成佛」者耶？是則師弟之間傳授心法，無非瞿曇之故智，桑門之衣鉢，雖善辨者亦不能爲之解也。

雷鋐

雷鋐（一六九六～一七六〇），字貫一，號翠庭，福建寧化人。少爲諸生時，肄業鼇峰書院，親受學於漳浦蔡文勤公。雍正癸卯（一七二三）舉於鄉。癸丑成進士，改庶吉士，授編修。先後督江蘇、浙江學政，以理學維風化，世稱醇儒，累官至左副都御史，以母老乞養歸。乾隆二十五年卒，年六十四。著有讀書偶記、經笥堂集。又有自恥録、校史偶存、聞見偶録等書。清史稿卷二〇九有傳。

經笥堂文鈔卷下象山禪學考

世目象山爲禪學，以象山教人閉目静坐不讀書者，非也。象山語録多近禪，然未嘗言不讀書，亦罕静坐。惟詹阜民所記象山云：「學者能常閉目亦佳。」其文集中并「静坐」二字無之。其與劉深甫書云：「開卷讀書時，整冠肅容，平心定氣，訓詁章句苟能從容不迫而諷詠之，其理當自有彰彰者。」與傅聖謨云：「已知者力行以終之，未知者學問思辨以求之。」此與朱子教人無以異。雖然，象山謂有子之言爲支離，爲私智杜撰；言子貢非能知顔子。又云：「宰我、子貢、有若智足以知聖人，若責以大智，望之以真知聖人，非其任也。」尤可怪者，言子羔、曾子皆爲夫子所喜，於二人中尤屬意子羔，不幸前夫子而死。按左傳哀公十五年，孔子聞衛亂，曰：「柴也其來，由也死矣。」明年夏四月己丑，孔子卒。子羔後孔子而死不待言，安有博學、審問、慎思、明辨者，鹵莽滅裂至此哉！蓋象山所自得在「心即理」，見與李宰第二書。以此直接顏、曾，視子貢以下諸賢皆所不足。夫心即理，不必有人心、道心之分。達摩所謂「直指人心，見性成佛」也。惟其然，遂信心自是，憑臆武斷，無所顧忌。其與張輔之云：「吾有知乎哉！此理豈容有知哉！」答楊敬仲云：「未嘗用力，而舊習釋然，此真善用力者也。」作楊承奉即敬仲之父。墓碣云：「顏回屢空，夫子所喜。必以所得填塞胸中，抑自苦耳！」與似清云：「何處轉不得法輪？何人續不得慧命？」宜乎傅子淵猖狂放肆，詩偈類釋子，象山最屬意，謂功罪不相掩，顏子堅竟變服削髮爲僧也。

經笥堂文鈔卷下陽明禪學考

儒者闢釋學，每以陸、王並稱。曩竊疑之。象山論格物曰：「格，至也。」與「窮」、「究」字同義，皆研磨考索以求其至耳。陽明則曰：「致知格物，自來儒者相沿如此。象山不復致疑，此象山見得未精一也。」象山言：「爲學有講明、有踐履。大學致知格物，中庸學問思辨，孟子始條理者智之事，此講明也。大學誠意正心修身，中庸篤行之，孟子終條理者聖之事，此踐履也。」陽明則曰：「學問思辨便是行。」又曰：「良知之外更無知，致知之外更無學。」何其與象山互異！考陽明之書，凡象山之合乎聖學者則盡反之，象山之近乎禪學者則力張之。愚作象山禪學考，象山之學既舉其端矣。至陽明則直曰：「佛氏之本來面目，即聖門所謂良知。」又云：「無所住而生其心，佛氏曾有是言，未爲非也。」見與陸元静書。又云：「道一而已，仁者見之謂之仁，智者見之謂之智。釋氏之所以爲釋，老氏之所以爲老，百姓之日用而不知，皆是道也，曾有二乎？」見與鄒謙之書。此皆象山所未敢明目張膽言之者。然其根原則自象山以「心即理」爲心學，故陽明亦曰：「心即理也。學者學此心也，求者求此心也。」見答顧東橋書。謂「良知發見流行，光明圓瑩」，見與聶蔚文書。不即佛氏之「浄智妙圓，光明寂照」乎？嗚呼，指心即理，欲人反求諸心，宜無不可，錮於氣稟，蔽於私見，必且師心自用，認欲爲理，其禍至不可究極。當時争大禮，如霍韜、席書、黄宗明、黄綰，皆從陽明講學者。陽明與霍兀厓即韜書云：「曾辱大禮疏見示，時方在疚，心善其説。」又與黄誠甫即宗明書云：「近得宗賢即綰寄示禮疏，明甚。誠甫之議，當無不同。」論者斥霍、黄諸人迎合時局，以希富貴，而不知陽明實陰主之，蓋亦其良知以爲當若是耳。故曰：「象山如荀況，陽明似李斯。」

經笥堂文鈔卷下湖州試院與諸生論太極圖説通書

周子太極圖説、通書，朱子表章而發明之，既爲之註，又與陸象山辨論悉矣。今覘諸生體會親切何如，非欲别出意見也。愚竊謂二書當合爲易通一書。太極圖説爲首章，即如中庸之首章也。中庸二章提出「時中」，周子二章提出「誠」字，其理一也。言性命之書無過中庸，宋五子得其精意，而更互演繹之。讀太極圖説「真精妙合，乾道成男，坤道成女」，天命謂性之理明矣。朱子註曰「天以陰陽五行化生萬物，氣以成形而理賦焉」，本此意也。人得秀而最靈，形生神發，五性感動而善惡分，此朱子所謂「性道雖同，而氣稟或異，故不能無過不及之差」也。聖人定之以中正仁義，而主静立人極焉，此所以有修道之教也。君子修之吉，朱子謂「君子之戒慎恐懼，所以修此而吉」，亦本中庸。又謂「敬則欲寡而理明，寡之又寡，以至於無，則静虚動直而聖可學」，即引通書作註。凡通書中立誠、審幾、慎動而要於無欲，皆所以修之之功也。大抵通書無非發明太極圖説，猶中庸全書不出首章之義也。或曰：「周子原名易通，言易之書也。易之妙有外於時中者乎?」易統於乾、坤二卦，坤又統於乾。乾者，健行不息，誠之至也。故中庸、易通皆極言誠。至「無極」二字，後儒援引老子「復歸無極」之云，用相疑難，殊不知周子正恐人馳心空寂，故曰：「無極非無也，無極而太極也。」至於體會親切，則有當湖陸先生太極論，在學者其服膺而勿失焉。

經笥堂文鈔卷下嚴州試院與諸生論格致傳義

格物致知之義，程朱以前，則有司馬温公「捍禦外物，而後能知至道」之説，朱子或問中辨之明矣。後乎程朱，則姚江王氏謂「格，正也。正其不正，以歸於正也」。如其言，則必先致知而後能格物矣。且一格物，無所事誠意正心脩身之功矣。即遵守朱子之學者，亦有以「知止」三節合「聽訟」節爲格致傳，不待更補之云。夫必知止而後得止，必知所先後乃可近道。必以「知本」爲大學之要，然於「格物」二字未有發明也。近來更有襲姚江之説者，謂「即凡天下之物，莫不因其已知之理而益窮之，以求至乎其極，而後能誠意正心」。則終身無誠正之日，徒使人日馳其心於浩渺紛賾之途，如浮海者之無津涯。嗟乎！爲是言者，何其鹵莽而滅裂也！獨不曰人心之靈，莫不有知乎？獨不曰因其已知之理而益窮之乎？夫人心之靈，莫切於孩提知愛，稍長知敬。即此愛敬之心，推致而擴充之，則仁之實，事親是也；義之實，從兄是也。且夫無欲害人之心，無穿窬之心，是人心莫不有知者也。充之則仁與義不可勝用。謂非推致其本心之明，以措之躬，而施諸事乎？豈有必待數十年格物致知，而後誠意正心之理乎？朱子所謂「其用力之方，或考之事爲之著，或察之念慮之微，或求之文字之中，或索之講論之際」，可謂内外本末兼舉之矣。今舍其身心性情之德，人倫日用之要，而徒摘其「一草一木亦皆有理」之言，是孟子所謂「養其一指，而失其肩背」者也。嗟乎！後世之好爲妄議者，程子已言之矣，曰：「致知之要，當知至善之所在，如父止於慈，子止於孝之類。若不務此，而徒欲泛然以觀萬物之理，則吾恐其如大軍之遊騎，出太遠而無所歸也。」今約而言之，格物者，格此身心意以及天下國家之物；致知者，知所以誠意正心修身以齊家治國平天下而已矣。而知與意尤爲交關切要處，即意中可好可惡之物，格之而知其當好當惡，務決去而求必得之，則誠意之功也，夫豈有兩時兩事之可分哉！

經笥堂文鈔卷下答諸生問毛西河語 節録

上略。或問：「西河以周子太極圖説加無極於太極之上，正墮二氏之見，其所謂無極皆出自老、莊、參同契諸書，何以辨之？」曰：「此朱子答陸子静書已言之矣。老子『復歸於無極』，無極乃無窮之義，如莊生『入無窮之門，以遊無極之野』云爾，非若周子所言之意也。且周子正恐人求無極於杳冥昏嘿之地，故曰『無極而太極』。蓋言無極非無也，正太極也，何以爲加無極於太極上也？且周子『太極動而生陽，静而生陰』，正見理能生氣。學者可默會太極生兩儀之妙。西河乃謂『未聞生陰陽而先有動静』，可謂拘泥之至矣。其曰『陽生於子而息於巳，陰生於午而息於亥』，夫人而知之。曰『陽自子至巳而六時動，陰自午至亥而六時静』，則雖愚者猶疑之。夫元亨誠之通，利貞誠之復，通復即動静之機，諒非愚者可無疑矣。其所謂『息於巳』、『息於亥』，亦非也。陰陽有消長而無止息，陽生於子，豈亥時陰遂息乎？陰生於午，豈巳時陽遂息乎？宜乎其不知動静互根之義也。且夫動静，大段分陰陽，細分之則陽有動静，陰亦有動静，即所謂陽中有陰陽，陰中亦有陰陽。此非至愚者亦知之，何乃引易之『乾則静專動直，坤則静翕動闢』以駁周子『不得以陰陽分動静』乎？且夫易言兩儀、四象、八卦，周子只言五行者，蓋以陰陽五行，造化生人生物之功用也。下遂説到人得其秀而最靈，歸於聖人之立極。此其立言各有不同也。至於『根』字、『真』字、『妙合』字，疑其言之同於二氏，而不察其理之實際，則亦可謂操戈入室矣。試思聖人定之以中正仁義，二氏有之乎？所謂主敬者，貞下起元之義，豈二氏可得假借乎？西河引唐宗作華嚴疏序，清涼國師爲註解，有云『天地未分謂之一氣，天道始分即有五運，形質已具謂之太極，轉變五氣，遂成五會，有天道焉，有地道焉，有人道焉』，以爲圖説所本。試思其言之支離，與圖説不大相懸隔乎？至西河謂保合太和爲佛氏要旨，則西河曾髡髮爲僧，力爲彼家樹幟而已矣。」

讀書偶記卷一

古人心最平，如孟子謂夷、惠「隘」與「不恭」，「君子不由」，而又謂其爲「百世之師」是也。後世如陸子静、王陽明、陳白沙，論學術者必辨之，謂其非孔孟、程朱之正派也。然其砥節礪行，以之針砭卑鄙俗夫，不亦百世之師耶！

朱子與項平父書云：「子静尊德性之意多，某自覺道問學之意多。要當去短集長，交致其功。」説者謂此朱子謙已誨人之辭，是也。玩此氣象何等和平，規勸何等深摯，而反己觀省，不敢自是，非故作謙沖之辭已也。象山聞之則曰：「既不知有德性，焉有所謂問學？」剛愎褊急，即此可見。立侯云：「穆堂每辨陸子何嘗不讀書窮理，朱子門人乃以廢學誣之。然非謂象山全不讀書也，其云『六經注我，我注六經』，可爲讀書之訓乎？非謂象山全不窮理也，其不信繫辭爲孔子書，詆訶太極圖説，可謂窮理之言乎？蓋象山位置太高，不能抑己從人，執意見而自以爲無意見，要其修身砥行，不失爲豪傑之士也。聖門顔、曾而外，各因質之所及，亦未必人皆純全。」余謂此論頗爲平允。然聖門諸弟子所造未必純全，自知不及顔、曾，無敢自號爲得聖人之宗，而目顔子之博文、曾子之格致爲支離者，若象山則以爲自有單傳心印，正是孔子之真血脉，其病源尤在即心即理上來。

讀書偶記卷二

朱子於大學或問「格物」章，先言心之體用，次身之所具，次身之所接，然後及於天地鬼神，幽明上下，所謂一塵之微、一息之頃，推類而極言之耳。王姚江格亭前竹子，七日成病，其未深讀朱子之書可知。今人猶有病朱子格物之説者，盍取或問一書切體之。

聞耿公定向督學南畿時，池州守問朱子窮理與陽明致良知之説。公曰：「試以現在職業言之，如要治民，即窮到獲上信友、順親誠身，又窮到明善，均此身也。必曰明善乃能誠身何也？人只見此血肉之軀，不惟與民物不相關，即父子兄弟亦常間隔，能反身自窮我身我心從何處生來，識得渾然與物同體意思，則四端萬善滿腔皆是，此乃所謂明善，乃能誠身。」守曰：「發揮明透。」公蹙然曰：「願吾輩從此省身克己，使一郡民物，窮簷幽谷，皆得其所，乃爲發揮耳。」按，此段論窮理最得朱子之意，如此就實地作功夫，講學乃不是空談。

玩「致良知」三字不錯，所以致良知者只在一提一喝之間，則入禪耳。人心之靈，莫不有知，即良知也。要必自讀書以至處事接物，莫不窮其理所知，乃周遍而精切，所以能窮理者，即此良知而窮理，所以致良知耳。此徹内外之學也。先提撕唤醒此心，使常惺惺，此主敬工夫，良知所以不昏昧也。然非事事物物推究恰好，條分縷析，燦然分明，安能泛應曲當乎？若謂本吾良知，發出自然，與古人不爽毫釐，此非生知上哲能之乎？竊恐生知上哲正不自任胸臆，其虚心參酌更加細密耳。

朱子生平峻潔，晚歲益通明。近世輕於非訕，爲其教不便嗜慾耳。然士遵依朱子，雖未知道，不敢踰閑，或詆訶詼諧之者，必鮮耻多欲，厭治幸亂，默懷無父無君之根者也。此陳幾亭云爾。然幾亭生當明季，覩非訕朱子之害，至於無父無君，不歸罪陽明之作俑，何耶？

陳白沙和龜山此日不再得詩云：「吾道有宗主，千秋朱紫陽。説敬不離口，示我入德方。義利分兩途，析之極毫芒。聖學信匪難，要在用心臧。善端日培養，庶免物欲戕。」此等語與薛、胡無異。然其他所論學，以自然爲宗，不免過高之弊，不如薛、胡之平實，謹守下學上達之序也。

朱子答彭子壽云：「前此文字上用力太多，亦是一病。蓋欲應事，先須窮理，而欲窮理，又須養得心地本源虛靜明澈，方能察見幾微，剖析煩亂，而無所差錯。程子所謂『學莫先於致知，又未有致知而不在敬者』，正爲此也。」按，此是學之嫡脉，朱子得力於延平者在此，向上溯之，子思所謂「尊德性而道問學」者是也。

學之正宗，由孔孟而程朱。明代薛文清公純正無疵矣，至其餘諸子，沈潛高明之不同，各有得力處，亦各有偏處。然如胡敬齋之嚴密，學者或過於拘則有之，無規矩之越也。白沙、陽明之流弊，猖狂而不可收拾，學術之不可不慎也如此。

讀書偶記卷三

顧小厓前輩云：「陰陽，氣也。一陰一陽，乃道也。若陰陽即道，非不貳矣。象山與朱子辨無極，辨陰陽，滔滔汩汩，動以千言，俱是强辨。信通書而不信太極圖説，可謂鈍矣。」按，此言令象山亦當心折。

理之在心與在物，直是徹内徹外，故曰「顯微無間」。程子「纔明彼，即曉此」之語，亦不得已下「彼此」二字耳，其實絶無彼此之隔。思至此，不覺手舞足蹈。姚江詆朱子論格物爲求理於外物者，真面牆之見也。

楊錫紱

楊錫紱（一七〇一～一七六九），字方來，號蘭畹，室名四知堂、勤補軒。江西清江人。雍正五年（一七二七）進士。歷官吏部郎中、貴州道監察御史、廣西布政使，廣西、湖南、山東巡撫，都察院左都御史、禮部尚書、漕運總督，卒於任，謚勤慤。平生論學講求實用，亦能詩文。著有四知堂集、漕運全書等。清史稿卷三〇八、清史列傳卷一八有傳。

四知堂文集卷三二愚堂劄記序

孔孟之道，堯、舜、禹、湯、文、武之道也。火於秦，守於漢，晦於晋、魏、唐，至宋而始復明，則周、程、張、朱諸大儒遞相推闡之功也。元則許魯齋、吴草廬，明則薛文清、胡敬齋，皆確遵程、朱，守而勿失。惟王姚江致良知，以無善無惡爲心之體，其説顯於朱子。而程朱之學萬世不易之常經也，小之可以守身寡過，而大之可以治國平天下，姚江之學，則高明者之過也。守其説而不善變焉，將清静寂滅且流而爲釋矣。故居今之日，爲今之學，舍程朱莫適也。奚君惺齋，余雍正丁未同年進士也，榜後，惺齋隸刑曹，余隸銓曹。壬子，並爲順天同考官，其時各勤厥職，惺齋固未嘗以講學自見也。已而後先外調，遂不復相見。今乾隆戊子，其嗣子某至淮，出所藏二愚堂劄記請序，余受而讀之，守程朱之緒言，融會貫通，確有所得，而其要旨則約之以主敬。夫敬者，聖學徹上徹下之功，主乎此，則致知力行，皆著實而近裏，深而造之，其於道必確有所見，而其言也有物矣。昔吕新吾先生著呻吟語，吾師尹博野夫子又爲擇而存之，曰吕子粹語，付之剞劂，以公同好，其言純粹廣大而深切著明，循程朱之旨而發所未發，有功於聖學不小。惺齋此記，其庶幾焉。故余題惺齋遺照及之，重其守正學也，劄記之辨姚江，别儒釋也，所以維世教也，然則惺齋豈僅以文章政事見哉。

沈廷芳

沈廷芳（一七〇二～一七七二），字畹叔，號椒園，仁和人。乾隆丙辰（一七三六），以監生舉博學鴻詞，試二等，授庶吉士，授編修，考選御史。授山東登萊青道布政司參議，遷河南按察使。母喪歸。起山東按察使。官河南時，桑弢甫主大梁書院，與交游，讀餘山書而好之。及至山東，與弢甫同編刻餘山遺書，爲之序，自稱私淑弟子。以老罷歸，迭主鰲峰、端溪、樂儀、敬敷諸書院。著有理學淵源、續經義考、鑒古録、古文指授、隱拙齋詩集、文集。清史稿卷四八五文苑傳二、清史列傳卷七一文苑傳二有傳。

隱拙齋集卷三六福建續志理學傳序

自昔三代之隆，道在鄒魯。宋之中葉，道在濂洛。南都既遷，群儒講述，道在於閩。夫使瀕海喬野之區，彬然與鄒魯同俗，豈非理學教化之力哉？前志載人物，不爲理學立傳，紀事而不提其要，識者病焉。今夫道原出於天，天即理也。别其名曰誠，曰敬，曰至善，曰大中，曰仁義，而體之身則爲學，是皆所謂道也。堯、舜、周、孔之道，足乎己，措諸家國天下。其所言不假窮幽析微，萬理皆備。孔子既没，異端争起，亂當世，於是孟子道性善，尊仁義，辭而闢之。至漢，諸儒説經，各以家法，紛綸甄釋，交相是非，然而前聖遺經賴以不墜。及唐昌黎韓氏起，攘斥佛、老，遏六季之横流，遵孔、孟之極軌。其可惜者，志在經濟文詞，不屑以訓詁教人爲事，故人知道至宋儒而明，而不知韓氏之實有以啟之也。宋賢濂溪周子肇啟道源，推以陰陽五行太極之理，而關中張横渠氏又極言知禮成性、理一分殊之旨。及二程子生河、洛，擴濂溪之緒，道賅鉅細，一本乎誠，學無津涯，而莫先格致。當是時，諸君子聞風興起，宏闡道微，千里游從，講壇相望，是故劉質夫、謝顯道、呂與叔之徒衛道於北。厥後，許魯齋、劉静修繼之。至明，復有曹正夫、薛敬軒、呂涇野諸公，而楊龜山、游定夫二子載道以南，豫章、延平嗣起，閩學大盛。新安朱子僑寓建陽，得羅、李之傳，私淑程子，述先聖之道，燦然明備，諸弟子得其傳者五十有三人，而金華四子本之黄直卿氏。明時儒者，大江以南如胡叔心、章楓山、魏莊渠、羅整庵，敦行最著；閩則蔡虚齋、陳晦德盛稱焉。方朱子之講學四方也，謂格致誠正，入道之源在是，而一本於居敬。同時，象山陸氏則主人生而静之説，持論往往齟齬。逮白沙陳氏、姚江王氏生，二三百年後，從而祖述之，號曰「心學」，天下靡然從之，浸淫不返，流及虚無。而閩之君子，率原本程朱，宗白沙者，惟陳茂烈一人。此理學之正宗也。於是徵據群論，折衷正史，萃諸賢而登之，各綜其行事，以海濱四先生閩學所昉，而諸儒弟子學有淵源，與夫經術湛深，博雅通明，足爲吾道之翼者，咸並列焉，庶海濱鄒魯之稱，爲不誣矣。

馬翮飛

馬翮飛（一七〇三～一七五六），字震卿，號一齋，桐城人。雍正監生，乾隆元年（一七三六）舉孝廉方正，不就。有翊翊齋遺書。

翊翊齋筆記卷上

學者所以窮理致知者心也。陽明嘗言講習討論未嘗非内，是誠然也。若謂求之吾心而自足，不假外求，則於論語「博文」，中庸「道問學」，强爲之解，終有所不能通。陽明疑朱子窮理之言，而爲致吾心之良知於事事物物之説。其言曰：「萬事萬物之理，不外於吾心，而必曰窮天下之理，是殆以吾心之良知爲未足，而必外求於天下之廣，以裨益增補之，是猶析心與理而二之也。」夫神如伏羲，不免仰觀俯察，聖如大舜，不廢好問察言。自來聖學，何嘗不窮天下之理，何嘗外於吾心之理邪？陽明又言：「學問思辨篤行之功，充擴之極，至於盡心知天，不過致吾心之良知而已。今必曰窮天下之理，而不反求諸其心，則凡所謂善惡之幾，真妄之辨，舍吾心之良知，亦將何以致其體察。」夫知窮理者，即吾心之靈明，能窮理者，即吾心之功用，何嘗不反求諸心，又何嘗舍吾心而自有所爲窮理之用邪？

翊翊齋筆記卷下

學者必以上達爲期，不希聖賢者自小；必以下學爲始，妄希聖賢者自欺。宋、元以來儒者，風規俱近篤實。明正、嘉間，姚江始立異論，提唱來學，有如立地成佛，天下靡然從之。近世張楊園、陸平湖兩先生，力闢其非，一軌於正，學者所當則傚也。

象山在白鹿洞與朱子講義利之辨，朱子深歎服之。其言爲學有講明，有踐履，大學「致知、格物」，中庸「學問思辨」，孟子「始條理者，智之事」，此講明也；大學「誠意、正心、修身」，中庸「篤行之」，孟子「終條理者，聖之事」，此踐履也。又言「已知者力行以終之，未知者學問思辨以求之」。說皆平正切實。惟其果於自信，以爲在心即理，不知有人心道心之分，遂至憑臆而譚，多雜禪學。此儒門入禪之始也。陽明隱承象山心學之宗，顯揭孟子良知之旨，建樹赤幟，使人反求諸心。其指點原爲較捷，惟欲奪朱子之席，力去窮理之功。凡人氣稟之偏、物欲之蔽，安能一一察識，必至認欲爲理，自逞其心，以語聖學，奚祇失之千里。此陽儒陰釋極盛之時也。陽明高弟鄒東廓欲救其師之弊，以獨知爲良知，以戒懼謹獨爲致良知之功。厥後劉念臺遂師其意，以慎獨爲宗，頗欲救姚江末流猖狂之失，而不循大學次序，直以誠意爲入手工夫，仍是祖述陽明，闕卻格致一層，特稍變其說耳。此援釋入儒流波所及也。夫象山學行超越當世，陽明勳業冠冕一朝，念臺忠情壁立千尺，皆古今有數人物，而論正學之脉，難免異學之疑。學者欲正其趨，惟於朱子暨薛、胡、張、陸諸先生書，熟讀精思，方不鶩於旁徑。

全祖望

全祖望（一七〇五～一七五五），字紹衣，一字謝山，浙江鄞縣人。雍正七年（一七二九）充選貢，旋舉順天鄉試，乾隆丙辰（一七三六）薦舉博學鴻詞，改庶吉士，既歸，貧且病，饔飧不給。人有所餽，弗受。主蕺山、端谿書院講席，爲士林仰重。乾隆二十年卒於家，年五十一。全氏爲學，淵博無涯涘，於書靡不貫串。生平服膺南雷，南雷宋元學案甫創草稿，謝山爲之編次序目，蒐采輯補，編成百卷。又七校水經注，三箋困學紀聞，皆足見其汲古之深。著鮚埼亭文集、外編、經史答問、詩集諸書。清史稿卷四八一儒林傳二、清史列傳卷六八儒林傳下一有傳。

鮚埼亭集外編卷一四淳熙四先生祠堂碑文　節録

上略。予嘗觀朱子之學出於龜山，其教人以窮理爲始事，積集義理，久當自然有得；至其以聞所知，必能見諸施行，乃不爲玩物喪志，是即陸子踐履之説也。陸子之學，近於上蔡，此語本之黄氏日鈔。其教人以發明本心爲始事，此心有主，然後可以應天地萬物之變；

至其束書不觀，談遊無根，是即朱子講明之説也。斯蓋其從入之途各有所重，至於聖學之全，則未嘗得其一而遺其一也。是故中原文獻之傳，聚於金華，而博雜之病，朱子嘗以之戒大愚，則詆窮理爲支離之末學者陋矣。以讀書爲充塞仁義之階，陸子輒咎顯道之失言，則詆發明本心爲頓悟之禪宗者過矣。夫讀書窮理，必其中有主宰而後不惑，固非可徒以泛濫爲事；故陸子教人以明其本心，在經則本於孟子擴充四端之教，同時則正與南軒察端倪之説相合。此語見朱子語録。心明則本立，而涵養、省察之功於是有施行之地，原非若言頓悟者所云「百斤擔子，一齊落地」者也。下略。

鮚埼亭集外編卷四四奉臨川先生帖子一

讀閣下朱陸諸編，考古最核，持辨最長。在不知者，或疑其過於申陸，而知者以爲未嘗有損於尊朱也。

愚考會同朱陸之説，今世皆以爲發源於東山趙氏，然不自東山始也。袁清容云：「陸子與朱子生同時，仕同朝，其辨争者，朋友麗澤之益，書牘具在。不百餘年，異黨之説，深文巧闢。淳祐中，番陽湯中氏合朱陸之説，至其猶子端明文清公漢益闡同之，足以補兩家之未備。」是會同朱陸之最先者一也。清容又云：「廣信龔君霆松發憤爲朱陸會同，舉要於四書，集陸子及其學者所講授，俾來者有考。」是元人之會同朱陸者，然亦在東山之前。二湯爲淳祐間巨子，使其書存，必有可觀。龔氏之書，不知何等，今皆無矣。

雖然，四百年來争此案者更勝迭負，愚以爲皆非知道者也。清容嘗云：「朱子門人，當寶慶、紹定間，不敢以師之所傳爲别録，以黄公勉齋在也。勉齋既殁，夸多務廣，語録、語類争出，而二家之矛盾始大行。」清容生平不甚知學，顧斯言不特可以定朱子門人之案，并可以定陸子門人之案。朱子之門人孰如勉齋？顧門户異同，從不出勉齋之口。抑且當勉齋之存，使人不敢競門户，則必欲排陸以申朱者，非真有得於朱可知。推此以觀陸子之門人亦然。舒公廣平之在陸氏，猶朱子之有勉齋也。聞人有詆朱子者，廣平輒戒以不可輕議，則必欲排朱以申陸者，非真有得於陸可知。

夫聖學莫重於躬行，而立言究不免於有偏。朱陸之學，皆躬行之學也，其立言之偏，後人采其醇而略其疵，斯真能會同朱陸者也。若徒拘文牽義，嘵嘵然逞其輪攻墨守之長，是代爲朱陸充詞命之使，即令一屈一伸，於躬行乎何預？雖然，原諸人之意，欲爲朱陸紹真傳也。不知使勉齋、廣平而在，將厭惡之不暇，必不引而進之共學之列，則亦徒自苦矣。

明儒申東山之緒者，共推篁墩。而又有督學金溪王蕢弘齋著陸子心學録，在嘉靖初年，閣下之鄉老也。又有侍郎李堂堇山，四明人也。陸子粹言則出自臨海王敬所之手，是亦所當著録者也。

結埼亭集外編卷四四奉臨川先生帖子二

蒙示陸子學譜，其中搜羅潛逸，較姚江黄徵君學案數倍過之，後世追原道脉者，可以無憾。陸子之教，大行於浙河以東，顧一時稱祭酒者，必首四明四先生。慈湖之祭徐文忠公誼也，自言其見陸子，實因文忠之力。水心作文忠墓志，言「公以悟爲宗，懸解朗徹，近取日用之内，爲學者開示。修證所緣，至於形廢心死，神視氣聽，如静中震霆，冥外朗日，無不洗然自以爲有得也」。此文忠有合於陸學之實録，而宋史略而不書。今得閣下表而出之，善已。

然文忠之爲陸學固也。其竟爲陸氏弟子，則書傳未有明文。東發黄氏日鈔謂「文忠見陸子天地之性人爲貴論，因令慈湖師陸子」，與慈湖祭文合，然則文忠未嘗師陸子矣。而年譜有文忠侍學之語，恐未可據。古人師弟之間，相從不苟，故有展轉私淑而不害其爲弟子者，如胡文定公之於大、小程子，乃私淑之楊、謝諸公之學，又李文惠公之於朱子，是也；有及相隨從討論而不得置之弟子者，如譙定之於程門，又陳止齋入太學，所得於東萊、南軒爲多，然兩先生皆莫能以止齋爲及門是也。

閣下於徐文忠公而下，牽連書蔡文懿公幼學、吕太府祖儉、項龍圖安世、戴文端公溪，皆爲陸子弟子，則愚不能無疑焉。浙學於南宋爲極盛，然自東萊卒後，則大愚守其兄之學爲一家；葉、蔡宗止齋以紹薛、鄭之學爲一家，遂與同甫之學鼎立，皆左袒非朱，右袒非陸，而自爲門庭者。故大愚與朱子書且有「江西學術，全無根柢」之言，而朱子非之。蔡行之曾見陸子，有問答，見年譜。然行之爲鄭監嶽壻，少即從監嶽之兄敷文講學，而止齋乃敷文高弟，故行之復從止齋。今觀行之所著書，大率在古人經制治術講求，終其身固未嘗名他師也。肖望亦爲其鄉里之學，項平甫來往於朱陸之間，然未嘗偏有所師。要未有確然從陸子者。倘以陸子集中嘗有切磋鐮厲之語，遂謂楊、袁之徒侣焉，則譜系紊而宗傳混，適所以爲陸學之累也，愚竊悚然懼之。

至若羅文恭公點、劉少保伯正、李參政性傳、楊漕使楫俱以集中偶有過從，而遽爲著録，并列文恭之子爲再傳之徒，愚皆未敢以爲然。蓋此乃作考亭淵源録者之失。凡係朱子同時講學之人，行輩稍次，輒稱爲弟子，其意欲以夸其門牆之盛，而不知此諸儒所不受，亦朱子所不敢居也。

前日於講席中數及南軒弟子至趙方，閣下以爲趙方未必可指爲受業。某今日之言，亦即閣下之意也。伏惟閣下之書，將以衍絶學而徵微言，其所係非小，願得獻其芹曝之愚，而不以爲妄否乎？

豐宅之名有俊，鄞人，清敏公稷之裔，有贖孤女事，見趙葵行營雜録。鄭溥之即鄭湜，閩人，慶元黨籍之魁。諸葛誠之名千能，會稽人。陳蕃叟即陳武，乃止齋從弟，亦黨籍中人也。其顛末有别紙詳之，而俱非陸子之徒。餘者未能盡知，容續考得，再奉函丈，不備。

鮚埼亭集外編卷四四奉臨川先生帖子三

昨竊讀陸子學譜，其於劉通判淳叟遺事，尚似有未備者。撫州府志言淳叟以隆興通判卒官，而或傳其晚年嘗爲僧。觀陸子與止齋書，言其「冒暑歸自臨江，病痢，踰旬不起，可哀。此郎年來避遠師友，倒行逆施，極可悼念。春夏之間，某近抵城闉，見其卧病，方將俟其有瘳，大振拔之，不謂遂成長往」。然則府志卒官之説，似諱其事而爲之辭者，不然何以有歸病城闉之語也？朱子亦謂：「淳叟不意變常至此。某向往奏事時來相見，極口説陸子静之學大謬。某因詰之云：『若子静學術，自當付之公論，公何得如此説他？』此亦見他質薄，然其初間深信之，畢竟自家不知人。」然則淳叟先已叛陸子之學，後乃歸佛乘耳。考淳叟年十七即爲陸子弟子，始師庸齋，繼師復齋，其於槐堂講席之誼最深，故朱子責之以薄也。

朱子又言：「向年過江西，與子壽對語，淳叟獨去後面角頭坐，都不管，學道家打坐。某斥之曰：『便是某與陸丈言不足聽，亦有數年之長，何故作怪？』」愚嘗謂陸子之教學者，諄諄以親師取友爲事，且令人從事於九容，而弟子輩多反之，雖以高足若傅子淵，俱有未免。斯所以累與朱子相左，要不可謂非弟子之失傳也。

陸子嘗論門下之士，以爲淳叟知過最早。今觀草廬所作井齋藁集序，稱淳叟天資超特，人物偉然，而深悲其早達，不得久於親師，有微詞焉，則其叛教亦早也。淳叟之叛隆興，事蹟不著，而朱子論治三吏事云：「淳叟太掀揭，故生事。」是即陸子所云：「淳叟事殊駭聽，以爲後生客氣者也。」淳叟與陳教授正己爲莫逆交，正己初學於陸子，已而學於同甫，已而又學於東萊，最後亦與淳叟同學佛。然朱子謂當淳叟用功時過於正己，故及其狼狽也甚於正己，則以淳叟直爲僧，而正己不過學其學也。淳叟初爲誠齋所薦，得預於六十人之列，稱其立朝敢言。風節固非苟然，孰意其末造之遷喬入谷一至於此！是又與石應之、曹立之諸君之以意見不同，而更學於他人者，不可同年而語，竊謂本傳似不應略此一節也。

鮚埼亭集外編卷四四奉臨川先生帖子四

讀陸子學譜，至趙與簹、袁韶傳心有疑焉。

四先生之講學，吾甬、勾東無不從之游者，故其中不無非種之苗。慈湖弟子則有史丞相彌遠及與籌，絜齋弟子則有袁參政韶。即史嵩之亦嘗與和仲講學。

閣下學譜於史氏二相不録，而趙、袁則裒然大書。但與籌少年，慈湖所以許可者甚備，觀其因求師之故，自苕、霅遷居從學，是慕道誠勇矣。自其尹臨安以後，則大改素行，而本傳紀之不詳。蓋宋史自嘉定以後，凡蠹國諸臣之傳皆缺略不備，顧與籌本末在全史中猶可參考而見。

當史嵩之起復，舉朝攻之。是年正月，侍御史劉漢弼卒，四月右丞相杜範卒，六月右史徐元杰卒，物論沸騰。直學士院程公許請究其事，不報。與籌奏乞置獄天府，帝從之。公許繳奏，言與籌乃嵩之死黨，乞改送大理寺，命臺臣董之，乃詔殿中侍御史鄭寀改治，而寀亦史黨，事竟不白。嵩之終喪，正言李昴英、殿中侍御史章琰、監察御史黄師雍復連疏攻之，而昴英痛劾與籌至於牽裾極言，師雍又以葉閶乃與籌腹心，與徐霖繼言之，於是昴英、琰去國。鄭寀引周坦、葉大有、陳垓入臺，盡擠師雍等。是嵩之實爲黨魁，而與籌又附嵩之之魁，不特吴正肅公論沈炎爲與籌爪牙腹心，甘爲搏擊已也。

本傳言其所至急於財利，幾於聚斂之臣。閣下疑其事無所徵。按淳祐六年正月置國用所，以與籌爲提領官。九年九月，詔與籌提領户部財用，置新倉，積貯百二十萬石，淳祐倉許辟官四人。十一月，詔與籌提領國用，以資政殿學士領浙西安撫使，已而歷守紹興、平江、建康三府，皆兼發運屯田等使。開慶元年二月，以觀文殿學士知揚州，兼知鎮江，又帶總領財賦之任。與籌之以計臣自見，又何所疑？其後嵩之死灰已熸，賈似道日張，與籌復黨沈炎以斥吴潛，遂釀似道滔天之禍，斯雖欲爲之辭而不能者也。其一時所相與協德者，鄭寀、周坦、陳垓、沈炎之倫，莫非宵人，則與籌之生平可知矣。

吾鄉自元延祐、至正以至明成化舊志并滎陽、南山文獻諸録，皆不爲與籌作傳。至嘉靖志始有之，時則其裔孫有爲達官者故也。與籌元籍青田，永樂處州府志有與籌傳，亦言其善理財以佐國用，而又言其尹京善發擿，有趙廣漢之風。愚謂宋季之臨安，亦豈可以廣漢之治治之者？不過借此以溢其聚斂之威而已。

至袁韶，本傳不詳其過，而卷末總論以爲時相私人；其見於諸家奏疏者，皆指以爲彌遠之黨，似皆不當爲之諱者也。且大儒之門下，不必竟無不肖，前之則有朱子之傅伯壽，又前之則有楊文靖公之陸棠，又前之則有程子之邢恕，與其進不與其退，斯亦聖賢之所無如何也。閣下以其爲慈湖之徒而爲之辭，可以無庸矣。宋史於陸子之學，推尊未嘗不至，四先生後，如融堂、蒙齋輩，皆追溯其淵源而稱美之，豈獨於與籌、韶而周内焉？況與籌、韶乃吾四明先正，寧敢故爲深刻之論？然公議不可泯也。與籌之謚見於本紀，故傳略之，亦非宋史之闕文也。

鮚埼亭集外編卷四四奉臨川先生帖子五

荷來諭，以愚前所考大愚吕氏官明州歲月，誤會宋史之文。因謂本傳止稱「監倉將上，會祖謙卒。部法半年不上者爲違年。祖儉必欲終期喪，特詔改一年爲限，終更赴銓，改調夔州。」是大愚始終未赴明也。即朱徽公與滕德粹書，特以其有監倉之命，故并及之。

愚重加考索，竊以爲不然。深寧王氏作四明七觀，載大愚爲司倉，去倉中淫祠，是顯然有宦蹟可稽。及考大愚柬王季和詩云：「晁景迂大觀庚寅冬，爲四明船場，後七十有餘年，某適以倉氏之職至此間，而王兄季和亦來作景迂官，相與訪問，舊蹟尚猶可考。偶成數語，柬季和并呈叔晦。」其詩有曰：「鄞江舊有船司空，小江晚望江之東。揭來海頭四閱月，塵埃滿袖生氄毦。」是大愚初至明之作，其時慈湖方參佐浙西帥幕，廣平教授徽州，絜齋以德粹同年進士尉江陰，獨叔晦以國正家居，故往還者不及三君。其遊候濤山記曰：「壬寅之冬，逐禄海東，距海六十里，友人潘端叔主定海簿，相約偕遊，未果。今年夏四月，端叔因謝子暢自臨安至，會於太白、鄮山之間，刻日康炳道兄弟會於王季和家，炳道名文虎，弟蔚道名文豹，皆東萊弟子。李叔潤、方居敬、史丞相之幼子開叔、楊希度偕行。舒元英亦與其徒諸葛生來。」東萊卒於辛丑，大愚以壬寅冬之官，正合期喪服滿之期。元英則廣平弟也，其題慈溪龍虎軒詩云：「年來世路轉蹉跎，正大中庸論愈多。出本無心歸亦好，何須胸次自干戈。」似屬大愚將去明之作。然則本傳所謂「終更赴銓」者，乃監倉考滿，别有新命，而非謂期喪之闋，蒙上文而言之也。

況大愚之赴銓也，本傳言平園方爲丞相，招之不往。宰輔表平園自西樞入中書，在淳熙丁未春二月，而朱子答大愚書有曰：「對班在何時？今日既難説話，而疏遠尤難，且只收斂人主心念，是第一義。」題注：「在丁未冬十一月。」是大愚之赴任以壬寅，其去官以丁未，首尾六年。若德粹成進士即東萊卒之歲，釋褐尉鄞者五年，始遷鄂州教授，則及見大愚矣。斯事於先賢本屬末節，不足深考，但在吾鄉文獻頗有關係，故復爲縷陳之。

鄭之僑

鄭之僑（一七〇七～一七八四），字茂雲，號東里，廣東潮陽人。乾隆二年（一七三七）進士，授江西鉛山、弋陽縣令，饒州府同知、廣西柳州府知府、湖南寶慶知府等職，所到之地，勤政愛民、造惠一方。著有東里公文存、鵝湖講學匯編等。

鵝湖講學會編序

孔子曰：「學之不講，是吾憂也。」誠以天地間義理精奥，而是非得失所在，争毫釐間，此審問、慎思、明辨之功，不爲緩圖，則講學尚矣。漢唐儒者，功在註疏，大約訓詁之學居多。至宋濂、洛、關、閩，始以道學著。淳熙中，晦庵朱子倡學建安，而金谿則有陸子静之學，其時議論，各持其是。東萊吕氏欲通二家，使歸於一，由武彝取道信州，相與會於鵝湖，此講學所由昉也。及會，所論不合，遂罷去。其後兩家弟子，因而成之。由元入明，草廬一派，金華一派，竟劃然立兩門户。嗚呼！道一也，講學以闡道亦一也，何呶呶焉各標赤幟以相非訾？如此講學，又何非聖人之所憂哉？之儕學術淺陋，不知朱陸之所以異，又安能測朱陸之所以同，但思理道之會，稍隔針芥之微，先賢所不敢不辯析致詳者，蓋恐疑似之見，流禍於世道人心不小，隱然如孟子好辯，深憂孔子之道不著，其一片憂道苦衷，正欲向良友前一剖素心耳。不然，「尊德性、道問學」，無精粗、無内外，豈陸子之尊德性也，不致功於學問？朱子之道問學也，不以尊德性爲主耶？朱子知南康軍時，立學規於鹿洞以教學者，延陸子静講「義利章」，即爲避席稱謝，以爲切中學者隱微深痼之病。夫鵝湖、鹿洞，一講學也，以爲同則皆同，異則皆異矣。吕柟有言曰：「聖門教人，每因材變化，如顔子問仁，告以

『克己復禮』，仲弓則告以『敬恕』，樊遲則告以『居處恭、執事敬』，蓋隨人之姿質、學力所至而進之，未嘗規規於一語也。」善哉！其即考朱陸異同之謂乎？學者讀儒先諸書，勿描揣圭角，以私意自生畛域。底就共往復辯難處，推究其功力之精詳，并微會其用心之邃密，則南海、北海可以共質異同之見化，而講學之道得矣。易曰：「麗澤，兑，君子以友朋講習。」曾子曰：「如切如磋者，道學也。如琢如磨者，自修也。」僑之以講學會編名四賢者，取此意而已矣。是爲序。

鵝湖講學會編卷九朱陸異同論

道學之聚訟，惟朱陸異同爲始。五百年來，學者莫不傳爲口實，不知聖人之道，其揆則一，而學聖人之道者，或從知入，或從行入，及其知之一、行之一，則無有異也。學者多言陸子尊德性、朱子道問學，夫尊德性、道問學一理而已矣。蓋德性者，仁義禮智之謂也。尊之云者，涵養擴充而擇之一而守之，非學問曷由盡其功焉。故夫擴大而精微、高明而中庸。夫故與新、厚與禮，皆德性之體也。致之、盡之、極之、道之，其温、其知、其敦、其崇，皆問學以尊夫德性也。如此，則知與行合矣，擇與執合矣，戒慎恐懼貫乎其間矣。夫舍德性而言問學，則失之支離；舍問學而言德性，則入於空寂。理無精粗，學無内外，又何有異同之可言？即陸子之學以求放心爲主，而云不廢學問之事。朱子言主敬以立其本，窮理以致其知，返躬以踐其實，是朱子之學未嘗失之支離，陸子之學未嘗失之空寂。且「正心誠意」四字，朱子自言生平得力在此，學者誠由此深思，其有以異乎？其無以異乎？或謂草廬一派，實是尊陸者也。金華一派，實是尊朱者也。兩家高弟，因而成之。後來各尊其師，遂至紛紛攻擊，不遺餘力。然陸子之學，盛於姚江；朱子之學，盛於薛敬軒、胡敬齋。敬軒、敬齋之學，以主忠信爲主，以求放心爲要，而以存誠主敬爲歸。若姚江倡道於虔，自云「從萬死一生中悟出子輿氏『良知』二字」，可謂超然自信、獨往獨來、無所依傍。而不得其師說者，遂至流入禪宗，因歸咎於子靜之多偏。夫禪宗之說，棄人倫，遺物理，極其弊，必流爲天下國家之害。苟陸子之學而果若是也，謂之禪可也。今觀陸子之說，謂同師堯舜，而所學之端緒與堯舜不同，即是異端。又謂心有未明，安能明經實見，夫誠意正心，以至治家國、平天下，原本於致知，此正與孟子所謂「先立乎其大者」若合符節矣。而姚江之辯禪，又以其遺棄人倫之常，以求明其所謂吾心，而不知物理即吾心，有不可得而遺者。至敘象山文集曰：陸氏之學，孟子之學也。亦即「學問之道無他，求放心」之言，以證其心理合一之説而已矣。朱子云：「心者，虛靈不昧，以具衆理而應萬事。」朱子之學可知，陸氏之學亦可知，而紛紛以禪詆陸子者，尚得謂之尊朱者耶？即姚江「致良知」之說，會其意，其始亦未可厚非，蓋論人生之初，渾然無物，而其一段藹然真機，得之不慮不學中來者，即所謂「良知」也。從此而培養之、擴充之，由親親而仁民，由仁民而愛物，其功不缺，其序不紊，即所謂「致良知」也。再味其「從萬死一生得來」一語，明明背後回頭勘破得許多人情物理，磨練了許多人情世變，千迴百折，乃始得此學問中大覺悟，此非一促倖至，與空無寂滅者迥別。所以當日經濟、氣節、文章三者兼備，數百年來，一洗吾儒坐論迂疏之誚者，王文成一人而已。文成之功偉矣哉！雖然，論勳業，足爲功之首；論聖學，未免罪之魁。蓋人心之靈，莫不有知，而天下之物，莫不有理。致知在格物，聖經明言以示後學入德之序。姚江高明，不濟以沉潛，大約聰明自用，語無歸著，胸中雖極乾浄，而辭氣殊生幻誕。一自「無善無惡」之説出，而爲之徒者，若心齋、若龍溪輩，竟喜其圓融，以爲易簡，不務格致，空談良知，并不識良知，徒弄精魄，猖狂妄行，一鳴百和，率天下人心事業，無一不歸於虚無寂滅，其害可勝言哉！夫朱子萬世儒宗者也，姚江之學，亦可希心於一致，而乃指朱子爲楊墨，此不特無以謝天下後世之口，而直可謂入我室、操我戈，以伐我者矣。今再試考陽明之年譜，謂其謫龍場也，澄默以求静一，久之，胸中灑灑，因念聖人處，此更有何道。忽中夜大悟格物致知之旨，寤寐中若有人語之者，不覺呼躍，從者皆驚。是又未嘗不從念慮入也，及經宸濠之變，語人曰：「近來信得『致良知』三字，直聖門正法眼藏。往年尚疑未盡，自多事以來，只此良知，無不具足。」他日又曰：「當時尚有微動於氣所在，設今處之更不同。」是又未嘗不從事爲人也。《譜》又言：陽明始發悟時，以默記五經之言證之，無不脗合，因著《五經臆説》。且「致知」二字揭自《大學》，「良知」二字揭自《孟子》，是未嘗不從文字入也。一日遇湛甘泉於京師，嘗爲文作別，自言少不知學，已出入於釋老，久之，乃沿周程之説而求焉，岌岌乎，仆而復興，晚得交甘泉，而後志益堅，毅然若不遏。由此觀之，其所商求印證，得之朋友之助發，當不少矣，是又未嘗不從講論入也。則陽明之所致知仍不外朱子之所以格物也。而陽明何詆毁朱子？爲孔子曰「中人以上，可以語上，中人以下，不可以語上」。顔子之「四勿」，曾子之「忠恕」，何嘗强人以頓語哉？後之拈良知爲宗倡者，常使聰明好高之士，每因此而輒希頓悟，是拈宗立教者之過也。今至執朱陸異同之説，嘵嘵置喙，至使理學之壇，劃爲鴻溝，能善自得師者，又何忍過分門户若此。且夫門户之説，由堂奥而後名也。有堂而後有門，有門而後有户，門户不一，而光明正大之堂則一也。聖賢之道始如堂，然而，或以知人，或以行人，此即入堂之門户也。得一門户以入堂，雖有先後之異、勞逸之殊，而總足以窺見宗廟之美、百官之富，又何至如異端禪學，舍大道而旁趨曲徑，以至於竄足荆榛，哭歧荒落哉。再於入堂之後，同得其道，或以澤及生民，或以教傳四方。其分出門户，又若一隨其人之所遇，一因其資禀之所領，而究之仍是堂堂正正一脉，無分彼此。此即如聖門中或以知悟一貫，或以行悟一貫，推之德行、言語、政事、文學，各隨諸賢材質，并聚一堂，使如後人肆三尺之喙，各相詆毀，不幾使子貢之穎悟，與曾子之篤信，固守其先，攻擊於杏壇之上哉。即陸子曾有言曰：「張敬夫似明道，朱晦庵似伊川，明道、伊川，兄弟也。一則德性寬大，一則氣力剛方，何嘗至如冰炭之不相入。」而朱子又曰：「南渡以來，八字著脚，做著實功夫者，唯予與陸子靜二人，予實敬其爲人，未可輕議。」其相互推重如此，然則朱子、陸子入德各異而造道則同。朱子之學，徹上徹下之學也。陸子之學，非即子靜之謂乎？學者苟得其門而入，毋作聰明，毋執臆見。博文約禮，交致其功，斯爲善學道者矣。孟子曰：「夫道一而已矣。」此言可定爲朱陸異同。

蔡新

蔡新（一七〇七～一七九八），字次明，號葛山，别號緝齋，福建漳浦人。乾隆元年（一七三六）進士，授庶吉士、翰林院編修、直上書房、翰林院侍講，兵部尚書、禮部尚書、吏部尚書、文華殿大學士，加授太子太師。嘉慶四年卒於家，贈太傅，謚文恭。著有緝齋詩文集。清史稿卷三〇二、清史列傳卷二六有傳。

緝齋文集卷六平和安厚書院記

漳爲朱子教化之區，郡邑多有專祠，旁及遠鄉陬澨。鄉士夫之振興文教者，往往即其地爲祠宇，築學舍，俾諸生以時講肄其中，行舍菜焉，蓋六百年於兹矣。平和爲縣，在萬山之中，界連數郡，有明中葉，爲盜賊盤踞之藪，禮教之所不興。自正德間，王文成公合兩省之兵掃蕩賊巢，始立縣治，設學校，興教化，久而彌光，和人不忘其德，至於今俎豆之，猶閩郡之思朱子也。

乾隆戊寅，進士何君象宣以其鄉去邑治遠，士之業詩書、遊庠序者日益衆，慨然思創建書院以崇先賢而惠後學，乃相山川之宜，卜吉庵後湯墘，偕同志舉人賴君升文倡義勸輸，四鄉紳士聞風嚮應，未逾年而費集，召匠鳩工，飭材庀具，無有不良。前後爲三堂，旁列學舍二十餘間，門廡齋房、井竈庖湢具備。繚以長垣，周可千尺，雜植竹木、花卉、草石，空其地以建文昌閣，擴講堂焉。規橅既新，宫牆聿焕，以今年正月望日，崇祀朱子於中楹，而以後堂並祀王文成公。入祠之日，冠裳畢會，濟濟雍雍，咸歡欣鼓舞，移書請余記之。

余惟書院之祀先賢，所以正學者之趨，使之知所依歸也。朱子之學，如布帛菽粟，士子童而習之，老死而不能易，固非後學所能讚頌者。獨陽明之學，論者謂其與朱子牴牾，二百年來以爲口實，若貿貿焉隨聲附和，不爲之抉其旨趣，則今日之舉，不幾舛乎？夫聖人之道一而已矣，學者之高明沉潛，不能盡同，而教者之覺世牖民，亦各有攸當也。朱子當釋老盛行之時，士皆高談性命，漸入於杳冥恍惚之途，故引之於切近精實之中，使之由博以返約，循序而致精，是聖學之階梯也。陽明當詞章汩没之時，士皆博雜以爲高，剽襲以爲富，一切苟且以就功名，不知身心性命爲何物，於是直指本體，發爲良知之論，使之因端竟委，亦救時之藥石也。而究其指歸，同以聖人爲可學，同以省克爲實功，同以遏欲存理、戒謹恐懼爲入門，同以君臣、父子、夫婦、昆弟、朋友爲實境，亦安在其與朱子戾耶？獨其天姿英邁，議論駿發，一時輕俊之徒樂其簡易，遂相率而流於猖狂自恣，此則龍谿諸人傳之者之過也。夫龍谿之於陽明，猶慈湖之於象山也。象山「六經注我」之言，亦謂聖賢明道，無非先得我心之同，然慈湖則詆毁聖賢，棄捐經典矣。陽明無善無惡之旨，亦謂心之本體不着一物，龍谿天泉證悟，則並舉意、知、物而亦空之矣。余悲夫今世學者本無學爲聖賢之志，又不察夫立教者之用心，而但掇拾糟粕，勦説雷同以肆其詆誣之口，將游、夏、閔、冉之殊科，等之孔、墨、孟、告之異室，甚矣其爲膚末之見也。況陽明之文章氣節、經濟事功，磊磊明明，尤衆所共見者。昔朱子讀李忠定文集，謂使公之策見用於靖康、建炎之際，必不至貽吾君今日之憂。誠使陽明生南渡之時，出其擒濠平峽之才以安邦敵愾，其於伯紀何如也？吾知朱子亦必將太息泣下，慨慕而不能舍置。然則今日之同俎豆而共升香也，禮亦宜之。若夫講習服行之方，師弟子之所以教且學者，則有朱子白鹿洞之遺規，在百世行之而無弊者也，余何言焉。是役也，山城曾姓實始輸地立基，諸生某某共董厥工。而斥數百金以倡率集事者，則貢生何興烈、江漢清之力。既成，一等海澄公立齋黄公復買田若干畝以供春秋祭祀，皆盛誼也，例得並書。時乾隆二十三年四月之朔。

盧文弨

盧文弨（一七一七～一七九五），字召弓，一作紹弓，號磯漁、抱經，晚年更號弓父，浙江仁和人。乾隆十七年（一七五二）一甲三名進士，授翰林院編修。乾隆三十四年（一七六九）乞養歸故里。著有抱經堂集。清史稿卷四八一儒林傳二、清史列傳卷六八儒林傳下一有傳。

抱經堂文集卷一〇書學蔀通辨後

此書别朱陸之學之異，較然明白，學者熟觀之，庶不爲曲説所誤。夫人而欲爲陸氏之學，亦第守陸氏之説可耳，而必曰朱子亦若是，何居？蓋篁墩、陽明諸人雖陸氏是宗，然亦知朱子之不可攻也。不可攻，則莫若借以自助，於以摇蕩天下之學朱子者，使亦頫首以就吾之範圍而莫吾抗，若曰「子之師且不吾異，子獨焉異之」。陸氏之學之所以盛，實由於此，而朱子之學幾絶。自此書出，知二家之學必不可强同。陸氏之學實出於禪，蓋終其身弗變也。而朱子則屢變而始定，故有始同終異，絶無始異終同。觀其援據詳確，爬抉底藴，而陸氏之爲禪也信然。吾怪夫人之惑，固有不可解者。近時人又有爲陸子學譜及朱子晚年全論、朱子不惑録等書，不過復襲程、王之唾餘而少變其説，以爲朱子晚年其學與陸氏合，其論與陸氏異。此語更齷齪不足辨，顧反痛詆此書。無知之人道聽塗説，是誠何心哉！

程晉芳

程晉芳（一七一八～一七八四），字魚門，號蕺園，歙縣人，寄籍江都。乾隆壬午（一七六二），以召試賜舉人，授内閣中書。辛卯（一七七一）成進士，改吏部主事，晋員外郎。四庫館開，以薦爲纂修官。書成，議敍特擢翰林院編修。乾隆四十九年卒，年六十七。生平廣交游，好施予，敦尚氣節，有古人風。著有周易知旨編、尚書今文釋義、尚書古文解略、詩毛鄭同異考、春秋左傳翼疏、禮記集釋、諸經答問、群書題跋、桂宧書目、勉行堂文集、蕺園詩。清史稿卷四八五文苑傳二、清史列傳卷七二文苑傳三有傳。

勉行堂文集卷一正學論二

或問余曰：程、朱果傳孔、孟之真傳乎？余駭然作曰：子之言奚自而來耶？雖然有自，由明以來，顯與程、朱爲難者，多陸、王之徒，此各是其師之學，不足計也。我朝顔習齋目擊闖獻之亂，求其故而不得，乃歸咎於講學，以爲程、朱之學非孔、孟之學，學者但當從事於實際，不得高言性命，徒付空談。而其門人李塨剛主力闡其傳，别注四書，自謂直接孔、孟。望溪方氏爲剛主作誌銘，固已詳論其弊矣。近代一二儒家，又以程、朱之學即禪學也，虚靈不昧，以復其初，非二氏之説乎？教人静坐，見佛即拜，調息坐功，非二氏之學乎？且延平、朱子，入手皆從内典，久乃自返，而禪根未脱，雖與陸氏争辯，實亦一陸氏也。嗚呼！凡斯之説，所謂彌近理而大亂真，知其一不知其二。使此説行，其禍又在楊、墨、釋、老上矣。夫虚字出自周易，靈字出於尚書。雖易以受人爲訓，靈有訓善之文，要之人心本虚，理以實之，静虚動直，本乎无妄之旨，故能茂對時而育萬物也。佛氏以心爲虚靈，本自不錯，由其守定此虚靈之心，不著實際，專愛己以忍人，兼逆情而葆性，此其所以大倍於儒也。至若復初之説，則易卦可尋，豈釋氏所創乎？寶玉大弓，忽爲盜竊，及其既得，則依然内府之寶，而謂既經盜竊，遂穢污棄之，可乎？至延平、朱子，初未嘗不究心釋學，知其不可信而從周、程正脉，以上契乎堯、舜、虞、湯、文、武、周、孔之心傳，皆足蹈實地，絶去空虚窅渺之談，由格物致知，以期底於明體達用。如是者而目之曰禪，非所謂以不狂爲狂乎？且見佛即拜，隨地生敬也；教人静坐，俾收放心也。三代以降之人，受氣漸薄，用胎息法以養其身，使精神充足以衛道，夫何疑焉？以此而議程、朱，是猶鷃雀嘲鵬也。近有人謂孔子不親言性，而宋儒好言性，以此爲異於孔氏之學。又謂人之爲人，情而已矣，聖人之教人也，順乎情而已矣，尊性而卑情，即二氏之術也。夫子言「性與天道不可得聞」，則亦有時而聞也。易曰「窮理盡性，以致於命」，此非孔氏之書乎？孔子三傳而中庸出焉，四傳而孟子出焉，言性言天，不一而足，不指爲程、朱之開先，而轉咎程、朱爲創始乎？且所謂情者何也？使喜怒哀樂發皆中節，則依然情之本乎性者也。如曰吾情有不得已者，順之勿抑之，則嗜欲横決，非始於情之不得已乎？匡、張、孔、馬，怵於時勢而詭隨，馬融、蔡邕，迫於威力而喪節，亦可以不得已諒之乎？噫！士君子束髮讀書，馴至頭童齒豁，不能辨學之真僞，而工爲異説者，甘惑世以誣民，淆於怪論者，又失心而熒聽，學術何自而端，儒行何從而正乎？

勉行堂文集卷一正學論三

昔吕留良有私憾於梨洲，注釋諸書，力攻陸王之學。而陸清獻爲一代大儒，亦過信陳清瀾之説，附和吕氏。於是海内士大夫，以宗陽明爲恥。而四十年來，並程朱之脉亦無有續者，此則非愚意料所及也。夫陽明之學，本於象山，其爲流弊，至使人自事其心，束書不讀，非其近禪之過乎？然遂指陸王之學爲禪，則愚不敢也。蓋天下事，視所歸宿而已矣。二氏之學，不事君親，絶遠人事。爲陸學者，如何心隱、李卓吾，爲人口實者，固有其人。而末流如蔡維立、金正希、黄石齋、劉念臺諸人，其清忠大節，足以扶維八極，而謂二氏之教有是乎？

然必欲合朱、陸爲一，而以爲皆可學，則又非也。詩家有李、杜，而杜可學李不可學，縹緲而蹈虚，高明之極，所謂學我者死也。文有八家，而歐、曾可學，三蘇不必學，氣息罕和平故也。學亦有正脉焉、偏脉焉，以陸王爲洪水猛獸，攻之不遺餘力，是儒家惡習，不可蹈也；徒而學之，則過也。宗程朱，不攻陸王，吾於潛庵湯子有取焉。

且非惟陸王不必攻，即二氏亦無煩指駁也。方唐之時，視二氏與孔子等，昌黎大聲疾呼，發聾振聵，而天下之耳目一新，此其不朽之功也。由宋以來，諸賢鳌剔黄冠、緇流之弊盡矣。今海内匪特無真儒，亦且無真僧。欲祛二氏，非歐陽之本論不可也。江泌、徐孝克雖事佛，吾不能不謂之孝子；顏魯公、文文山雖事佛，吾不能不謂之忠臣。士甫學爲儒，先汲汲攻擊二氏，亦近於習氣未化也。然則，守程朱正脉，自治於衾影幽暗之中，博學於文，約之以禮，措諸事而正，施之行而利，余深有望於世之爲學者焉，而非己之所能及也。

陸燿

陸燿（一七二三～一七八五），字朗夫，一字青來，江蘇吴江人。乾隆十七年（一七五二）舉人，考選内閣中書，後官至山東布政使、湖南巡撫，輯有切問齋文鈔，著有切問齋集等。生平見碑傳集卷七三。

切問齋文鈔卷四復戴東原言理欲書　節録

上略。來教舉近儒理欲之説，而謂其以有蔽之心發爲意見，自以爲得理，而所執之理實謬，可謂切中俗儒之病。乃原其病之所起，則鶩名之一念實爲之。

蓋自宋儒言理，而歷代推尊，以爲直接孔、孟者，程、朱數大儒而已，於是莫不以理名學，如前世所譏「太極圈兒大，先生帽子高」，其來已非一世，繇理學之名可以虚附故也。夫理懸於虛，事征於實；虛者易冒，實者難欺。唯言理而著之於事，證之以迹，空虛無實之談，庶不得而妄托。西山大學衍義，此其宗乎？

至於朱陸、朱王之辨，近世尤多聚訟，其所訟者皆在毫釐影響之間。若盡舉朱子之行社倉、復水利、蠲税銀，與象山之孝友於家、化行於民，陽明之經濟事功，彪炳史册，以爲理學真儒之左契，則矍相之圃，僅有存者矣。顧以此求之，詎易多得？而擇其言之切於今者，莫如顧昆山「行己有恥」、田簣山「利之一字，蝕人最深」二語，爲廢疾膏肓之藥石。能用力於此，庶幾爲風俗之盛衰，吏治之得失，民生之疾苦，在在與民同好惡而不私。於閣下之教得毋近之，而不止以其名乎？

近日從事文鈔一編，大指如此。惟是所見不多，網羅難盡，淺人易眩，決擇未精，其中不無遺憾，是以未敢郵正。今大教諄諄，似欲匡其所不逮者，又可不獻其醜拙耶！人便附上一册。燿再拜。

閻循觀

閻循觀（一七二四～一七七一），字懷庭，昌樂人。年十八舉於鄉。其學初好佛氏，既讀宋儒書，乃一奉程朱爲宗。與公復講學於程符山中，刻苦自立，而戒近名。乾隆己丑（一七六九）成進士，授吏部主事。當官議事，務持大體，意所不可，持之甚力。居二年，引疾歸。歸一月而卒，年四十五。閻氏之學，以克己爲主。名其堂曰去惰。爲三目以自勵：曰存省勿忘，曰躬行勿怠，曰常業勿廢。自作記，發明爲學之次第焉。著有困勉齋私記、西澗文集，又有尚書讀記、毛詩讀記、春秋一得、名人小傳諸書。清史稿卷四八〇儒林傳一、清史列傳卷六七儒林傳上二有傳。

西澗草堂集卷一　醉醒語序　節録

醉醒語者，安丘文超劉子之所著也。其言多辨流俗之惑，而於闢浮屠也尤力，可謂自信者也。浮屠之説，足以怵天下愚夫愚婦而使之必從，而先王之禮多因之以壞。士大夫雖知其非而往往效之，非獨牽於俗，亦其無以自信，而動於禍福故也。觀劉子之書，不惑於此，豈非難哉！

佛入中國，幾二千年矣，唐以前其患猶在於禮俗，至宋乃並爲學術之害。自程門高第弟子已浸淫其中，朱子所以力辨也。有明王氏更唱異説以掊擊朱子，後學師之，其失彌甚。由嘉靖以及崇禎，門户繁興，各標宗旨，大半支離於無善無惡而已。夫所謂無善無惡者，即金剛經之「離一切相」，維摩詰之「法無好醜」，圓覺之「性自平等，無平等皆是物」也。故達摩、慧可輩以爲覓心了不可得，覓罪了不可得。覓心了不可得則無善矣，覓罪了不可得則無惡矣，無善無惡，則妄行而任智矣。近世士大夫猶多好其説，至或昌言訶章句，詆集注，尤可駭歎。昔陽明氏見門人非朱輒怒止之，蓋平日之掊擊，特欲以伸己説，而終不欲自絶，故摘取緒言以竊附焉。今則横議無忌矣。陽明所快一時之論，而不知禍之至此與？劉子所闢，佛之粗者耳。有能本聖賢以來之旨，明中正以黜邪淫，以正人心，如劉子之不惑者，豈非劉子所待於後者哉。下略。

西澗草堂集卷一　文士詆程朱論　節録

予觀近代文士以著述自命者，往往傅會經義以立言，然於程朱之學，則或者尋垢索疵，而深寓其不好之意，予惑焉。夫程朱之言，即六經也，學者苟近思而求之，則有見其理之一，而本末之無殊致矣。然而攻之惟恐不勝者，則是未嘗致思於其間也。夫未嘗致思於其間，宜若六經之言皆有所不好焉，然而崇之惟恐其不致者，則是劫於勢而不敢犯也。夫人雖甚愚，聞有非毁聖人者，則怒斥之矣。衆人皆以爲嚴，而一人以爲侮而不之顧，將如大惡大罪之犯衆誅焉。至於程朱，去今未遠，無聖人之號，稍有異議，亦不甚怪。於是以其宿怒積忤，於六經之義盡發舒於程朱而不能復忍者，其勢也。又有説焉，文士所愛者辭也，六經之辭古雅深奥，利於引據，增文章之光悦，故雖棄其實而猶取其華。程朱之言，直陳事理，或雜以方言，無彫琢之觀，華實兩無取焉，而其言又顯切近今情事，足以刺譏吾之所爲，而大有所不利，則安得不攻也哉！然不敢攻其大者，何也？其大者，君臣父子之經，修身治人之理，皆燦著於經，詆之則爲詆經，詆經則犯衆誅，故不敢。乃考其訓詁字義、考論故實之異於他説者，窮極其辨，至刺刺累幅不已，或詆之爲愚爲愎。嗚呼，六經，程朱之所傳者，非字義故實而已也，其道在於君臣父子之經，修身治人之理，人道之所以經緯，天地之所以貞固，鬼神之所以昭明者皆在焉。如以字義故實而已，則古之善是者，宜莫如「記醜而博」之少正卯，而見棄於聖人，何也？況其所據以攻程朱之説，又多程朱所辨而廢之者，而非其博聞之有不及也。然且呶呶焉不知止，多見其嵬瑣陋劣而不智也甚矣。秦人有敬其老師而慢其師者，或問之，曰：「老師衣紫，師衣褐。」或曰：「然則子非敬其老師也，敬紫也。」今之尊六經以辭華而侮程朱者，是敬紫之類也。

西澗草堂集卷二與法鏡野書　節録

上略。今之陽尊程朱者，多出於爲科舉之俗儒，稍知講學，未嘗不惟王氏之從。王氏之書，僕皆讀之矣。其發明知行合一之旨最爲有味，然由其説終任心而廢講習，言雖高而非貞則也。聖人之教人也，使人賓賓焉於博文、好古、言行、禮樂之間，至性命、一貫，非其時則弗語，蓋多爲之方，以服擾其聰明思慮之用，及其久也，内外馴習，欲棄之而有不可得，故能强立而不返。其機之欲達，然後發其本原，使知夫道之極焉。今義理未明，持行不諳，而驟使之專事其一念一時之至，非不適適然如有自得之樂也，然過焉而易忘，震焉而易變，無所以馴習之故也。僕嘗有志於學，取先正矩矱，而淺求卑行者數年，雖無得，亦庶幾免於大惡。及得王氏之書，遽悦而從之，盡舍其一切課程，而求之於精微，數月之後，乃頹然喪其所守。然後知其學，或上哲者有取焉，中人以下如僕者，殆不宜究心也。吾聞聖人之道，愚夫與能，其事不異，其説不高，孔孟及程朱是也。王氏不然，故竊以爲非貞則矣。今之爲王氏者，得勿悦其言而未見其害乎？或上哲之取精，能融通陶冶而不拘其方，非愚者所能測耳。以上二説，私心所願進於足下者，然半年以來，所新知亦竭於此，幸教而誨之。

戴震

戴震（一七二四～一七七七），字東原，休寧人。年十七，有志聞道，從婺源江慎修游，講習禮經，制度名物及象緯推步、樂律音韻皆洞徹其原本。年二十九，補諸生。家貧甚，閉户著述不輟。乾隆二十年（一七五五）入京師，紀昀、王鳴盛、錢大昕、朱筠、王昶諸公官京朝，以學問爲尚，先生皆與爲友。二十七年，舉於鄉。屢赴禮部試，不第。三十八年（一七七三），薦充四庫館纂修官。三十九年（一七七四），復試禮部，不第，命與諸貢士同赴殿試，賜同進士，選庶吉士。四十二年卒，年五十五。東原爲學，大指在精求正詁，通三代典章制度，而因以確知義理之歸。極深研幾，志願閎大。晚欲標舉綱要，爲七經小記。清史稿卷四八一儒林傳二、清史列傳卷六八儒林傳下一有傳。

戴東原集卷八致彭進士書

允初先生足下：日前承示二林居制義，文境高絶，然在作者，不以爲文而已，以爲道也。大暢心宗，參活程朱之説，以傅合六經、孔、孟，使閎肆無涯涘。孟子曰：「資之深則取之左右逢其源。」凡自得之學盡然。求孔孟之道，不至是不可謂之有得。求楊、墨、老、莊、佛之道，不至是亦不可謂之有得。

宋以前，孔、孟自孔、孟，老、釋自老、釋。談老、釋者高妙其言，不依附孔、孟。宋以來，孔、孟之書盡失其解，儒者雜襲老、釋之言以解之。於是有讀儒書而流入老、釋者；有好老、釋而溺其中，既而觸於儒書，樂其道之得助，因凭藉儒書以談老、釋者。對同己則共證心宗，對異己則寄託其説於六經、孔、孟，曰：「吾所得者，聖人之微言奥義。」而交錯旁午，屢變益工，渾然無罅漏。

孔子曰：「道不同，不相爲謀。」言徒紛然辭費，不能奪其道之成者也。足下之道成矣，欲見僕所爲原善。僕聞足下之爲人，心敬之，願得交者十餘年於今。雖原善所指，加以孟子字義疏證，反覆辯論，咸與足下之道截然殊致，叩之則不敢不出。今賜書有引爲同，有别爲異，在僕乃謂盡異，無豪髮之同。

昔程子、張子、朱子，其始也，亦如足下今所從事。程叔子撰明道先生行狀曰：「自十五六時，聞周茂叔論道，慨然有求道之志，泛濫於諸家，出入於老、釋者幾十年，返求諸六經，而後得之。」吕與叔撰横渠先生行狀曰：「范文正公勸讀中庸，先生讀其書，雖愛之，猶以爲未足，又訪諸釋、老之書累年，盡究其説，知無所得，返而求之六經。」知無所得者陋之，非不知之也。朱子慕禪學，在十五六時。年二十四見李愿中，愿中教以看聖賢言語。而其後十餘年有答何叔京二書，其一曰：「向來妄論持敬之説，亦不自記其云何，但因其良心發見之微，猛省提撕，使心不昧，即是做工夫底本領。本領既立，自然下學而上達矣。若不察良心發見處，即渺渺茫茫，恐無下手處也。所諭多識前言往行，熹向來所見亦是如此。近因返求，未得箇安穩處，卻始知此未免支離，曷若默會諸心以立其本，而其言之得失，自不能逃吾之鑒邪。」其一曰：「今年不謂饑歉至此，夏初，所至洶洶，遂爲縣中委以賑糶之役，百方區處，僅得無事。博觀之弊，此理甚明，何疑之有！若使道可以多聞博觀而得，則世之知道者爲不少矣。熹近日因事方少有省發處，如『鳶飛魚躍』，明道以爲與『必有事焉而勿正』之意同者，今乃曉然無疑。日用之間，觀此流行之體，初無間斷處，有下工夫處，此與守書册，泥言語，全無交涉，幸於日間察之，知此則知仁。」二書全背愿中，復歸釋氏，反用聖賢言語，指其所得於釋氏者。至乾道癸巳，朱子年四十四，門人廖德明録癸巳所聞云：「先生言，二三年前見得此事尚鶻突，爲他佛説得相似，近年來方看得分曉。」是後，朱子有答汪尚書書云：「熹於釋氏之説，蓋嘗師其人，尊其道，求之亦切至矣，然未能有得。其後以先生君子之教，校乎前後緩急之序，於是暫置其説而從事於吾學，其始蓋未嘗一日不往來於心也，以爲俟卒究吾説而後求之，未爲甚晚。而一二年來，心獨有所自安，雖未能即有諸己，然欲復求之外學以遂其初心，不可得矣。」

程朱雖皆先入於釋氏，而卒能覺寤其非。程子曰：「吾儒本天，異端本心。」朱子曰：「吾儒以理爲不生不滅，釋氏以神識爲不生不滅。」僕於孟子字義疏證，辯其視理也，與老、釋之視心、視神識，雖指歸各異，而僅僅就彼之言轉之，猶失孔孟之所謂理、所謂義。朱子稱「爲他佛説得相似」者，彼之心宗，不特指歸與此異也，亦絶不可言似。程朱先從事於彼，孰知彼之指歸。既而求之此，見此之指歸與彼異矣，而不得其本，因推而本之天。夫人物，何者非本之天乎？豈得謂心必與天隔乎？彼可起而争者也。苟聞乎此，雖愚必明，雖柔必强。擴而充之，何一非務盡其心以能盡道。苟自以爲是而不可與入堯舜之道，雖言理、言知、言學，皆似而非，適以亂德。

在程朱先入於彼，徒就彼之説轉而之此，是以又可轉而之彼，合天與心爲一，合理與神識爲一，而我之言，彼皆得援而借之，爲彼樹之助。以此解經，而六經、孔、孟之書，彼皆得因程朱之解，援而借之爲彼所依附。譬猶子孫未覩其祖父之貌者，誤圖他人之貌爲其貌而事之，所事固己之祖父也，貌則非矣。實得而貌不得，亦何傷！然他人則持其祖父之貌以冒吾宗，而實誘吾族以化爲彼族，此僕所由不得已而有疏證之作也。破圖貌之誤，以正吾宗而保吾族，痛吾宗之久墜，吾族之久散爲他族，敢少假借哉。

宋儒僅改其指神識者以指理，而餘無所改。其解孔孟之言，體狀復與彼相似。如大學章句於「在明明德」，中庸章句於「不顯維德」，尤渾合幾不可分。足下遂援「上天之載，無聲無臭」爲心宗之大源，於宋儒之雜用老氏尚「無欲」，及莊周書言「復其初」者，而申之曰：「無欲，誠也。湯、武反之，『復其初』之謂也。」僕愛大戴禮記曰「分於道謂之命」一語。道，即陰陽氣化，故可言分。惟分也，故成性不同。而易稱「一陰一陽之謂道」，中庸稱「天命之謂性」，孟子辨別「犬之性」、「牛之性」、「人之性」之不同，豁然貫通。而足下舉「維天之命，於穆不已」，以爲不得而分。此非語言之能空論也，宜還而體會六經、孔、孟之書本文云何。詩曰「予懷明德」，對「不大聲以色」而言。大學之「明明德」，以「明德」對「民」而言。皆德行行事，人咸仰見，如日月之懸象著明，故稱之曰「明德」。儻一事差失，則有一事之掩虧，其由近而遠，積盛所被，顯明不已，故曰「明明德」，曰「明明德於天下」。詩之「不顯」、「不承」，即書之「丕顯」、「丕承」，古字「丕」通用「不」，大也。中庸言「聲名洋溢乎中國」，其言「闇然」也，與「日章」并言，何必不欲大顯，而以幽深玄遠爲至！夫晝日當空，何嘗有聲臭以令人知？而疇不知之，不可引「上天之載無聲臭」以言其至乎。「上天之載」二語，在詩承「駿命不易」言。鄭箋云：「天之道難知也，耳不聞聲音，鼻不聞香臭。儀法文王之事，則天下咸信而順之。」在中庸承「化民之德」言，不假聲臭以與民接也。談老、釋者，有取於「虛靈不昧」、「人欲所蔽」、「本體之明」、「幽深玄遠」、「至德淵微」、「不顯之妙」等語，與其心宗相似，不惟大學、中庸本文差以千里，即朱子所云，雖失大學、中庸之解，而其指歸究殊。

又詩、書中凡言天命，皆以「王者授命於天」爲言。天之命王者不已，由王者仁天下不已。中庸引「維天之命，於穆不已，於乎不顯，文王之德之純」，其取義也，主於不已，以見「至誠無息」之配天地。「於穆」者，美天之命有德深遠也。譬君之於賢臣，一再錫命，惓惓不已，美君之能任賢者，豈不可歎其深遠。引之者豈不可曰「此君之所以爲君也」。凡命之爲言，如命之東則不得而西，皆有數以限之，非受命者所得踰。試以君命言之，有小賢而居上位，有大賢而居下位，各受君命以居其位，此命數之得稱曰君命也。君告誡之，使恭其事，而夙夜兢惕，務盡職焉，此教命之得稱曰君命也。命數之命，限於受命之初，而尊卑遂定；教命之命，其所得爲視其所能，可以造乎其極，然盡職而已，則同屬命之限之。命之盡職，不敢不盡職，如命之東，不敢不赴東。論氣數，論理義，命皆爲限制之名。

譬天地於大樹，有華、有實、有葉之不同，而華、實、葉皆分於樹。形之鉅細，色臭之濃淡，味之厚薄，又華與華不同，實與實不同，葉與葉不同。一言乎分，則各限於所分。取水於川，盈罍、盈瓶、盈缶，凝而成冰，其大如罍、如瓶、如缶。或不盈，而各如其淺深。水雖取諸一川，隨時與地，味殊而清濁亦異，由分於川，則各限於所分。人之得於天也，雖亦限於所分，而人人能全乎天德。以一身譬之，有心，有耳、目、鼻、口、手、足、鬚、眉、毛、髮，惟心統其全，其餘各有一德焉，故記曰：「人者，天地之心也。」瞽者，心不能代目而視；聾者，心不能代耳而聽，是心亦限於所分也。飲食之化爲營衛，爲肌髓，形可并而一也。形可益形，氣可益氣，精氣附益，神明自倍。散之還天地，萃之成人物，與天地通者生，與天地隔者死。以植物言，葉受風日雨露以通天氣，根接土壤肥沃以通地氣。以動物言，呼吸通天氣，飲食通地氣。人物於天地，猶然合如一體也。體有貴賤，有小大，無非限於所分也。

心者，氣通而神。耳目鼻口者，氣融而靈。曾子曰：「陽之精氣曰神，陰之精氣曰靈。神靈者，品物之本也。」易曰：「精氣爲物，游魂爲變，是故知鬼神之情狀。」「精氣爲物」者，氣之精而凝，品物流形之常也。「游魂爲變」者，魂之游而存，其形敝而精氣未遽散也，變則不可窮詰矣。老、莊、釋氏，見於游魂爲變之一端，而昧其大常；見於精氣之集，而判爲二本。莊周書曰：「一受其成形，不亡以待盡。」釋氏「人死爲鬼，鬼復爲人」之説同此。周又曰：「其形化，其心與之然，可不謂大哀乎！」老氏之「長生久視」，釋氏之「不生不滅」，無非自私，無非哀其滅而已矣，故以無欲成其私。孟子曰：「廣土衆民，君子欲之。」又曰：「欲貴者，人之同心也。」又曰：「魚我所欲也，熊掌亦我所欲也。」「生亦我所欲也，義亦我所欲也。」在老、釋皆無之，而獨私其遊魂，而哀其滅，以豫爲之圖。

在宋儒，惑於老、釋無欲之説，謂「義亦我所欲」爲道心、爲天理，餘皆爲人心、爲人欲。欲者，有生則願遂其生而備其休嘉者也。情者，有親疏、長幼、卑尊，感而發於自然者也。理者，盡夫情欲之微而區以別焉，使順而達，各如其分寸豪釐之謂也。欲，不患其不及，而患其過。過者，狃於私而忘乎人，其心溺，其行慝，故孟子曰：「養心莫善於寡欲。」情之當也，患其不及而亦勿使之過；未當也，不惟患其過而務自省以救其失。欲不流於私則仁，不溺而爲慝則義，情發而中節則和，如是之謂天理。情欲未動，湛然無失，是謂天性。非天性自天性，情欲自情欲，天理自天理也。

足下援程子云：「聖人之常，情順萬事而無情，故君子之學，莫若廓然而大公，物來而順應。」謂無欲在是。請援王文成之言，證足下所宗主。其言曰：「良知之體，皦如明鏡，妍媸之來，隨物見形，而明鏡曾無留染，所謂『情順萬事而無情』也。『無所住以生其心』，佛氏曾有是言。明鏡之應，妍者妍，媸者媸，一照而皆真，即是生其心處。妍者妍，媸者媸，一過而不留，即是無所住處。」程子説聖人，陽明説佛氏，故足下援程子不援陽明，而宗旨則陽明尤親切。陽明嘗倒亂朱子年譜，謂朱、陸先異後同。陸、王，主老、釋者也。程、朱，闢老、釋者也。今足下主老、釋、陸、王，而合孔、孟、程、朱與之爲一，無論孔、孟不可誣，程、朱亦不可誣。抑又變老、釋之貌爲孔、孟、程、朱之貌，恐老、釋亦以爲誣己而不願。

老氏曰：「唯之與阿，相去幾何；善之與惡，相去何若？」告子曰：「性無善無不善也。」「義，外也，非内也。」釋者曰：「不思善，不思惡，時認本來面目。」陸子静曰：「惡能害心，善亦能害心。」王文成曰：「無善無惡心之體。」凡此，皆不貴善也。何爲不貴善？貴其所私而哀其滅，雖逐於善，亦害之也。今足下言之，則語益加密，曰：「形有生滅，神無方也，妙萬物也，不可言生滅。」又曰：「無來去，無内外。」引程子「天人本無二，不必言合」證明全體，因名之曰「無聲無臭之本」；謂之爲「天命之不已」，而以「至誠無息」加之；謂之爲「天道之日新」，而以「止於至善」加之。請援王文成之言，證足下所宗主。其言曰：「夫良知一也，以其妙用而言謂之神，以其流行而言謂之氣。」又曰：「本來面目，即吾聖門所謂良知。隨物而格，是致知之功。佛氏之常惺惺，亦是常存他本來面目耳，體段功夫，大略相似。」陽明主扞禦外物爲格物，隨物而格，所謂遏人欲也。「常惺惺」，朱子以是言存天理，以是解中庸「戒慎恐懼」，實失中庸之指。陽明得而借中庸之言，以寄託「本來面目」之説，曰：「養德養身，止是一事。果能戒慎不睹，恐懼不聞，而專志於是，則神住、氣住、精住，而仙家所謂長生久視之説，亦在其中矣。」莊子所謂「復其初」，釋氏所謂「本來面目」，陽明所謂「良知之體」，不過守己自足。既自足，必自大，其去中庸「擇善固執」，「博學、審問、慎思、明辨、篤行」，何啻千萬里。

孟子曰：「反身而誠，樂莫大焉。」曰：「反身不誠，不悦於親矣。」中庸、孟子皆曰：「不明乎善，不誠乎身矣。」今舍明善而以無欲爲誠，謬也。證心宗者，未嘗不可以認「本來面目」爲「明乎善」，此求伸其説，何所不可！老子、告子視善爲不屑爲，猶能識「善」字。後之宗之者，并「善」字假爲己有，實并「善」字不識。此事在今日，不惟彼所謂道德非吾所謂道德，舉凡性與天道，聖智、仁義、誠明，以及曰善，曰命，曰理，曰知，曰行，無非假其名而易其實。「反身不誠」，言事親之道未盡也。「反身而誠」，言備責於身者無不盡道也。孟子曰：「堯、舜，性之也。湯、武，身之也。五霸，假之也。久假而不歸，惡知其非有也！」性之，由仁義行也。身之，仁義實於身也。假之，假仁義之名以號召天下者，久則徒知以仁義責人，而忘己之非有。又曰：「堯、舜，性者也。湯、武，反之也。」下言「動容周旋中禮者，盛德之至也」。申明「性者」如是。言「哭死而哀，非爲生者也。經德不回，非以干禄也。言語必信，非以正行也。君子行法以俟命而已矣」。皆申明「反之」謂無所爲而爲，乃反而實之身。其爲反若論「復其初」，何用言「非爲生者」，「非以干禄」，「非以正行」，而且終之曰「俟命」。身甚明，各覈本文，悉難假借。

足下所主者，老、莊、佛、陸、王之道，而所稱引，盡六經、孔、孟、程、朱之言。誠愛其實乎？則其實遠於此。如誤以老、莊、佛、陸、王之實爲其實，則彼之言親切著明，而此費遷就傅合，何不示以親切著明者也。誠借其名乎？則田王孫之門，猶有梁丘賀在。況足下閲朱子答何叔京二書，必默然之，及程、朱闢老、釋，必不然之；而至於借助，則引程朱爲同乎己。然則所取者，程朱初惑於釋氏時之言也。所借以助己者，或其前之言，或其後之似者也。所愛者，釋氏之實也。愛其實而棄其名，借其名而陰易其實，皆於誠有虧。足下所云「學問之道，莫切於審善惡之幾，嚴誠僞之辨」，請從此始！儻亦如程朱之用心，期於求是，不雜以私，則今日同乎程朱之初，異日所見，或知程朱之指歸與老、釋、陸、王異。

然僕之私心期望於足下，猶不在此。程朱以理爲「如有物焉，得於天而具於心」，啟天下後世人人凭在己之意見而執之曰理，以禍斯民。更淆以無欲之説，於得理益遠，於執其意見益堅，而禍斯民益烈。豈理禍斯民哉，不自知爲意見也。離人情而求諸心之所具，安得不以心之意見當之，則依然本心者之所爲。拘牽之儒，不自知名異而實不異，猶貿貿争彼此於名而輒蹈其實。敏悟之士，覺彼此之實無異。雖指之曰「沖漠無朕」，究不得其仿佛，不若轉而從彼之確有其物，因即取此以賅之於彼。嗚呼！誤圖他人之貌者，未有不化爲他人之實者也！誠虚心體察六經、孔孟之言，至確然有進，不惟其實與老、釋絶遠，即貌亦絶遠，不能假託，其能假託者，後儒失之者也。是私心所期於足下之求之耳。

日間因公私紛然，於來書未得從容具論。大本苟得，自然條分理解。意言難盡，涉及一二，草草不次。南旋定於何日？十餘年願交之忱，得見又不獲暢鄙懷。伏惟自愛。震頓首。

阮葵生

阮葵生（一七二七～一七八九），字寶誠，號吾山，江蘇山陽人。隨父入京師，與弟芝生有「淮南二阮」之目。乾隆十七年（一七五三）舉人，歷内閣中書、刑部主事、員外郎、郎中，官至刑部右侍郎。爲官廉潔，公退青袍布襪如諸生時，惟以讀書自娱。有七録齋集二十四卷、茶餘客話三十卷行世。事迹見國朝耆獻類徵卷九六。

茶餘客話卷一〇朱王之學

陸稼書先生上睢州先生書略云：詆毁先儒，學者大病，辨别是非，亦學者急務。竊謂孔孟之道，至朱子而明，其行事見於年譜、行狀，言語見於文集、語類，教學之方見於集註、或問、小學、近思録，其他經傳凡經考定，如化工造物，至矣盡矣。自陽明目爲影響支離，倡立異説，以僞亂真，天下靡然響應，學術壞而風氣隨之，比之清談禍晋，非刻也。今人震其功業，嘗聞前輩紀載，即功業不無遺議。且陽明之功，孰與管敬仲？九合一匡，五尺羞稱，況陽明乎？故學者必尊朱子、黜陽明，然後是非明、學術一、人心正、風俗淳。陽明之學不熄，朱子之道不尊，若以詆毁爲嫌，陽明比朱子於洪水猛獸，則黜陽明，正黜夫詆毁先儒者也。陽明之後，如梁溪、蕺山，名爲救其失，實不脱其範圍，於朱子家法亦盡破壞。芻蕘之見如此。睢州答書略云：今天下相尚以僞久矣，深明理學者固衆，隨聲附和者實多，更有沉溺利欲之場，毁棄坊隅，節行虧喪者，亦著書鏤板，譏彈陸王，曰吾以趨時也。並有心未究程朱之理，目不見姚江之書，連篇連牘，無一字發明學術，但搜其居鄉居家隱微之私，以自居衛道。夫舍學術而毁功業，舍功業而訐陰私，豈非以學術精微，未嘗探討，功業昭著，未易詆毁，而造作無據之私以快筆舌，其心術亦欠光明矣。或曰，孟子闢楊、墨，何至無父無君，孟子必究極言之，亦衛道之心。某竊謂不然，孟子得孔子心傳，以知言養氣，性善盡心之學，有所以爲孟子者，而後闢楊、墨，若學術不足繼孔子，徒告於人曰，楊、墨無父無君也，率獸殺人也，其誰信之？孟子曰：「今之與楊、墨辨者，如追放豚。」則當日闢楊、墨，亦不乏人，今無片言隻字之存，其不足輕重可知也。今不爲孟子之知言養氣，而與追放豚者流俱頡頏，亦不自重矣。陽明詆朱子洪水禽獸，陽明之大罪過也，於朱子何損？今人功業文章，不能望陽明之萬一，而止效其罪過，如兩冂角罵，何益之有？愚謂欲明程朱之道者，心程朱之心，學程朱之學，喜、怒、哀、樂必中節，視、聽、言、動必合禮，子、臣、弟、友必盡分，久之人心咸孚，聲應自衆，即驚信陽明者，亦曉然悟、翻然從之，若曰能嫚罵者即程朱之徒，則毁棄坊隅、節行虧喪者將俎豆洙泗之堂，非某之敢信也。按，當湖之論，頗近石門，未始非衛道之意，而不能大公無我，反覺偏執，近於尚氣者。睢州平情論事，戒以躬行心得，實至名歸，以不辨辨之，可謂有儒者氣象矣。嘗謂古今仁聖賢人，不朽於天地間者，惟德行、功業、氣節、文章四者而已，若象山之志在復讎，談兵閲武，其守荆門、立社倉、築城池，理財折獄，民望若神明，皆實在經濟。至陽明定叛藩、折逆奄，用兵如神，愛民如子，視功名升沉險夷，如浮雲之過太虚，而文章亦堪不朽，乃皆以道學少之，吾不知四者之外，更有何道學也？耳食之徒，指之爲禪，極力詆謗，如有私讎，試平心而論，天下果有如是之禪乎哉？

茶餘客話卷一〇理學敗類

安溪先生不喜朱、陸同異之説，嘗謂二程十五六歲學聖人，故爲吾道中興之宗。象山之學與建陽稱同異，然其喻義責志之章，朱子左次焉，遊其門者且異而晡不同，是亦百世之師矣。以知本爲格物，象山之説也，與程朱之説正相助，則大學之教明矣。故曰此謂知本，此謂知之至也。學記曰：「或源也，或委也，此之謂務本。」子夏言：「博學矣，必篤志切問而近思也。」孟言：「博學詳説矣，將以反説約也。」夫如是，則其爲聖門之學何疑，而有若近者同異之紛紛乎？本朝理學，以潛庵、榕村二人爲正宗，蓋其學博功深，醇乎其醇，故立言公正平恕，一毫不偏，其他鄙陋寡學，株守三家村兔園册，而戟手相罵，或穿鑿蔑裂，逞其私心小智以驚愚孩，亦接踵不絶也。更有沉溺功名利慾，揣摩風氣，藉口程朱以獲厚實而盜虚名，如世所傳呵卵者，皆平日自負尊程朱，罵陽明之人也。哀哉，此豈足與於儒林理學之數乎？

余廷燦

余廷燦（一七二九～一七九八），字卿雯，號存吾，湖南長沙人。乾隆二十六年（一七六一）進士，改翰林院庶吉士，授檢討，充三禮館纂修官。以母年八十乞養歸。母歿，居喪，貧甚，不受饋贈。晚主濂溪、石鼓、城南書院。於學兼通漢、宋，而旁及諸子百家、象緯、勾股、律吕、音韻，皆能提要鉤玄，嘗與休寧戴震、河間紀昀相切劘。著有存吾文集録二卷。清史列傳卷六八儒林傳下一有傳。

存吾文鈔卷二書王學質疑後

釋氏不知有性，而即指知覺之炯炯者爲性，於是掃棄一切人倫庶物，以爲是皆障翳罣礙，最爲吾性之累者，吾空諸所有，不實諸所無，久之本體現，全體完而此心之光明瑩澈，遂自圓無際而大無餘，此彼教中所謂參無上法、精第一義也。然炊沙不可成飯，買櫝豈可還珠，以知覺爲性，亦何異大明之出自暘谷，入自濛汜者，僅以掠眼一瞥盡之哉。昔人謂釋氏言性以空，儒者言性以實，釋得性之影，儒得性之形，豈不以釋氏所據之知覺本無所有哉？自王氏倡爲陽儒陰釋之學，乃竄取孟子良知之名，以標揭釋氏知覺之實，其曰「無善無惡心之體」，則知覺之景光分際，一言宛肖，非王氏固莫能如此名狀顯白者。其曰「良知即天理」，又曰「無善無惡即至善」，是其始也，陰援釋氏所據之知覺，入孟子之良知，其繼也，即據良知入天理、入至善，以求合於程朱之微言，即因以求不背於孔子、孟子之論性，而釋氏之門徑益闢，釋氏所據之知覺益尊而無以加，堅而不可破。王氏可謂釋氏之功臣矣。又其説曰「人身有生死而知覺無生死」，是即釋迦牟尼「人身雖有生死之異，至於精神則常不滅，此身以前，已經無量身」之説，而王氏妄據之以惑愚而誘智也。又其説曰「良知苟存，自能酬酢萬變，非遺棄事物以爲高者」，則又以知覺之靈圓捷利、儻蕩縱恣，求合於程朱全體大用之説，以見吾性卷之無不收攝，放之無不昭通。夫世豈有秉一燭之微明，能周六合之廣宇哉？彼其倉卒指麾，神明定、智慮周而且光燄長者，皆昔人所謂譎而不正、詭遇獲禽者也。以故一時鼓動號召學者，豈不翕然宗師？然當王氏時，弟子遍天下，咸都高位、擅聲勢，顓顓焉尊奉其師，不啻聖與賢之復出於當世，而王畿、王艮又嘗挺身爲其師傳播絶學，所過招要，因風縱火，乃聞其所傳播者，率皆言雜禪機，絶無忌諱。蓋倡之者雖主張一點靈明，猶必與吾儒依光附響，出入會合，惟恐周遮之不工，而繼之者乃至大放厥辭，茫無津涯畔岸，是早代其師吐露真臟，俾不得遁於天下後世之公議也。大興張贊善武承，深疾陽儒陰釋之説，爲莠亂苗、鄭亂雅，壹意以閑邪衛道爲己任，乃著王學質疑一卷，批駁良知之害，至明至悉，毫無遯隱。惟王學之興於世百有餘年，其植根於人心者深，其波漫於學術者遠，是以羅整庵著困知記，陳清瀾著學蔀通辨亦既辭而闢之，然且不能根株盡拔。以予所見近世賢達，稍負材識者，尚往往陰據王氏之説於胸中，以牴牾程朱，自詡高妙，而質疑一書，則更言之深切著明，使讀者如撥雲霧而覩白日，誠大聲疾呼，有功於正學者矣。抑又聞陸稼書言，贊善在史舘，嘗論宋史特立道學傳，惟周子、程子紹先聖之統緒，朱子集諸儒之大成，宜列道學，餘則篤實如蔡西山父子，高明如陸子靜兄弟，純粹有用如真西山，亦僅可列之儒林，等於元儒之不立道學傳者。至有明一代，純正如薛文清、曹月川、胡居仁，尚且不必過宋之真、元之許，況陽明光芒横肆，使列在道學即不然，或列之儒林，天下後世必議史臣爲無識。卓哉！贊善高論，誠精確不可磨，予故並書之，以見王學質疑之决不妄作，並告世之讀王學質疑者。贊善名烈，字武承，先世籍浙江之東陽。自其曾祖始遷居京師，是爲大興縣人。登康熙庚戌進士，後舉博學鴻詞，得授編修，轉右春坊右贊善。

韓夢周

韓夢周（一七二九～一七九九），字公復，號理堂，濰縣人。乾隆二十二年（一七五七）進士，授安徽來安縣知縣。刱江清書院，講學於程符山中凡二十六年。嘉慶四年卒，年七十。韓氏爲學，篤守程朱，律己必嚴。教士以恥求利達爲尚。工古文，表章名賢忠節，皆有關於世道，言知言行，不稍假借。於往來手札，或是或非，或規或勸，不離於辨陸王、宗洛閩爲大要。著有理堂集、日記。清史稿卷四八〇儒林傳一、清史列傳卷六七儒林傳上二有傳。

理堂文集卷四與李叔白書

夢周頓首叔白足下。僕伏處山林，都與世隔，雖鄉國知名之士亦無因會合，莫由獲其教益。足下不鄙棄，惠然枉顧，語以學術之辨，欣幸殆無以過。然足下啟其端，未竟其緒，豈將以發予而使之獻其愚乎？僕敢陳所見，惟足下教焉。陽明之學，世以爲禪，舊矣。至禪之浸漸爲陽明，其端末則未之詳也。六朝文人竊莊、列緒餘作爲佛書，口説曼衍，不可究詰。達磨入中國，窺此間隙，乃一埽除文字，直指心體。傳至六祖，又從而張之。其説愈辨，其惑人愈深，唐、宋學者趨之若狂。然其時固自别於儒，分門立限，不相假冒，而儒者已往往浸淫於經訓而不知。宋南渡，而杲堂出於佛徒，最爲黠傑。其得術在援墨入儒。其語張子韶之言曰：「侍郎把柄在手，便須改頭换面，以誘來學。」子韶欣然從之，於是儒、墨之界始大亂。談儒者混於禪，談禪者亦混於儒，推其始終，殆有三變。其始也倡爲清談而已，一變而浄智圓妙，體自空寂；再變則真空，能攝衆有而應變矣；至三變則中庸、大易之微言，與楞嚴、圓覺相表裏，而兩家之郵通矣。此皆佛氏之徒思以其術角勝，自彌其罅隙，而文飾其淺陋。始竊莊、列，繼竊吾儒，而不知其説之多變也。論禪學者謂其近理，而不知其得於竊也。然子韶之徒，其智不足以自全，每自供其敗闕。象山、陽明則倚傍釋氏之所竊，妄意其不殊於儒，遂陰證釋氏之諦，而巧爲改换之術以掩其迹。於是世之惡常嗜異者群起倡和，於以詆訕程朱，自居顔、孟，非真洞悉於儒、釋分途，確然不惑，鮮不炫於其説而助之者矣。夫禪學歷千餘年，數經變易，始成一家學術，其人又皆信心自是，固宜其流而不返也。然則陽明之入禪，殆所謂認賊作子；禪之流爲陽明，則蜾蠃之肖也。或者以禪學不言理，陽明雅言之，以明其非禪。愚嘗讀其書，反覆以究其旨，陽明之即心即理，與釋氏之即心即佛，其有異焉否耶？此即改换頭面之術，其詞異，其實同者也。故凡爲陽明之學者，高者流於剛愎，爲巧詐，爲誕妄；下者頹然自放而已。此禪病也。何者？任心而動有不謬者幾何哉！或又以陽明功業軒爍爲儒者之效，此古豪傑雄略之士優爲之，不必盡由講學也。陽明本豪傑，夙究於經世之務，又能内定其心，足以乘機制變，故成功如此。至於聖賢體用之全，爲學之方，則不可一毫借也。足下以爲何如？有不合，祈往復，不宣。

理堂文集卷三與彭允初書

接十一月一日札，知兄且遲南還。昆季聚首，天倫至樂，深爲慕羡。教益諄諄，無任愧荷，厚愛至誼，寧可言謝。弟自初知講學，懲少年狂肆之弊，力爲規矩，束縛其身，處處檢點，使寧拘勿肆。行之數年，頗自謂無顯過大惡。然每反驗心中，與道理未能真實有得，蓋實缺得涵養本源一段工夫。及見兄，首以此旨相示，瞿然有深省，知年來悠忽不進，大病全在於此。將力求所未至者以自勉，雖有他説，亦不敢雜陳其間矣。既又思之，學必講而後明，譬之於醫，必自述其受病之由，雖至隱匿，不以自昧，然後醫者得施其方。兄之於僕，蓋不待其自述，固已洞見五臟癥結。今試更一陳之，益可知其求醫心切，坦然施其治之之術而無疑矣。周竊謂，聖賢之學，其大要有三：以存養爲根本，以督察爲修治，以窮理爲門户。曾子言正心誠意必言致知，子思言固執必言擇善，孟子言存心養性必言盡心知性。論語一書，言知者不一端。至易之文言，既釋乾九二爲「閑邪存其誠」，而又釋之曰「學以聚之，問以辨之」，蓋知行交資，明誠互需，從古聖賢相傳爲學之方周備無弊，未有易此者也。自近世儒者，譏程朱格物致知之訓爲支離，後人和之，不復致察，至閉口不言窮理二字。乃考其生平所服習，雖自謂别有宗旨，卒亦未有。絶聖棄智以爲學者，何者？所謂窮理者非他，蓋即窮其所存養者而已矣，窮其所省察者而已矣。人之初生，其象爲蒙。及知識漸開，始教之學，即其良知以導其所不知。使由此以致力於聖賢之道，於是五品之倫，五常之性，莫不講明而切究之。隨其所講明，而敬以存之於心，則謂之存養；隨其所講明，發於意，施於行，慎以審之，不使其有雜，則謂之省察。存養熟，省察密，則知愈精。知愈精，則存養、省察亦益熟且密。三者所以致力之方不同，而其所致之理則一也。蓋非存養無以立知之本，非省察無以善知之用，盡知之實。然非知則將昏蒙否塞，無所通曉，亦何所存，何所察哉！夫非生知不能無賴於學，學則未有不以知爲先者，故曰「或生而知之，或學而知之，或困而知之」，言無人可外於知也。自古未有不讀書、不講明義理而可至聖賢者，此固不待深辨而明矣。然則程朱格物致知之訓，果支離否乎？若曰是，惡夫以博涉記誦、不切身心以爲知者，則亦就其所非者闢而正之可矣，又何可因彼之非，而遂諱言吾之是哉！近與臺山論此，其説至辨，終不能破弟之惑，故略述鄙見，以陳於左右，惟決其是非，以發其錮蔽，幸甚幸甚！

理堂日記卷七　節録

爲陽明之學者有二：其一學問空疏，不耐勞苦，樂其簡易而從之；其一博覽典籍，不知切問近思，勤而無得，見其立教專主向裏，遂悔而從之。前者多高明之人，後者亦沈潛之士，皆有造道之資，乃陷於一偏，不復見古人之大全，可惜也。

理堂日記卷八　節録

程朱以理爲我所本有，用學以復之；戴氏以理爲我所本無，但資之於學。即此觀之，孰爲得失，亦不待煩證深辨也。

學陸王之學者多歸於佛，不止當時，後來亦然。交游中如彭允初、汪大紳、羅臺山皆是。其大決藩籬，至以念佛爲教，求生西天，惑亦甚矣。

翁方綱

翁方綱（一七三三～一八一八），字正三，號覃溪，一號蘇齋，大興人。乾隆十七年（一七五二）進士，改庶吉士，甲戌授編修，歷典江西、湖北、江南、順天鄉試，督學廣東、江西、山東，累擢内閣學士。翁氏迭司文柄，英才碩彦，識拔無遺。生平精研經術，不爲漢、宋門户之見。其讀群經，有論語附記、孟子附記、詩附記、書附記、禮記附記。性嗜金石，考訂精審。著禮經目次、春秋分年系傳表、十三經注疏姓氏考、通志堂經解目録、兩漢金石記、粵東金石略、蘇米齋蘭亭考、蘇詩補注、石洲詩話、復初齋詩集、文集等。清史稿卷四八五文苑傳二、清史列傳卷六七儒林傳上二有傳。

復初齋文集卷七讀李穆堂原學論

臨川李穆堂，蓋宗陽明之學者。陽明以良知爲説，故不遵朱子大學定本，吾既詳論之矣。穆堂以此言學，謂學者學其行事，非篇章撰述之謂，非名物象數詳略異同之謂。其言之透徹，雖朱子無以易之也。竊嘗繹之，知與行一事也，必能知而後能行，必能行而後能知，無二理也。由斯義也，二者孰重？則行爲要矣。行爲要，則知在所後乎？然則大學舊本置「知本」於「誠意」之前，朱子之審定其無庸乎？然則諸經傳義，其可勿究心乎？然則考訂辨析者，其徒滋擾乎？蓋穆堂之論學，亦非爲矯此之弊而作也。人必明乎知與行爲一事，則一身一家之日用倫理，無在非實學也；一日間起念誠僞邪正，一接物之公私當否，皆實學也。不此之亟講，而徒殫心於誦説討論，是與古人所謂學者，正相違也。然則陽明所謂良知之學，乃正學也，豈不視朱子更正大學本以格致在前爲愈歟？曰：學者惟當合知與行而一之，而朱子實未嘗教人專以知爲務也。朱子謂大學首先格物致知者，正即講求其德之何以明，民之何以新，至善之何以得止也。朱子之言學，固未嘗有能知不能行者也。乃若穆堂之論，則是所謂知而不能行者也。何者？大學之法，禁於未發之謂豫，謂其灼知有所未盡，則無以豫定所行也。當其可之謂時，謂其擇善研幾未能中節，即無以適於所行也。不凌節而施之謂孫，謂其未知，即易蹈於妄行也。相觀而善之謂摩，謂其見賢思齊，見善則遷。是皆以知與行合言之也。策其行即所以勵其知，勵其知即所以策其行，故教易施而學易從也。今由穆堂之言，學專於行，不事乎知，且如國學之六堂，不程以經書典籍，而惟日課其起念公私誠僞以爲甲乙，此其事可行乎？今如鄉會試，歲科考，不閲其試卷，而惟日督學官，問其處家之言行動作，以爲去取，此其事可行乎？童子入塾，延師督課，每日無經書誦讀之事，而欲其心不放，而欲其有所恪守，此其事可行乎？蓋既有學校庠序之設，則必閑其志於道藝；既有書册音訓之習，則必矢其誠於規矩。夫然後可以生奮勉之心，而獎掖於作忠教孝、化戾改愆之路，祇在勤學之務實而已，奚必矯變成説，而轉涉於空言爲耶？正須知孝弟謹信即所謂學文也，學文即學孝弟謹信也；正須知志道、據德、依仁即所謂游藝也，游藝即游於道、德、仁之内也。愈講此輕彼重，則愈歧而二之耳。

復初齋文集卷七姚江學致良知論上

姚江之學與朱子異，人皆知之。然所以謂「致良知」之學與朱子異者，正以其不當以此詁大學之格致耳。陽明以「致良知」詁大學之格致，故必欲從舊本，以誠意居先。是則大學「欲誠其意者，先致其知，致知在格物」，皆紊其次矣。紊大學之次，則失古人所以爲學之實矣。夫大學條目，豈自孔氏之遺書始言之乎？是固自時教正業，退息居學，若王之冑子，則先以某條件焉；卿大夫適子，則先以某條件焉。其所爲度量數制之詳，今無由以稽矣。蓋古大學之教，不知廢於何時，聖門教人博文約禮，則六經其要也。孟子初見滕君，首言性善，稱堯、舜，此其大綱也。至其剖析事爲，一則曰「諸侯之禮，吾未之學」；再則曰「若夫潤澤，在君與子」。假若滕君爲世子時，親受業於門，必有詳加考析，以裕經國之本者矣。即使當日夫子得柄，用以治魯以興周，亦必由文、武之方策，周公之典禮，未有以空談性道爲之者。孔子、孟子皆不得已而託諸刪定教言。迨秦燼已後，漢儒漸次修舉舊籍，而又間以晉之清談，唐之詞藻，無由以整理遺緒也。宋之程朱，始能窺見聖賢大旨。而宋、元以後，帖經訓義變爲制舉之時文，正得由肄繹經書以上溯正學矣。而有明一代，其務本業者專習時文，不克深究也。於是其間通敏之資，如陽明王氏，奮其獨造之見，意以爲直到聖涯，而轉覺朱子之近於庸常也；白沙、甘泉、江門静坐之學，從而和之，此其始未嘗不深會於聖賢之詣，而其一意孤行，漸啟門户之幟，則不可不防其弊也。幸至今日，經學昌明，學者皆知奉朱子爲正路之導；其承姚江之説者，固當化去門户之見，平心虚衷，以適於經傳之訓義。而又有由漢荀、虞、馬、鄭博涉群言以爲樸學，此則考證之學，又往往與朱子異者，是皆不探其本而逐其末者也。考證之學，則與良知之學正相反對。以愚區區之見，則良知既不必自名其學，而考證諸家，精心研討，以漢儒爲名乎？豈漢學果能究悉乎？則吾謂考證之學，實自馬端臨、王應麟、黄震之徒而後濬發之，其用意深粹，仍自朱子門人之緒得之。孟子固曰：「夫道一而已。」然則學一而已矣。考證之學，仍皆聖賢之學也，良知之學，則無此學也。

復初齋文集卷七姚江學致良知論下

前而鵝湖之學，後而江門之學，皆可綜理條貫之，使與朱子合也。惟姚江之學，以「致良知」爲説，則實異乎朱子，所不得不辨者。彼固謂其説本孟子也。孟子擴充之旨，謂以仁心行仁政者，推此以加諸彼，就仁術以啟發當時之國君，非於大學條目言之也。故曰：「所不學而能者，其良能也；所不慮而知者，其良知也。」孟子固明説「不學」、「不慮」矣。言「不學」、「不慮」，則與大學「格物」、「致知」之用力程功不同矣。夫所謂「致良知」者，即擴充其良知也。乍見孺子將入井，此迫切之際，可與之言學乎？興甲兵危士臣之際，可與之言學乎？則不得不指其良心發見之端，然亦必準之以權度。權度於物皆然，而心爲甚。心爲甚者，指其急切處也。物皆然，則平日從容分析輕重長短，是又即大學「格物」、「致知」在「誠意」前之謂也。孰謂大學本末厚薄之下，未嘗申繹格致，而遽先釋誠意者乎？熟讀孟子，而「致良知」之説，是有意與朱子立異，灼然無疑矣。凡爲學，切勿分別門户也。而爲説經計，則焉得不剖其歧説？大學章句，必以朱子所定爲正本，不可妄言復古本。是則姚江「致良知」之説，大有蠹於經者，是以申切論之。

戴殿江

戴殿江（一七三五～一八一九），字襟三，號履齋。浙江浦江人。年十九爲諸生，性嗜書，造萬卷樓，延同邑陳松齡、周璠以教子弟。年五十餘，家事付諸子，專心讀書，幾廢寢食。又十餘年豁然貫通，曰紫陽朱子所以明洙泗之正傳，當湖陸氏所以正徽國之道範，千古關係莫大於是。由是祖朱宗陸，區别異同，謂不如是不足以言學，而生平議論所出皆歸於一。纂輯金華理學粹編，以續絶學。其潛心理學，至老不倦，卒之前一日猶執朱子書不去手。所著有履齋文集、永思堂文鈔。事迹見戴殿泗伯兄履齋先生行述。

金華理學粹編卷一〇學術分塗

又曰：「昔者新安朱子、象山陸氏一時並興，所學不能無異，雖以鵝湖有會，終不能挈其異以歸於同。陸氏之傳爲楊簡氏、袁燮氏，皆四明人，故四明學者祖陸氏而宗楊、袁，朱子之學勿道也。東發黄震氏、果齋史蒙卿氏出，而後朱子之學始行於四明，黄氏得於朱子之遺書，史氏傳於湖南大陽先生岊、小陽先生枋，二陽氏傳於蜀人晏淵氏，晏，朱子高弟子也。今國家建學設科，一用朱子之説，學者推爲大宗，而四明陸氏之説，莫或講矣。景雲先生始從徐文清遊，而其後卒業於袁絜齋，殆欲會朱陸之異以爲同者耶？」

江案：朱陸之異同，先儒辨之詳矣。胡敬齋則曰：「吴草廬以朱子道問學，陸子尊德性，説得不是。愚以爲尊德性工夫亦莫如朱子，平日操存涵養，無非尊德性之事。又觀德性箴，何嘗不以尊德性爲重乎？但存心窮理之功，未嘗偏廢，非如陸子之專本遺末也。其後陸子陷於禪學，將德性都空了，謂之尊德性可乎？」陸當湖謂此數語斷盡朱陸之異同。當湖又謂程篁墩之道一編，王陽明之朱子晚年定論，其意皆欲以朱合陸，皆所謂援儒入墨也。陳清瀾、陳幾亭論之甚詳，皆本於羅整庵困知記，而朱陸異同，可不辨而明。今景雲先生卒業於四明袁氏，而欲會朱陸之異以爲同。其實專主虛寂迎機妙悟者，象山之見也；主敬窮理身體力行者，朱子之道也，烏乎同？

江案：朱子謂：「渡江以來，惟我與子静八字著脚，做著己工夫。」玩其微意，正與孟子之論告子「先我不動心」者同，詞雖美之，而實則不相爲謀也。故其竭力與辨，一則曰禪，再則曰告子，皆有以洞見肺腑而盡發其膏肓之疾，而初非出於揣摩臆度之私矣。故雖未能盡絶其説而正氣常伸，卒有以遏其燎原之勢，而後儒正可據之以收廓清摧陷之功。當是時，守先待後之任，與孟子之息邪説正人心者後先一轍，此朱子所以有功萬世而吾婺正學由之以開也。以朱景雲之正直不阿而不免援朱以入陸，胡汲仲之師承有自而晚年即陸以爲禪，何與？其後永樂性理綜要一書，纂輯諸儒，以象山承吕成公後，而歷采朱子指摘之言以明之，使明心見性之教，人人知其爲禪學者，其時正學之昌明，何如哉！

又案：朱子之闢象山，早有定論，後人不能易也。迨陽明之教興而陰主陸氏以顯詆朱子，雖婺中五峰諸子亦相率而從之。當是時，正學之儒辭而闢之者，先後有人。至羅整庵、陳清瀾及高景逸、顧涇陽諸子詆之爲最切，然而氣燄方張，未能遽絶也。百五十餘年後，有陸清獻公崛起排之，則其教遂衰。夫清獻公既黜陽明、遵朱子，而於吕成公之設教、四先生之遺澤、章楓山之德行，蓋惓惓焉惟恐表章之不至焉，豈不以朱學所在，不勝其高山仰止者乎？士生正學之邦，貿貿焉舍其嫡傳而馳心空妙之場，以震蕩而誇張之，是不第獲戾於朱子，亦清獻公之所深惆而顯拒之者矣。詩曰：「雖無老成人，尚有典型。」志道者其敬念之。

江案：朱子曰：「以悟爲則，乃釋氏之法，非吾儒所有。」又曰：「才説悟，便不是學問，一味説入虛談最爲惑人，此所以竭力與象山辨也。」乃陽明之立教，則曰：「至道不外得，一悟失群闇。」又曰：「悟到鳶飛魚躍處，工夫原不在陳編。」此其主象山以詆朱子之顯然立幟者，與今見山迎機立悟之教，原非吾黨循序漸進之功。

章學誠

章學誠（一七三八～一八〇一），字實齋，浙江會稽人。乾隆四十三年（一七七八）進士，授國子監典籍，後入湖廣總督畢沅幕府。王持編撰和州志、永清縣志、亳州志、湖北通志等十多部志書，著有文史通義、校讎通義等。清史稿卷四八五文苑傳二、清史列傳卷七二文苑傳三有傳。

文史通義内篇二博約下 節録

或曰：子言學術，功力必兼性情，爲學之方，不立規矩，但令學者自認資之所近與力能勉者，而施其功力，殆即王氏「良知」之遺意也。

答曰：天時人事，今古不可强同，非人智力所能爲也。然而六經大義昭如日星，三代損益可推百世，高明者由大略而功求，沉潛者循度數而徐達。資之近而力能勉者，人人所有，則人人可自得也，豈可執定格以相强歟？王氏「致良知」之説，即孟子之遺言也。良知曰知，則固不遺功力矣。朱子欲人因所發而遂明，孟子所謂「察識其端而擴充之」，胥是道也。而世儒言學，輒以「良知」爲諱，無亦懲於末流之失，而謂宗指果異於古所云乎？

文史通義内篇二習固 節録

是堯而非桀，貴王而賤霸，尊周孔而斥異端，正程朱而偏陸王，吾不謂其不然也。

文史通義内篇二朱陸

天人性命之理，經傳備矣。經傳非一人之言，而宗旨未嘗不一者，其理著於事物，而不託於空言也。師儒釋理以示後學，惟著之於事物，則無門户之爭矣。理，譬則水也。事物，譬則器也。器有大小淺深，水如量以注之，無盈缺也。今欲以水注器者，姑置其器，而論水之挹注盈虚，與夫量空測實之理，爭辨窮年，未有已也，而器固已無用矣。

子夏之門人，問交於子張。治學分而師儒尊知以行聞，自非夫子，其勢不能不分也。高明沉潛之殊致，譬則寒暑晝夜，知其意者，交相爲功，不知其意，交相爲厲也。宋儒有朱陸，千古不可合之同異，亦千古不可無之同異也。末流無識，爭相詬詈，與夫勉爲解紛，調停兩可，皆多事也。然謂朱子偏於道問學，故爲陸氏之學者，攻朱氏之近於支離；謂陸氏之偏於尊德性，故爲朱氏之學者，攻陸氏之流於虚無；各以所畸重者，爭其門户，是亦人情之常也。但既自承朱氏之授受，而攻陸王，必且博學多聞，通經服古，若西山、鶴山、東發、伯厚諸公之勤業，然後充其所見，當以空言德性爲虛無也。今攻陸王之學者，不出博洽之儒，而出荒俚無稽之學究，則其所攻，與其所業相反也。問其何爲不學問，則曰支離也。詰其何爲守專陋，則曰性命也。是攻陸王者，未嘗得朱之近似，即僞陸王以攻真陸王也，是亦可謂不自度矣。

荀子曰：「辨生於末學。」朱陸本不同，又況後學之嘵嘵乎？但門户既分，則欲攻朱者，必竊陸、王之形似；欲攻陸、王，必竊朱子之形似。朱之形似必繁密，陸王形似必空靈，一定之理也。而自來門户之交攻，俱是專己守殘，束書不觀，而高談性天之流也。則自命陸王以攻朱者，固僞陸王；即自命朱氏以攻陸王者，亦僞陸王，不得號爲僞朱也。同一門户，而陸王有僞，朱無僞者，空言易，而實學難也。黄、蔡、真、魏，皆承朱子而務爲實學，則自無暇及於門户異同之見，亦自不致隨於消長盛衰之風氣也。是則朱子之流别，優於陸王也。然而僞陸王之冒於朱學者，猶且引以爲同道焉，吾恐朱氏之徒，叱而不受矣。

傳言有美疢，亦有藥石焉。陸王之攻朱，足以相成而不足以相病。僞陸王之自謂學朱而奉朱，朱學之憂也。蓋性命、事功、學問、文章，合而爲一，朱子之學也。求一貫於多學而識，而約禮於博文，是本末之兼該也。諸經解義不能無得失，訓詁考訂不能無疏舛，是何傷於大禮哉?且傳其學者,如黄、蔡、真、魏,皆通經服古,躬行實踐之醇儒,其於朱子有所失,亦不曲從而附會,是亦足以立教矣。乃有崇性命而薄事功,棄置一切學問文章,而守一二章句集注之宗旨,因而斥陸譏王,憤若不共戴天,以謂得朱之傳授,是以通貫古今、經緯世宙之朱子,而爲村陋無聞、傲狠自是之朱子也。且解義不能無得失,考訂不能無疏舛,自獲麟絶筆以來,未有免焉者也。今得陸王之僞,而自命學朱者,乃曰:墨守朱子,雖知有毒,猶不可不食。又曰:朱子實兼孔子與顔、曾、孟子之所長。噫!其言之是非,毋庸辨矣。朱子有知,憂當何如邪?

告子曰:「不得於言,勿求於心,不得於心,勿求於氣。」不動心者,不求義之所安,此千古墨守之權輿也。是非之心,人皆有之。不能充之以義理,而又不受人之善,此墨守之似告子也。然而藉人之是非以爲是非,不如告子之自得矣。

藉人之是非以爲是非,如傭力佐鬥,知争勝而不知所以争也。故攻人則不遺餘力,而詰其所奉者之得失爲何如,則未能悉也。故曰:明知有毒,而不可不服也。

末流失其本,朱子之流别,以爲優於陸王矣。然則承朱氏之俎豆,必無失者乎?曰:奚爲而無也。今人有薄朱氏之學者,即朱氏之數傳而後起者也。其與朱氏爲難,學百倍於陸王之末流,思更深於朱門之從學,充其所極,朱子不免先賢之畏後生矣。然究其承學,實自朱子數傳之後起也，其人亦不自知也。而世之號爲通人達士者，亦幾幾乎褰裳以從矣。有識者觀之，齊人之飲井相捽也。性命之説，易入虚無。朱子求一貫於多學而識，寓約禮於博文，其事繁而密，其功實而難；雖朱子之所求，未敢必謂無失也。然沿其學者，一傳而爲勉齋、九峰，再傳而爲西山、鶴山、東發、厚齋，三傳而爲仁山、白雲，四傳而爲潛溪、義烏，五傳而爲寧人、百詩，則皆服古通經，學求其是，而非專己守殘，空言性命之流也。自是以外，文則入於辭章，學則流於博雅，求其宗旨之所在，或有不自知者矣。生乎今世，因聞寧人、百詩之風，上溯古今作述，有以心知其意，此則通經服古之緒，又嗣其音矣。無如其人慧過於識而氣蕩乎志，反爲朱子詬病焉，則亦忘其所自矣。夫實學求是，與空談性天不同科也。考古易差，解經易失，如天象之難以一端盡也。曆象之學，後人必勝前人，勢使然也。因後人之密而貶羲、和，不知即羲、和之遺法也。今承朱氏數傳之後，所見出於前人，不知即是前人之遺緒，是以後曆而貶羲、和也。蓋其所見，能過前人者，慧有餘也，抑亦後起之智慮所應爾也，不知即是前人遺藴者，識不足也。其初意未必遂然，其言足以懾一世之通人達士，而從其井捽者，氣所蕩也。其後亦遂居之不疑者，志爲氣所動也。攻陸王者，出僞陸王，其學猥陋，不足爲陸王病也。貶朱者之即出朱學，其力深沉，不以源流互質，言行交推；世有好學而無真識者，鮮不從風而靡矣。

古人著於竹帛，皆其宣於口耳之言也。言一成而人之觀者，千百其意焉，故不免於有向而有背。今之黠者則不然，以其所長，有以動天下之知者矣。知其所短，不可以欺也，則似有不屑焉。徙澤之蛇，且以小者神君焉。其遇可以知而不必且爲知者，則略其所長，以爲未可與言也；而又飾所短，以爲無所不能也。雷電以神之，鬼神以幽之，鍵篋以固之，標幟以市之，於是前無古人，而後無來者矣。天下知者少，而不必且爲知者之多也；知者一定不易，而不必且爲知者之千變無窮也；故以筆信知者，而以舌愚不必深知者，天下由是靡然相從矣。夫略所短而取其長，遺書具存，强半皆當遵從而不廢者也。天下靡然從之，何足忌哉！不知其口舌遺厲，深入似知非知之人心，去取古人，任偏衷而害於道也。語云：「其父殺人報仇，其子必且行劫。」其人於朱子蓋已飲水而忘源；及筆之於書，僅有微辭隱見耳，未敢居然斥之也。此其所以不見惡於真知者也。而不必深知者，習聞口舌之間，肆然排詆而無忌憚，以謂是人而有是言，則朱子真不可以不斥也。故趨其風者，未有不以攻朱爲能事也。非有惡於朱也，懼其不類於是人，即不得爲通人也。夫朱子之授人口實，强半出於語録。語録出於弟子門人雜記，未必無失初旨也。然而大旨實與所著之書相表裏，則朱子之著於竹帛，即其宣於口耳之言，是表裏如一者，古人之學也。即以是義責其人，亦可知其不如朱子遠矣，又何争於文字語言之末也哉。

文史通義内篇二書朱陸篇後

戴君學問，深見古人大體，不愧一代鉅儒，而心術未醇，頗爲近日學者之患，故余作朱陸篇正之。戴君下世今十餘年，同時有横肆駡詈者，固不足爲戴君累。而尊奉太過，至有稱謂孟子後之一人，則亦不免爲戴所愚。身後恩怨俱平，理宜公論出矣，而至今無人能定戴氏品者，則知德者鮮也。凡戴君所學，深通訓詁，究於名物、制度，而得其所以然，將以明道也。時人方貴博雅考訂，見其訓詁名物，有合時好，以謂戴之絶詣在此。及戴著論性、原善諸篇，於天人理氣，實有發前人所未發者；時人則謂空説義理，可以無作，是固不知戴學者矣。戴見時人之識如此，遂離奇其説曰：「余於訓詁、聲韻、天象、地理四者，如肩輿之隸也。余所明道，則乘輿之大人也。當世號爲通人，僅堪與余輿隸通寒温耳。」言雖不爲無因，畢竟有傷雅道，然猶激於世無真知己者，因不免於已甚耳，尚未害於義也。其自尊所業，以謂學者不究於此，無由聞道。不知訓詁名物，亦一端耳。古人學於文辭，求於義理，不由其説，如韓、歐、程、張諸儒，竟不許以聞道，則亦過矣。然此猶自道所見，欲人惟己是從，於説尚未有欺也。

其於史學義例、古文法度，實無所解，而久遊江湖，恥其有所不知，往往强爲解事，應人之求，又不安於習，故妄矜獨斷。如修汾州府志，乃謂僧僚不可列之人類，因取舊志名僧入於古迹。又謂修志貴考沿革，其他皆可任意，此則識解漸入庸妄，然不過自欺，尚未有心於欺人也。余嘗遇戴君於寧波道署，居停代州馮君廷丞，馮既名家子，夙重戴名，一時馮氏諸昆從，又皆循謹敬學，欽戴君言，若奉神明。戴君則故爲高論，出入天淵，使人不可測識。人詢班、馬二史優劣，則全襲鄭樵譏班之言，以謂己之創見。又有請學古文辭者，則曰：「古文可以無學而能。余生平不解古文辭，後忽欲爲之而不知其道，乃取古人之文，反覆思之，忘寢食者數日，一夕忽有所悟，翼日，取所欲爲文者，振筆而書，不假思索而成，其文即遠出左、國、史、漢之上。」雖諸馮敬信有素，聞此亦頗疑之。蓋其意初不過聞大興朱先生輩論爲文辭不可有意求工，而實未嘗其甘苦。又覺朱先生言平淡無奇，遂恢怪出之，冀聳人聽，而不知妄誕至此，見由自欺而至於欺人，心已忍矣，然未得罪於名教也。

戴君學術，實自朱子道問學而得之，故戒人以鑿空言理，其説深探本原，不可易矣。顧以訓詁名義，偶有出於朱子所不及者，因而醜貶朱子，至斥以悖謬，詆以妄作，且云：「自戴氏出，而朱子儌幸爲世所宗，已五百年，其運亦當漸替。」此則謬妄甚矣！戴君筆於書者，其於朱子有所異同，措辭與顧氏寧人、閻氏百詩相似，未敢有所譏刺，固承朱學之家法也。其異於顧、閻諸君，則於朱子間有微辭，亦未敢公然顯非之也。而口談之謬，乃至此極，害義傷教，豈淺鮮哉！或謂言出於口而無蹤，其身既殁，書又無大牴牾，何爲必欲摘之以傷厚道？不知誦戴遺書而興起者尚未有人，聽戴口説而加厲者，滔滔未已。至今徽、歙之間，自命通經服古之流，不薄朱子，則不得爲通人。而誹聖排賢，毫無顧忌，流風大可懼也。向在維揚，曾進其説於沈既堂先生曰：「戴君立身行己，何如朱子，至於學問文章，互争不釋，姑緩定焉可乎？」此言似粗而實精，似淺而實深也。

戴東原云：「凡人口談傾倒一席，身後書傳，或反不如期期不能自達之人。」此説雖不盡然，要亦情理所必有者。然戴氏既知此理，而生平口舌求勝，或致憤争傷雅，則知及而仁不能守之爲累歟？大約戴氏生平口談，約有三種：與中朝顯官負重望者，則多依違其説，間出己意，必度其人所可解者，略見鋒穎，不肯竟其辭也。與及門之士，則授業解惑，實有資益；與欽風慕名，而未能遽受教者，則多爲慌惚無據，玄之又玄，使人無可捉摸，而疑天疑命，終莫能定。故其身後，縉紳達者咸曰：「戴君與我同道，我嘗定其某書某文字矣。」或曰：「戴君某事質成於我，我贊而彼允遵者也。」而不知戴君當日特以依違其言，而其所以自立，不在此也。及門之士，其英絶者，往往或過乎戴。戴君於其逼近己也，轉不甚許可之，然戴君固深知其人者也。後學向慕，而聞其恍惚玄渺之言，則疑不敢決，至今未能定戴爲何如人，而信之過者，遂有超漢、唐、宋儒爲孟子後一人之説，則皆不爲知戴者也。

浙東之學，雖出婺源，然自三袁之流，多宗江西陸氏，而通經服古，絶不空言德性，故不悖於朱子之教。至陽明王子，揭孟子之良知，復與朱子牴牾。蕺山劉氏，本良知而發明慎獨，與朱子不合，亦不相詆也。梨洲黄氏，出蕺山劉氏之門，而開萬氏弟兄經史之學；以至全氏祖望輩尚存其意，宗陸而不悖於朱者也。惟西河毛氏，發明良知之學，頗有所得；而門户之見，不免攻之太過，雖浙東人亦不甚以爲然也。

世推顧亭林氏爲開國儒宗，然自是浙西之學。不知同時有黄梨洲氏，出於浙東，雖與顧氏並峙，而上宗王、劉，下開二萬，較之顧氏，源遠而流長矣。顧氏宗朱，而黄氏宗陸。蓋非講學專家，各持門户之見者，故互相推服，而不相非詆。學者不可無宗主，而必不可有門户；故浙東、浙西，道並行而不悖也。浙東貴專家，浙西尚博雅，各因其習而習也。

天人性命之學，不可以空言講也。故司馬遷本董氏天人性命之説，而爲經世之書。儒者欲尊德性，而空言義理以爲功，此宋學之所以見譏於大雅也。夫子曰：「我欲託之空言，不如見諸行事之深切著明也。」此春秋之所以經世也。聖如孔子，言爲天鐸，猶且不以空言制勝，况他人乎？故善言天人性命，未有不切於人事者。三代學術，知有史而不知有經，切人事也。後人貴經術，以其即三代之史耳。近儒談經，似於人事之外，别有所謂義理矣。浙東之學，言性命者必究於史，此其所以卓也。

朱陸異同，干戈門户，千古桎梏之府，亦千古荆棘之林也。究其所以紛綸，則惟騰空言而不切於人事耳。知史學之本於春秋，知春秋之將以經世，則知性命無可空言，而講學者必有事事，不特無門户可持，亦且無以持門户矣。浙東之學，雖源流不異，而所遇不同。故其見於世者，陽明得之爲事功，蕺山得之爲節義，梨洲得之爲隱逸，萬氏兄弟得之爲經術史裁。授受雖出於一，而面目迥殊，以其各有事事故也。彼不事所事，而但空言德性，空言問學，則黄茅白葦，極面目雷同，不得不殊門户，以爲自見地耳。故惟陋儒則争門户也。或問事功氣節，果可與著述相提並論乎？曰：史學所以紀世，固非空言著述也。且如六經，同出於孔子，先儒以爲其功莫大於春秋，正以切合當時人事耳。後之言著述者，舍今而求古，舍人事而言性天，則吾不得而知之矣。學者不知斯義，不足言史學也。整輯排比，謂之史纂；參互搜討，謂之史考；皆非史學。

章氏遺書丙辰劄記 節録

程朱之學，乃爲人之命脉也。陸王非不甚偉，然高明易啟流弊。若謂陸王品遜程朱，則又門户之見矣。但程朱流弊雖較陸王爲輕，而迂怪不近人情，則與狂禪相去亦不甚遠。如陸當湖最爲得程朱之深矣，猶附和「砒霜可喫」之謬論，況他人遠不若當湖先生者乎？

彭紹升

彭紹升（一七四〇～一七九六），字允初，號尺木，江蘇長洲人。彭氏爲吴地名門，其祖定求康熙二十五年（一六八六）狀元，父啟豐，雍正五年（一七二七）狀元。紹升自幼聰穎。年十六，爲諸生。乾隆三十四年（一七六九）進士，讀儒書，輒喜陸王之學，所學大抵以陽明爲宗。後閲大藏經，究心出世法，絶欲素食。嘉慶元年（一七九六）卒，年五十有七。著有二林居集。

二林居集卷三答羅臺山 節録

宋興，濂溪、明道、伊川、康節、晦翁、子静諸先生作，實始抽聖緒，修明道教，其所資厚薄與其得力淺深，固不能無小異，要其於本末先後之辨，未嘗不同。而末流之弊，猶且騁虚談，溺誦説。二百餘年而陽明先生作，乃獨苦心畢力，擴清氛霧，揭「致良知」爲宗。一時之士憬然覺寤，各思反求諸心，刊除枝葉，披尋其根柢。東廓、念庵、景逸、念臺諸先生，遞踵厥迹，精思密踐，矩矱益嚴，誠灼見乎道之須臾不可離。下略。

二林居集卷三答宋道原

往歲在京師與臺山相會，得聞足下行誼，輒傾心向往。頃辱手書，論朱陸異同之説，竊有不能無疑者，敢誦其業，以復於左右。紹升年二十四，始有志於學，以爲學者求其在我者而已，於朱、陸兩家之書，惟取其切於身心者，反觀而默識之，至彼此異同之故，則不暇致辨。譬飢者之於食，求一飽焉，菽麥之辨，非所念也。自一二年來，反覆於中庸之書，乃益信陸子之學，其爲聖人之學無疑也。足下謂陸子遺棄問學，專重德性，以是爲陸子病，是未知聖人之學唯在復性，復性之功在「明明德」，外德性，無所爲問學也。外德性而爲問學，謂之「玩物喪志」。故曰：「道也者，不可須臾離也。」博學、審問、慎思、明辨，所以明善。善非德性邪？篤行者，明之而不已其功也，此一貫之旨也。博我以文，約我以禮，即博即約，非二物也。其爲物不二，則其生物不測，此天地之道也，聖人之學也。知聖人之學，則知陸子之學矣。足下勇猛向道，近今所罕，顧自矜持太過，每多流滯，果何爲而然哉？毋乃所以尊德性者，或未得其方歟？朱子云非全放下，終難湊泊。願足下深體斯言也。紹升自分才力淺薄，雖稍知徑路，而實踐爲難，方將晦迹寬閒之地，優游厭飫，以期斯道之有成。足下教以隱居求志，愛我良厚，敢不拜嘉。獨念去聖遥遠，斯道榛塞，願足下昭曠之，無以一家之説自泥，紹孔氏之絶學，爲一世之宗師，以副區區願望之心，幸甚幸甚！

二林居集卷三南畇先生遺書後序

嗚呼！道之歧出不統久矣。宋之世，朱與陸分塗；明之世，王與羅異轍。爲其徒者，各峻城塹，操戈戟，伐異黨同，至今而未已。譬如父子兄弟散處異國，倉猝遇於疆埸之間，以音聲面貌之不相識，奮死力鬬争，而不知其本一祖之系也。當明之季，爲朱子之學者，有梁谿高子。高子之學，由悟而入，故能兼通王子之説。其論學本末先後，不悖於古經，雖王子復生，當無以易之也。至於我朝夏峰孫子、睢陽湯子，始有志於徹兩家之樊，觀其會通，上溯孔門並行不悖之旨。而於時有當湖陸子者出，復以排擊王學爲功，又因王子而並臯高子。自是王學既衰，而爲朱學者亦日陋。夫朱子未嘗離德性道問學也，而後之道問學者諱言德性矣。朱子未嘗不以虚靈不昧爲心也，而後之言心者，且以虚靈爲大戒矣。夫不虚不靈，昏且塞矣。德性之不知，而徒問學之務，以是名朱子之學，豈不陋哉！曾大父南畇先生，平生服膺高子之學，由高子上溯朱、王，達於孔氏。既有以得其宗、會其極矣，病世之託朱學攻王子者，踵陸子之説，日出不休也，於是著陽明釋毁録，至公儋荷之勇，進修之密，具見於密證録、詩歌雜文中。然後朱子之學至是益明，而王子之學賴以不墜。勤勤乎，蓋孫、湯之繼與！

二林居集卷四與韓公復

夫異同之論生於意，而意生於有我。苟我見未除，則凡異同之論，皆私意也。兄不觀於太虚空乎？五岳並峙，不見其高，四瀆争流，不病其溢，何則？惟虚能受故也。若夫一畝之宫，坳堂之水，置杯焉則膠，置卷石焉則礙，量有所局，則受有所窮。爲學之道何以異是？孟子曰：「從其大體爲大人，從其小體爲小人。」大小之分，豈獨在物交之際哉？其有所據以爲是，有所立以爲宗旨，皆我見之未除，而不能廓然者也。善乎陸先生之言曰：「青田亦無陸子静，建安亦無朱元晦。」通是旨者，斯可與之論學矣！

二林居集卷四與戴東原書

承示原善及孟子字義疏證二書，其於「烝民」「物則」「形色」「天性」之旨，一眼注定，傍推曲鬯，宣洩無餘；其文之切深奥衍，確然戴記之遺；漢唐諸儒言義理者，未之或先也。

紹升懵於學問，於從入之塗，不能無異，要其同然之理，即欲妄生分辨，安可得邪！顧亦有一二大端，不安於心者，敢質其説於左右。

竊謂學問之道，莫切於審善惡之幾，嚴誠僞之辨。善惡之幾審，則能日進於善而終止於至善。至善者，一天道之日新而已矣。誠僞之辨嚴，則能日進於誠而終於至誠無息。至誠者，一天命之不已而已矣。天命不外乎人心，天道不外乎人事；是故離人而言天，不可也，是二書之所極論也。其或外徇於形名，内錮於意見，分別追求，役役焉執筌蹏爲至道，而日遠乎無聲無臭之本然，不知天，其何以知人！是故外天而言人，不可也。程伯子云：「天人本無二，不必言合。」一語之下，全體洞然，殆二書所未及察也。原善之言天命也，引記云「分於道謂之命」，解之曰「限於所分曰命」，此恐不足盡中庸天命之義。中庸之言天命也，言「上天之載」而已，此上不容有加；若有加，何以云「至」？「維天之命，於穆不已」，天之所以爲天，無去來，亦無内外；人之性於命也亦然。昭昭之天，即無窮之天，孰得而分之？命有自分，即性有所限，其可率之以爲道邪？率有限之性以爲道，遂能「位天地，育萬物」邪？此其可質者一也。

「虚寂」之文，見於大易。咸之象曰：「君子以虚受人。」大傳曰：「寂然不動，感而遂通天下之故。」不虚則不能受，不寂則不能通；「清明在躬，氣志如神」，虚寂之謂也。今謂「犬之性，牛之性，當其氣無乖亂，莫不沖虛自然」，則亦言之易矣。人於無事時，非有定力，不入於昏，則流於散，而況犬牛乎！又曰：「老莊尚無欲，君子尚無蔽。」似亦未盡。無欲則誠，誠則明；無蔽則明，明則誠；未有誠而不明，明而不誠者也。其謂「君子之欲也，使一於道義」，夫一於道義，則無欲矣。程伯子云：「天地之常，心普萬物而無心；聖人之常，情順萬事而無情；故君子之學，莫若廓然而大公，物來而順應。」無欲之旨，蓋在於是，固非必杜耳目，絶心慮而後乃爲無欲也。此其可質者又一也。

疏證以朱子「復其初」之云本莊周書而訾之，以爲「德性資於學問，進而聖智，非復其初明矣」，是謂德性不足以盡道，必以學問加之，則德性亦不足尊矣。夫學問非有加於德性也，蘄有以盡乎其量而已；盡乎其量，則聖智矣，故曰「堯舜，性之也；湯武，反之也」。「性之」者，明其無所加也；「反之」者，復其初之謂也。又以老、莊、釋氏之自貴其神，而轉以訾夫張朱二子；夫神之爲言，不始於老、莊、釋氏。易大傳曰：「神无方而易无體。」又曰：「神也者，妙萬物而爲言者也。」何謂邪？謂不當以神與形爲二本，二之，非也，將先形而後神，而不知神之無可先也。此其可質者又一也。

合觀二書之旨，所痛攻力闢者，尤在「以理爲如有物焉，得於天而具於心」，謂涉於二氏。先儒語病則不無；然外心以求理，陽明王子已明斥其非矣。將欲避「真宰」「真空」之説，謂「離物無則，離形色無天性」，以之破執可也，據爲定論，則實有未盡。以鄙意言之，離則無物，離天性無形色。何也？物譬之方員，則譬之規矩，未有舍規矩而爲方員者也；舍規矩而爲方員，則無方員矣。形色譬之波，性譬之水，未有舍水而求波者也；舍水而求波，則無波矣。於此欠分明，則於易所謂「神」，詩所謂「上天之載」，皆將遷就以傅吾之説，而先聖之微言滋益晦。其究也，使人逐物而遺則，徇形色，薄天性，其害不細；更望精思而詳説之，幸甚。不宣。

黄河清

黄河清（生卒年不詳），字文征，號潤川，浙江臨海人，乾隆四十年（一七三六）進士，官宜春知縣，有樸學堂詩文抄傳世。

明張自勳心書序

自俗儒以心學爲出於陸王而近禪，於是有白首爲學而不知所學爲何事者。嗟夫！彼其人獨無人心者乎？抑其心獨不同具理義者乎？不然，何言之悖也？借心學之説而流於禪者，非陸王之失，其徒慈湖、龍溪之屬爲之，奈何以其流而罪及倡明者哉？夫心學非陸王之私言也，孔孟言之，程朱言之。彼以爲論語言仁不言心，因謂孔孟有殊途，朱、陸有異指。豈「心不違仁」與「從心所欲不逾矩」之言，俱未之誦耶？亦無怪集註、章句，與夫或問、語類、大全集之言心者，未及博考而深思矣。宜春卓庵張先生，從博涉之餘，因有味乎程子「玩物喪志」之戒，潛心近裏，著爲此書，以堯舜、孔孟之言爲宗，濂洛關閩之説爲正傳，而於象山陸氏、陽明王氏，復爲之兼綜條貫，歸於開來學而繼前修，絶不存黨同伐異之敝，非有見於廓然大公而能然乎？後之學者，欲不墮於虚無寂滅，而又不失於繳繞支離，由朱、陸諸儒之同然，以上體夫孔孟之心法，胥可於是乎取資焉。諸君近先生之里，讀先生之書，屬予序而刊布之，亦可見人心之同，而是書之所感發興起者，爲不淺矣。然予所望於諸君，尚其理義，悦心服膺而弗失也哉！時嘉慶元年丙辰冬月浙江臨海黄河清敬書於邑署之仰山齋。

徐曰都

徐曰都，江西奉新人。事迹不詳。

明張自勷心書序

吾江西理學，自陸子始有異同，餘姚王氏述之，而心學以著。王氏以提良知以開悟來學，天下靡然從之。其高弟子，浙有錢、王，江有何、黄，傳江西者，尤多實踐之功，如鄒東廓、歐陽南野諸人是也。顧愈推而愈遠，心學漸入於禪。羅整庵、霍渭厓、陳清瀾並起而排之，而學蔀通辨不自知其言之過矣。嗟夫！人苟存一成之見，往往入主而出奴，徵引廣博，以自快其議論，而人之讀之，卒茫然失所據。此講學者之大病，不第心學一家已也。姚江之學源於金溪，而金溪之説亦有辨，其謂「讀書一斷於理」，「日享事實之樂」，「風恬浪静中滋味深長」，「閑言語卻是害道」，此皆發前人所未發，不言心學而心學之旨括其中。至若六經註我，我註六經，五經四書，正爲陸沉，雖或有見而云，而於心終有未安。當時朱子謂江西學者乃今日悟道而明日罵人，未必非陸門傳心之流弊有以激之也。元、明以來，如吴草廬晚而悟陸學，鄒南皋、羅念庵輩以陽明爲宗，是皆吾鄉先賢有功於心學者也，然而未有專一書以垂後世者。宜春張卓庵，平生撰著最富，晚乃有心書之作，觀其薈萃百代之書，而折衷於一，是若千支萬派悉匯，而歸諸大海，非潛心心學，實有得於心者，能如是乎？江西理學之傳，且自此而益廣已。館中諸子請予序，予固有講學之責者，遂書所聞以誌之。嘉慶二年丁巳重三日奉新徐曰都。

俗學支離道不存，明心見性入空門。敬齋妙得康齋意，朱陸持平要細論。

陳湛源流是陸王，後來心學亦荒唐。青田傳習遺書在，近見康廬共表彰。謂星子午達士。

一卷心書趙古𧌒，卓庵晚出百家兼。靈臺疏瀹無多語，想見撚䙰字字嚴。

秀水鄉人盡古心，一編珍重等兼金。從來學海須津逮，舍筏先登屬望深。

戴殿泗

戴殿泗（一七四五～一八二五），號東珊。殿江幼弟。嘉慶丙辰（一七九六）進士，官翰林院編修，入直上書房，與修高廟實録，充日講起居注官。以詩古文負盛名，與兄殿江潛心味道，身體力行，務歸實踐。晚年讀書務簡易，懲少時深求密取之弊，卒能於平實處窺見聖人遺藴。解官歸，兄弟年皆七十餘，芒鞵竹杖，使子弟具壺觴從，講道論德，津津不倦。生平外和内剛，胸懷洞然，年八十卒。崇祀十三賢祠，著有風希堂文集。事迹見兩浙輶軒續録卷一八。

風希堂文集卷二金華理學粹編序

金華從祀兩廡者五人，吕成公、何文定公、王文憲公、金文安公、許文懿公是也。開其先而爲朱子所深許者，有范香溪先生。入明，有章文懿公，此其最醇者也。朱、吕倡學受業者至衆，四先生及楓山先生皆有受業門人，盡金華人也。至明正德間，孫石臺先生崛起，一時獨爲朱子私淑門人。至從象山、陽明之徒，則别作一卷終焉，此金華一郡之書，然而非獨金華一郡之書也。吾兄履齋一人之私見，然而非履齋一人之私見也。聿自周東遷而夫子生，宋南渡而文公出，大道淵源於斯見焉。異學鳴而清獻生，清獻祀而群論息，斯文衡鑒於斯備焉。無朱子則洙泗之淵源不明，無清獻則徽國之衡鑒不顯，於是本朱子全書爲圭臬，奉三魚堂集爲準繩，此吾兄坐萬卷樓讀書十餘年，久而有得之所至也。得朱子之傳者，惟勉齋氏，遂以真實心地、刻苦工夫傳何文定公，以遞傳王、金、許氏，朱子之學，粹然無出其右者，遂以婺學爲學之大宗。是道也，惟清獻論之最切且至，故從而定之，而楓山先生與焉。當其時，有象山之學，朱子排之，遂以不傳，迨其後有陽明之學，力排之者，清獻公也。其言曰：「爲學當自羞乞墦、賤龍斷、辨陽儒陰釋之學始。」蓋剖析不遺餘力也。而金華孫石臺先生於正德間獨守父訓，與陽明面争，著質疑稿三卷，條辨而句析之。後人謂辨陽明於本朝易，於正德時難，先生蓋爲其難者，是誠私淑朱子門人也。清獻公雖未見石臺書，而其所論若合符節，是則金華之後勁矣。吾兄若曰：「有能紹明金華之學者，其必視石臺先生乎？」此理學粹編之所爲作也。後有讀是編者，無負吾兄上下千古之盛心，謂不係一郡之書，而爲千載學統之所由，定可質諸先聖而無疑，可垂諸百世而不惑，則庶乎其爲知言矣！

陸象山派　朱景雲

景雲諱元龍，義烏人。嘉定十六年進士，嘉熙元年以縉雲令治最，擢幹辦行在諸司糧料院。輪對論三邊形勢，理宗曰「元龍好臺諫官」。尋陞宗正丞兼擢左司郎中京局官，有正直聲。鄭清之尤惡之，遂以朝奉大夫致仕，家居十年卒。元龍早受業於徐僑，既又從四明袁燮游，得江西頓悟之學，有集若干卷。

王子充又曰：「昔者新安朱子、象山陸氏一時並興，所學不能無異，雖以鵝湖有會，終不能挈其異以歸於同。陸氏之傳爲楊簡氏、袁燮氏，皆四明人，故四明學者祖陸氏而宗楊、袁，朱子之學勿道也。東發黄震氏、果齋史蒙卿氏出，而後朱子之學始行於四明。黄氏得於朱子之遺書，史氏傳於湖南大陽先生㽦、小陽先生枋，二陽氏傳於蜀人晏淵氏，晏，朱子高弟子也。今國家建學設科，一用朱子之説，學者推爲大宗，而四明陸氏之説，莫或講矣。景雲先生始從徐文清遊，而其後卒業於袁絜齋，殆欲會朱陸之異以爲同者耶？

江案：朱陸之異同，先儒辨之詳矣。胡敬齋則曰：「吴草廬以朱子道問學，陸子尊德性，説得不是。愚以爲尊德性工夫亦莫如朱子，平日操存涵養，無非尊德性之事。又觀德性箴，何嘗不以尊德性爲重乎？但存心窮理之功，未嘗偏廢，非如陸子之專本遺末也。其後陸子陷於禪學，將德性都空了，謂之尊德性可乎？」陸當湖謂此數語斷盡朱陸之異同。當湖又謂程篁墩之道一編，王陽明之朱子晚年定論，其意皆欲以朱合陸，皆所謂援儒入墨也。陳清瀾、陳幾亭論之甚詳，皆本於羅整庵困知記，而朱陸異同，可不辨而明。今景雲先生卒業於四明袁氏，而欲會朱陸之異以爲同。其實專主虚寂、迎機妙悟者，象山之見也；主敬窮理、身體力行者，朱子之道也，烏乎同？

胡汲仲

汲仲諱長孺，永康人。宋知台州居仁之子。幼好學，九經諸史，下逮百氏，名、墨、縱横，旁行敷落，律令章程，無不包羅而揆序之。孺爲人光明宏偉，務爲本心之學，慨然以孟子自許。卒年七十五，所著有瓦缶集、南昌集、顔樂齋稿，惟石塘行稿五十卷存，今亦亡。

宋景濂曰：「長孺之學，出於青田俞學古，學古師同邑王夢松，夢松事龍泉葉味道，味道則朱子弟子也。長孺默存靜觀，超然自得，晚年深慕陸九淵爲人，每取其『宇宙即吾心』之言，諄諄爲學者誦之。今其說猶在，安得豪傑者興，而正其異同哉？」

江案：朱子謂：「渡江以來，惟我與子靜八字著脚，做著己工夫。」玩其微意，正與孟子之論告子「先我不動心」者同，詞雖美之，而實則不相爲謀也。故其竭力與辨，一則曰禪，再則曰告子，皆有以洞見肺腑而盡發其膏肓之疾，而初非出於揣摩臆度之私矣。故雖未能盡絶其說而正氣常伸，卒有以遏其燎原之勢，而後儒正可據之以收廓清摧陷之功。當是時，守先待後之任，與孟子之息邪說、正人心者，後先一轍，此朱子所以有功萬世，而吾婺正學由之以開也。以朱景雲之正直不阿而不免援朱以入陸，胡汲仲之師承有自而晚年即陸以爲禪，何與？其後永樂性理綜要一書，纂輯諸儒，以象山承吕成公後，而歷采朱子指摘之言以明之，使明心見性之教，人人知其爲禪學者，其時正學之昌明，何如哉！

王陽明派　杜見山

見山諱惟熙，字子光，號見山，東陽人。年十七，受業一松之門。居四載，恍若有得。

汩没舉子業者十年。後至五峰，盡其道。其教人迎機片語，即可證悟。周汝登見其所作悔言録，以爲非大悟後不能道。小疾，焚香端坐，門人請益，曰「極深研幾」，遂瞑。

江案：朱子曰：「以悟爲則，乃釋氏之法，非吾儒所有。」又曰：「才説悟，便不是學問，一味説入虛談最爲惑人，此所以竭力與象山辨也。」乃陽明之立教，則曰：「至道不外得，一悟失群闇。」又曰：「悟到鳶飛魚躍處，工夫原不在陳編。」此其主象山以詆朱子之顯然立幟者，與今見山迎機立悟之教，原非吾黨循序漸進之功。

陳頻齋

頻齋諱其恩，字生南，號頻齋，東陽人。少落拓不羈，年四十餘，始從春洲學。丁内外艱，哀毁甚。春洲以滅性戒之，乃少進飲食，足迹不入内者六年，遇父母諱祭必嗚咽。明亡，棄舉子業，東西奔避，擔負圖書及先世木主，頃刻不離。

江案：朱子之闢象山，早有定論，後人不能易也。迨陽明之教興，而陰主陸氏以顯詆朱子，雖婺中五峰諸子亦相率而從之。當是時，正學之儒辭而闢之者，先後有人。至羅整庵、陳清瀾及高景逸、顧涇陽諸子，詆之爲最切，然而氣燄方張，未能遽絶也。百五十餘年後，有陸清獻公崛起排之，則其教遂衰。夫清獻公既黜陽明、遵朱子，而於吕成公之設教、四先生之遺澤、章楓山之德行，蓋惓惓焉惟恐表章之不至焉，豈不以朱學所在，不勝其高山仰止者乎？士生正學之邦，貿貿焉舍其嫡傳而馳心空妙之場，以震蕩而誇張之，是不第獲戾於朱子，亦清獻公之所深惆而顯拒之者矣。詩曰：「雖無老成人，尚有典型。」志道者其敬念之。

戴大昌

戴大昌（一七五二？—一八二五？）①，字泰之，桂巖人。少孤，力學不倦。年十七入泮，乾隆丙午（一七八六）鄉魁，乙卯大挑二等，司鐸舒城、懷遠。丁祖慈憂，饒郡太守張聘主芝陽書院講席，從之遊者多掇巍科。道光乙酉（一八二五），邑侯黄延修志乘，博綜精研，文章彪炳。年七十四卒。著有四書問答、補餘堂文集、詩集等書。

---

① 按，戴氏生卒年，不可詳考。不過，民國重修婺源縣志卷三五其小傳云：「道光乙酉邑侯黄延修志乘，博綜精研，文章彪炳。年七十四卒。」似修志乘之事，在其晚年，離卒年不久，道光乙酉即道光五年，即一八二五年，上推七十四年即一七五二年。故將其生卒年定爲（一七五二？～一八二五？）。

駁四書改錯卷二一吾黨之小子狂簡

程子謂游、楊、呂、邢之徒流入乎佛，朱子亦謂謝、呂、游之學分明是禪，正是慨惜而欲救正之，豈得反以禪佛訾程朱乎？自王陽明復樹陸象山之幟以詆朱子，勢固洶洶，國朝顧氏亭林既辭而闢之矣，至如惠半農父子，閻百詩、江慎修、錢辛楣諸前輩，著作亦不過於朱子所解經義，時有辨正，非詬朱子爲異學也。即以戴氏東原尊崇漢學，最爲通儒，而其答彭進士允初書有云：「陸王主老釋者也，程朱闢老釋者也。今足下主老、釋、陸、王而合孔、孟、程、朱與之爲一，無論孔孟不可誣，程朱亦不可誣。」又云：「足下所主者，老、莊、佛、陸、王之道，而所稱者，盡六經、孔、孟、程、朱之言，而至於借助，則引程朱爲同乎己，然則所取者，殆程朱初惑於釋氏時之言也。倘能如程朱之用心，期於求是，則今日同乎程朱之初，異日所見，或知程朱之指歸與老、釋、陸、王異。」此書辨論最爲詳，悉見文集。乃毛氏此編屢以程朱爲宗，華山道士之教言之不一而足，今此條引陸子靜答書，詬晦庵學禪。又曾引王陽明詬朱子，見廿卷「管仲相桓公」附解，未及録。又謂「今世么小并毀王陽明大儒爲異學而不自反正，道學是非一大關鍵也」，見廿一卷附録。觀此則知毛氏方欲揚陸王之波，尚自侈言聖道聖學，津津不置，多見其不知量矣。

紀大奎

紀大奎（一七五六～一八二五），字向辰，號慎齋，江西臨川人。乾隆四十三年（一七七八）以拔貢生充四庫全書館謄録，次年成進士。歷昌樂、棲霞、福山、什邡等地知縣。一生致力身心之學，精易學，有觀易外編六卷、易問六卷、六壬類聚四卷、雙桂堂稿等行世。清史稿卷四七七循吏傳二、清史列傳卷七五循吏傳二有傳。

雙桂堂稿卷七雜録

朱、陸、陽明諸儒之説不同，後人此是彼非，互相攻擊，此陽明所謂有求勝之心者。易中「元、亨、利、貞」，卦雖不同，四字無别，或云四德，或云大亨以正，不知於孔子當何所是非也。陽明見學者摘議朱子，謂之曰：「有心求異即不是，吾説與晦庵雖時有不同，然吾之心與晦庵之心未嘗異也。」又嘗答學者書謂：「僕於晦庵，亦有罔極之恩，豈操戈入室者。」此可見古人之用心矣。

讀古人書，以師古人爲要。如讀朱子格物之説，悚然以事物之理不能窮至爲懼；讀陽明致知之説，悚然以吾之良知不能擴充爲懼。如此開卷，皆是吾師，無復有古人異同優絀之見，及自己氣識之私在其胸中。

惲敬

惲敬（一七五七～一八一七），字子居，一字簡堂，陽湖人。乾隆癸卯（一七八三）舉人。游京師，爲咸安宫官學教習，期滿以知縣用。歷官浙江富陽、江西新喻、瑞金諸縣，擢南昌府同知，忤上官，被劾，罷。卒年六十一。著有大雲山房文稿初集、二集、言事等。清史稿卷四八五文苑傳二有傳。

大雲山房文稿初集卷三明儒學案條辯序

黄梨洲先生明儒學案六十二卷，列崇仁、白沙、河東、三原、姚江、止修、泰州、甘泉、東林九宗，而於姚江復分浙中、江右、南中、北方、粤閩五宗，其崇仁、白沙爲姚江之源，止修、泰州、甘泉、東林爲姚江之流，不相入者河東、三原而已。若授受在九宗之外者，别爲諸儒學案統之。表彰前修，開引後學，爲功甚巨。

然先生之學出於劉蕺山先生，蕺山先生之學大旨悉宗姚江，是以先生於河東、三原均有微辭，而姚江之説則必遷就之以成其是。一遷就不得，則再遷就、三遷就之，此則先生門户之見也。

敬天稟凡雜，人功疏妄，於先生蓋無能爲役。而少日所聞於先府君及同學諸君子者，質之先生之説，頗有異同，如水之分合，脉絡可沿，如山之高卑，顛趾可陟，非敢强爲是非，畫分畛域也。因謹循此書之前後，分條下籤，求其公是。如不當者，不憚移定，以盡彼此。蓋三歷寒暑，而後會而録之，可付寫焉。

孔子曰「博學於文，約之以禮」，此河東、三原之學所自出，同於朱子者也。然不曰「四時行焉，百物生焉」乎？孟子曰「人之所不學而知者，其良知也，不慮而能者，其良能也」，此姚江之學所自出，同於陸子者也。然不曰「明於庶物，察於人倫」乎？子思子曰：「自誠明謂之性，自明誠謂之教。誠則明矣，明則誠矣。」又曰：「尊德性而道問學，致廣大而盡精微，極高明而道中庸，温故而知新，敦厚以崇禮。」其先後之序，並行交致之功，庶幾其備焉矣乎？

夫遊説之士，計利而不計害，言得而不言失，後之人尚引大道以責之。若言聖人之道者，據其始而攻其終，操其末而伐其本，則所明者不及所晦之多，所守者不及所攻之當，何以驗之心身而施之國家天下哉？夫善其言所以善其行也，請與天下後世諸君子昭然確然言之。若攻伐之説，敬不敢附，惟諸君子諒焉。

大雲山房文稿二集卷二姚江學案書後一

世説新語：「愍度道人始欲過江，與一傖道人爲侣，謀曰：『用舊義往江東，恐不辦得食。』便共立心無義。既而此道人不成渡，愍度果講義積年。後有傖人來，先道人寄語云：『爲我致意愍度，心無義那可立？治此，權救饑爾。』」按此術明儒多用之，嘗立一義以動天下，其才力不及者，亦必於師説少變焉，如止修諸人是矣。而開其始者，陽明先生致良知之説也。

夫言致則不得爲良，言良則不得爲致，致良知之義，豈可立哉？孟子兼良能言之，愛敬即能也。陽明先生去良能言之，良知之義亦不可立矣。於是一變而爲良知即未發之中，未發豈有知耶？再變而爲良知即天理，天理豈有知耶？及無端自言之，則曰：「人心靈明而已。」是良知不能該良能矣。不能該良能，必不能該性與情也。又無端自言之，則曰：「是非之心而已。」是良知不能該惻隱羞惡辭讓矣。不能該惻隱羞惡辭讓，必不能該性與情也。其後及門更多支駢，互相矛盾，皆由於此。大抵先生才高氣盛，不受漢、唐、宋以來諸儒籠絡，故能縣旌立幟，奔走天下。而議論偏竄，才氣又足以拯之，東擊而西馳，南攻而北走，不可端倪捉搦。及至合前後之説相較，其不能相應，固有如此者。然天下及後世才力聰明之士，皆喜徑惡曲，喜簡惡煩，故爲先生之説，十嘗得八九。其斷然能別擇先生之是否者，累世不獲一焉。

若夫守陳腐之言，循迂僻之行，耳不聞先儒千百年之統緒，目不見士大夫四海之淵源，而曰「吾主朱子」，「吾主敬齋」，「吾主敬軒」，欲與爲先生之説者力抗，至則靡耳。况朱子、敬齋、敬軒揆之聖賢，又有其過不及哉！雖然黑固不可以爲白也，夜固不可以爲晝也，是在學者善觀之而已矣。

大雲山房文稿二集卷二姚江學案書後二

本朝陸清獻公深斥陽明先生爲禪，而欲廢其從祀。夫陽明先生之學，是非可得而微辨焉。若以從祀言之，聖人之門豈若是之小哉？

敬嘗觀禪有近於朱子「理在氣先」之説者，如魯祖「茶盞在世界前」之言是也。有近於朱子「知在行先」之説者，如仰山「行履在何處」之言是也。有近於朱子之論性與氣者，如趙州「有業識，無佛性」之言是也。有近於朱子之論體與用者，如潙山「有身無用，有用無身」

之言是也。此皆議論之時，枝葉波流，偶然相及，非爲學之本源，故雖甚近，不可據此謂同於朱子。若達磨所言「浄智妙圓，體自空寂」，大鑒所言「真如自性，起念六根，雖有見聞覺知，不染萬境，而真性常自在」，此皆本源之言，與陽明先生良知之説無異，故先生之學不得不謂之禪。然而有與禪異者：亦言戒慎恐懼，亦言慎獨，亦言體，亦言仁義，亦言孝弟，此則其異者耳。至朱子之學，其榘矱繩尺與聖人之教皆一轍焉，惟兢兢然，孑孑然，自拔於禪，寧言之實而不敢高，寧言之紆而不敢徑，寧言之執而不敢通，遂有與聖人不相似者。敬嘗謂朱子本出於禪而非禪，力求乎聖而未盡乎聖，蓋此故也。

夫聖人之道固極其正者也，異端不得而混之，然其大，則如天地之持載覆幬焉。冉有、宰我之過，後人爲之，宋儒所必擯也，而以言語政事爲高弟子。曾子明孝道，其後有吴起。子夏好論精微，其後有莊周。七十子之徒，有顔子驕、施子恒、琴子張諸人。若是，則聖人及門固非若一人之言，一人之行者，豈得謂聖門之雜哉？天地之道固如是也。

今觀浮圖之有功力者，蓋異於衆人矣，況其精大者乎？是故釋迦、達磨、大鑒諸人，苟世與孔子相及，當有所以待之者，而謂高朗博大如陽明先生，必不收録在弟子之列，此敬之斷不敢信者也。

江藩

江藩（一七六一～一八三一），字子屏，號鄭堂，晚號節甫，江蘇甘泉人。監生，受業余蕭客、江聲，博綜群經，尤深漢詁。阮元督漕淮安，聘爲麗正書院山長。著周易述補、爾雅小箋、漢學師承記、宋學淵源記等。

國朝宋學淵源記卷上題記

春秋、戰國之際，楊、墨之説起，短長之策行，薄湯、武，非周、孔，聖人之道幾乎息矣。暴秦燔書，棄仁義，峻刑法，七十子之大義乖矣。漢興，儒生攟摭群籍於火燼之餘，傳遺經於既絶之後，厥功偉哉！東京高密鄭君集其大成，肄故訓，究禮樂。以故訓通聖人之言，而正心誠意之學自明矣；以禮樂爲教化之本，而修齊治平之道自成矣。爰及趙宋，周、程、張、朱所讀之書，先儒之義疏也。讀義疏之書，始能闡性命之理，苟非漢儒傳經，則聖經賢傳久墜於地，宋儒何能高談性命耶？後人攻擊康成，不遺餘力，豈非數典而忘其祖歟！惟朱子則不然，其言曰「鄭康成是好人」，又曰「康成是大儒」，再則曰「康成畢竟是大儒」。朱子服膺鄭君如此，而小生豎儒妄肆詆訶，果何謂哉！然而爲宋學者，不第攻漢儒而已也，抑且同室操戈矣。爲朱子之學者攻陸子，爲陸子之學者攻朱子，至明姚江之學興，尊陸卑朱，天下士翕然從風。姚江又著朱子晚年定論一篇，爲調人之説，亦自悔其黨同伐異矣。竊謂朱子主敬，大易「敬以直内」也；陸子主静，大學「定而後能静」也；姚江良知，孟子「良知良能」也。其末節雖異，其本則同，要皆聖人之徒也。陸子一傳爲慈湖楊氏，其言頗雜禪理，於是學者承隙攻之，遂集矢於象山，詎知朱子之言又何嘗不近於禪耶？蓋析理至微，其言必至涉於虚而無涯涘，斯乃「賢者過之」之病，中庸之所以爲難能也。儒生讀聖人書，期於明道，明道在於修身，無他，身體力行而已，豈徒以口舌争哉！有明儒生斷斷辯論朱、陸、王三家異同，甚無謂也。我朝聖人首出庶物，以文道化成天下，斥浮僞，勉實行，於是樸棫之士彬彬有洙泗之遺風焉。藩少長吴門，習聞碩德耆彦談論，壯游四方，好搜輯遺聞逸事，詞章家往往笑以爲迂。近今漢學昌明，徧於寰宇，有一知半解者，無不痛詆宋學。然本朝爲漢學者，始於元和惠氏，紅豆山房半農人手書楹帖云「六經尊服鄭，百行法程朱」，不以爲非，且以爲法，爲漢學者背其師承，何哉？藩爲是記，實本師説。嗟乎！耆英彫謝，文獻無徵，甚懼斯道之將墜，恥躬行之不逮也。惟願學者求其放心，反躬律己，庶幾可與爲善矣。至於孰異孰同，概置之弗議弗論焉。國朝儒林，代不乏人，如湯文正、魏果敏、李文貞、熊文端、張清恪、朱文端、楊文定、孫文定、蔡文勤、雷副憲、陳文恭、王文端，或登臺輔，或居卿貳，以大儒爲名臣，其政術之施於朝廷、達於倫物者，具載史宬，無煩記録，且恐草茅下士，見聞失實，貽譏當世也。若陸清獻公位秩雖卑，然乾隆初特邀從祀之典，國史自必有傳矣。藩所録者，或處下位，或伏田間，恐歷年久遠，姓氏就湮，故特表而出之。黄南雷、顧亭林、張蒿庵見於漢學師承記，兹不復出。此記之大凡也，附書於此。

國朝宋學淵源記卷上後記

記者曰：自孫奇逢以下諸君皆北方之學者也。北人質直好義，身體力行，南人習尚浮誇，好騰口説，其蔽流於釋老，甚至援儒入佛，較之陸王之説，變本加厲矣。北學以百泉、二曲爲宗，其議論不主一家，期於自得，無一語墮入禪窟，即二曲雖提倡良知，然不專於心學，所以不爲禪言，不爲禪行也。刁、王諸子亦皆敬守洛閩之教者，豈非篤信志道之士哉！

國朝宋學淵源記卷下後記

記者曰：劉汋以下，皆南方之學者也。夫道學始於濂溪而盛於洛閩，自龜山辟書院以講學，於是白鹿、鵝湖相繼而起；逮及明時，講席徧天下，而東南尤甚，至本朝，其風衰矣。

爰考厥初，其講學皆切於身心性命之旨，自道南、東林以還，但辯論朱、陸、王之異同而已，是爲詞費，是爲近名。即以洛學而論，同時康節別立一幟，然二程不非邵，邵亦不非程也。朱陸之主敬、主静及論尊德性、道問學之互異，亦各尊所聞、各行其志而已，初未嘗相争相競也。惟太極、無極之説，遺書往來，辯難不置，此乃教學相長之義，豈務以詞勝者哉！昔朱陸會於白鹿，象山講「君子小人喻於義利」章，聽者泣下，朱子深爲嘆服，謂「切中學者隱微深痼之病」。象山云：「青田亦無陸子静，建安亦無朱元晦。」觀二子之言，可見其廓然至公，無一毫私意存乎中矣。陽明之學，不過因陸子之言而發明之，其後爲王學者遂視朱子爲仇讎；朱學之徒又斥陸王爲異端，而攻擊者並文成之事功亦毁之，甚至謂明之亡不亡於朋黨，不亡於寇盜，而亡於陽明之學術。吁，其言過矣！藩詮次諸君子，於嘵嘵辯論三家之異同者概無取焉。

國朝宋學淵源記附記後記

記者曰：儒生闢佛，其來久矣，至宋儒闢之尤力。然禪門有語録，宋儒亦有語録；禪門語録用委巷語，宋儒語録亦用委巷語。夫既闢之而又效之，何也？蓋宋儒言心性，禪門亦言心性，其言相似，易於渾同，儒者亦不自知而流入彼法矣。至儒佛之分，在毫釐之間，若暗中分五色，飲水辨淄澠，其理至微，學者貴自得之，豈可以口舌争乎！自象山之學興，慈湖之言近於禪矣；姚江之學繼起，折而入於佛者不可更僕數矣。然尚自諱其學曰「吾之言，儒言也，非禪言也；吾之行，儒行也，非禪行也」，如沈、史諸君子是已；至明之趙大洲，始以儒證佛、以佛證儒，如香聞師諸先生是已。閒嘗考之，後人皆曰援儒入佛始於楊慈湖，然程伯子有言曰：「佛言前後際斷，純亦不已是也。」是援儒入佛不始於慈湖，始於伯子矣。先君子學佛有年，明於去來，嘗曰：「儒自爲儒，佛自爲佛，何必比而同之？學儒學佛，亦視其性之所近而已。儒者談禪，略其迹而存其真，斯可矣，必曰儒佛一本，亦高明之蔽也。」藩謹守庭訓，少讀儒書，不敢闢佛，亦不敢佞佛，識者諒之。

焦循

焦循（一七六三～一八二〇），字理堂，江蘇揚州人。嘉慶六年（一八〇一）舉人，應禮部試不第，托足疾不出，潛心學術，著有雕菰樓易學三書、論語通釋、孟子正義等。清史稿四八二儒林傳三、清史列傳卷六九儒林傳下二有傳。

雕菰集卷八辨論良知論

歲丁巳，授徒村中，有以朱、陸、陽明爲問者。案：數百年來，人宗紫陽，自陽明表章陸氏，而良知之學，復與朱子相敵。邇年講漢儒之學者，又以朱、陸、王並斥，而歸諸佛、老。余謂紫陽之學，所以教天下之君子；陽明之學，所以教天下之小人。紫陽之學，用之於太平寬裕，足以爲良相；陽明之學，用之於倉卒苟且，足以成大功。人心之分，邪正而已矣；世道之判，善惡而已矣。正則善，善則事上順，事親孝，事長恭。至若行其所當然，復窮其所以然，誦習乎經史之文，講求乎性命之本，此惟一二讀書之士能之，未可執顓愚頑梗者而强之也。

良知者，良心之謂也，雖愚不肖，不能讀書之人，有以感發之無不動者。陽明以浙右儒生，削平四省之盜，本以至誠，發爲忠憤。麾其所部，獨入險阻，而會勦之兵，始以寬圍掣肘者，至是亦踴躍協力。方其謫龍場也，諸苗奉之，日與説愛親敬長，而諸苗皆悦。其所驅而戰也，則知府、知縣及降附之賊，而皆用命，自横水始，至斷藤峽止，大小百數十寨，所至無不摧破。余讀文成全集，至檄利頭、諭頑民、札安宣慰，及所以與屬官謀告士卒者，無浮辭，無激言，真能以己之良心，感動人之良心。夫會勦之大吏，未易合也；府縣文官，懦書生也；黄金、龍川諸賊新附，未可信也；苗民，性之至野者也；土司宣慰，彊梗難服也；安仁、三邑頑民，抗之有年也。當是時，從容坐論，告之以窮理盡性之學，語之以許、鄭訓詁之旨，可乎？牧民者，苟發其良心，不爲賊盜，不相争訟，農安於耕，商安於販，而後一二讀書之士，得盡其窮理格物之功。孔子曰：「民可使由之，不可使知之。」子夏曰：「雖曰未學，吾必謂之學。」此之謂與。天下讀朱子之書，漸磨瑩滌，爲名臣巨儒，其功可見。而陽明以良知之學，成一世功，效亦顯然。然則爲紫陽、陽明之學者，無容互訾矣。

阮元

阮元（一七六四～一八四九），字伯元，號雲臺，儀徵人。乾隆己酉（一七八九）進士，改庶吉士，授編修，超擢少詹事。歷詹事、内閣學士，户、禮、兵、工諸部侍郎，浙江、江西、河南巡撫，漕運、兩湖、兩廣、雲貴總督，體仁閣大學士，管理刑部、兵部。累主文衡，督山東、浙江學政。道光己酉（一八四九）卒，年八十六。謚文達。阮氏所至興學教士，在浙立詁經精舍，在粤立學海堂，選才雋諸生肄業，學風大振。所著性命古訓、論語孟子論仁論、曾子十篇注，推闡古聖賢訓世之意，務在切於日用，使人人可以身體力行。其餘説諸經之精義，載於所著揅經室集者尤夥。所編經籍纂詁、十三經注疏校勘記，傳布海内，爲學者所取資。清史稿卷三六四、清史列傳卷三六有傳。

揅經室集續三集卷三學蔀通辨序

道光八年春，粤中學人寄學蔀通辨來滇請序。元謂此書四庫全書目録載在子部儒家，注云「内府藏本」，是此書曾爲内府所藏，而非外省所進也。此書專辨朱、陸異同，推尊朱子。四庫書提要曰：「朱、陸之書具在，其異同本不待辨。王守仁輯朱子晚年定論，顛倒歲月之先後，以牽就其説，固不免矯誣。然建此書痛詆陸氏，至以病狂失心目之，亦未能平允。」元於東園清暇，重加披閲，遵提要之言，手將「病狂失心」等語加以删削而還之。蓋除此所删，則皆表章正學之要言，即有過激之論，無非欲辨朱子之誣。粤中學人，固當知此鄉先生學博識高，爲三百年來之崇議也。

揅經室集續三集卷三書東莞陳氏學蔀通辨後

朱子中年講理，固已精實，晚年講禮，尤耐繁難，誠有見乎理必出於禮也。古今所以治天下者禮也。五倫皆禮，故宜忠宜孝即理也。然三代文質，損益甚多，且如殷尚白，周尚赤，禮也。使居周而有尚白者，若以非禮折之，則人不能爭；以非理折之，則不能無爭矣。故理必附乎禮以行，空言理，則可彼可此之邪説起矣。如朱子議與趙紘等不合。朱子晚年與李季章書曰：「累年欲修儀禮一書，釐析章句，而附以傳記。近方了得十許篇，似頗可觀。其餘度亦歲前可了。自此之後，便可塊然兀坐，以畢餘生，不復有世間念矣。」又曰：「熹今歲益衰，足弱，不能自隨，兩脅氣痛，攻注下體，結聚成塊，皆前所未有。精神筋力，大非前日之比。加以親舊凋零，如蔡季通、吕子約皆死貶所，令人痛心，益無生意，決不能復支久矣。所以未免惜此餘日，正爲所編禮傳已略見端緒，而未能卒就。若更得年餘間未死，且與了卻，亦可以瞑目矣。」答應仁仲書云：「所喻編禮如此固佳，然卻太移動本文，恐亦未便耳。老病益侵，而友朋相望皆在千百里外，恐此日不能成，爲終身之恨矣。」答葉味道書云：「禮書未能得了，而衰病日侵，恐未必能究竟此事也。」又答李季章書云「國君承祖父之重」，康成注、賈疏其義重備，若已預知後世當有此事者。按，朱子所據者，乃禮記喪服小記「不繼祖與禰」句下孔疏引鄭志答趙商之文，故朱子有「向無鄭康成，則此事終未有斷決」之語。建炎以來朝野雜記所載不誤，而此書以爲鄭注、賈疏，則又涉及儀禮喪服傳「父爲長子三年」句下疏文也。憸人舞文弄法，迷國誤朝，飾邪説以蔽害之甚可歎也。又庚申易簀前一日，與黄直卿書云：「喪禮詳略皆已得中矣。臣禮一篇，兼舊本，今先附案。一面整理，病昏且倦，作字不成，所懷千萬，徒切悽黯。」此朱子一生拳拳於君國大事，聖賢禮經，晚年益精益勤之明證確據。若如王陽明誣朱子以「晚年定論」之説，直似朱子晚年厭棄經疏，忘情禮教，但如禪家之簡静，不必煩勞，不必悽黯矣，適相反矣。然則三禮注疏，學者何可不讀？蓋未有象山、篁墩、陽明而肯讀儀禮注疏者也，其視諸經注疏，直以爲支離喪志者也。豈有朱子守孔、顔博文約禮之訓，而晚悔支離者哉？此清瀾陳氏所未及，亦學海堂諸人所未言者，故特著之。

陳用光

陳用光（一七六八～一八三五），字碩士，江西新城人。嘉慶辛酉（一八〇一）進士，改庶吉士，授編修，先後歷二十年始轉司業，遷至内閣學士。尋晉禮部侍郎，累典河南、江南鄉試，提督福建、浙江學政。用光秉承家訓，動必循禮，篤於行誼。初學於舅氏魯仕驥，後事惜抱，奉爲本師。治經宗宋儒，然不墨守門户。於禮記有删改陳澔集説；於四書有通義，於春秋有屬辭會義。集近人嘉言懿行及有關掌故國聞者爲衲被録。其刊行傳世者有太乙舟文集。清史稿四八五文苑傳二、清史列傳卷三四有傳。

太乙舟文録卷六朱錫鬯史館上總裁第五書書後

錫鬯先生纂修明史時所上總裁七書，言多中史法，獨第五書言儒林、道學不宜分傳，則於司馬、班氏所立義例，及宋、元、明諸儒之源流派别，皆有考之不詳者。儒林傳創於司馬氏，班、范仍之，皆所以著明傳經家法也。范氏更述其義例於序曰：「東京學者猥衆，難以詳載，今但録其能通經名家者，以爲儒林篇。其自有立傳者，則不兼書。若師資所承，宜標明爲證者，迺著之云。」蓋所傳之經學在是，則家法在是，雖其人節行無可稱，然亦不能不著之於儒林。故班氏之書，言易則曰「有施、孟、梁丘之學」，「有京氏之學」；書傳歐陽生六世孫政爲王莽講學大夫，則曰「有歐陽氏學」；詩則曰「有韋氏學」，傳毛詩者至徐敖，敖授九江陳俠，爲王莽講學大夫，則曰「言毛詩者本之徐敖」；言左氏者，則曰「本之賈護、劉歆」。范氏之書，著楊政之習梁丘易也，而不没其剛果任情；著歐陽歙之傳伏生尚書也，而不没其在汝南贓罪千餘萬。夫孟喜、京房、歐陽政、韋賢、陳俠、劉歆、楊政、歐陽歙之節行皆無足稱者，然其所傳易、書、詩、春秋之家法在焉，著之儒林，而不没其實，司馬、班、范之所以爲良史也。若以孟喜、京房諸人與周、程、張、朱諸君子並舉而同稱，雖淺學且知其不可，況通儒乎！道學非可以爲名，有宋諸大儒亦未嘗自名爲道學。使周、程、張、朱生於漢時，司馬氏必特著之曰周程張朱列傳，觀於孟荀列傳可知矣。今錫鬯氏乃曰「儒林足以包道學，道學不可以統儒林」，是不特没是非之公，且其所考於司馬氏、班氏、范氏之儒林傳亦未詳其實矣。夫通天地人之爲儒，稱此名者，非周、程、張、朱莫屬也。彼京、劉之屬，曷足云。然而其傳經之家法，則京、劉之屬有不可没者。然則生漢、宋之後，而儒林、道學不能不分爲立傳，固史家之通例，亦史家之定例也。周子於諸經無論著，二程子、張子有論説而未備，及朱子而大備焉。明薛文清、胡敬齋、羅整庵之論經，皆散見於語録中，而未有專書。若以言傳經家法，則惟程子、朱子宜列儒林，然而程朱之爲人，又非可以京、劉比也。周子、薛文清、胡敬齋、羅整庵無説經之書，而其人制行固足以發明經意，不列儒林，不足以輕周、薛、胡、羅諸君子；列之於道學，亦非以輕周、薛、胡、羅諸君子，所以著其實也。且薛文清、羅整庵位通顯，周子乃居下僚，胡敬齋乃布衣，則亦安可以無傳？楊慈湖之言學，禪學也，陸子静亦時入於禪，然以言制行，則陸優於楊矣。楊、陸之歧塗，乃歧塗於道學，非歧塗於儒林。今錫鬯氏乃第舉宋之楊、陸，而不及明之湛甘泉、王陽明，則其於道學家言，考之尤未詳。余惜錫鬯氏之博綜群籍，其所言又多中史法，而獨於此失之，故不能不爲之説云。

盛大士

盛大士（一七七一～?），字子履，號逸雲，又號蘭畦道人，江蘇鎮洋人，嘉慶五年（一八〇〇）舉人。曾官山陽縣訓導。早歲游錢大昕、王昶之門。治學不分漢、宋，惟求其是。通校勘，工詩畫，有盛名於藝苑。撰有宋書補表、四史詮評、樸學齋筆記、蘊愫閣文集等。事迹見國朝畫徵補録卷下。

樸學齋筆記卷六

明王陽明先生論學，專重致良知，學者宗之，遂以涵養本原指爲覺悟，以收拾放心歸於禪寂，此姚江之學所以不能無流弊也。涇陽顧氏憲成辨之曰：「釋氏三藏十二部，五千四八十卷，一言以蔽之，曰無善無惡，然辨四字於告子易，辨四字於釋氏難，以告子之見性粗，釋氏之見性微也。辨四字於釋氏易，辨四字於陽明難，在釋氏自立空宗，在吾儒陰壞實教也。自古聖人皆教人爲善去惡，爲善爲其所固有也，去惡去其所本無也。本體如是，功夫如是，其致一而已矣。陽明豈不教人爲善去惡乎？然既曰無善無惡心之體，而又曰爲善去惡心之用，學者執其上一語不得不忽下一語也，忽下一語則上一語雖欲無弊，不可得矣。

講學之病，在乎黨同伐異，或又好爲調停中立之説，不知其異者，不能强之使同也。象山陸子之學專務虚静，完養精神；考亭朱子之學，主敬涵養，以立其本，讀書窮理以致其知，身體力行以踐其實，三者交修而不可偏廢。陸子之學虚，朱子之學實；陸子之學或流入於禪修，朱子之學則淵源於先聖。其或專言涵養、或專言窮理、或專言力行者，乃因人以立教耳。陽明得陸子之真傳，而其攻朱子也不遺餘力，又恐顯爲學朱子者所訾議也，乃謂朱子中歲以前見道未真，至於晚年始克有悟，而摘其專言涵養者以附合於象山，謂之「晚年定論」，其言若推服朱子，其意實借朱子以攻朱子也。不知象山没後，朱子猶言其論學損賢者之志而益愚者之過，恐貽禍於後世，此則何可强同耶？夫聖道之在一貫，實自多學而識始也。聖教之欲無言，實自無行不與來也。一則曰好古敏求，再則曰博文約禮，苟無道問學之功，則所謂尊德性者，皆虚而無所據矣。今人苦於所難，反空談名理，自以爲别有會心，其亦姚江之學有以開之與？明自洪武、永樂迄於成化、弘治間，學者皆以洛、閩爲正的，如河津薛氏瑄、餘干胡氏居仁、澠池曹氏端、晋江蔡氏清、泰和羅氏欽順、高陵吕氏柟其尤著也。白沙陳氏獻章論學主於端坐澄心，静養端倪，自言幼時從吴聘君學，於古聖賢之書無所不講，然未知入處，及歸白沙，專求用力之方，亦未有所得。於是舍繁就約，静坐久之，然後見吾心之體，隱然呈露，日用應酬，隨吾所欲，如馬之銜勒也。其學灑然獨得，論者謂有鳶飛魚躍之樂，而蘭谿姜麟至以爲「活孟子」云。夫孔子大聖，尚必俟七十之年方能從心所欲，今白沙於用力之方，未之有得，而能日用應酬，隨吾所欲，此殆釋氏之頓悟，而誤聽其言，必至廢學矣，後之儒者慎勿爲其所欺也。白沙平生不喜著述，其所宗者，即象山所謂「六經皆我注腳」，耳自聰，目自明，事父自能孝，事兄自能敬，本無欠闕，不必他求之旨，而不知即此一言，損賢者之志而益愚者之過者不少矣。

陽明天姿異敏，年十七謁上饒婁諒，其學以何思何慮、勿忘勿助爲居敬要旨，然當時學者頗譏其近陸子，亦謂其似禪學云。與論朱子格物大指，還家，日端坐講讀五經，不苟言笑，游九華，歸築室陽明洞中，泛濫二氏學，數年卒無所得。謫龍場，窮荒無書，日繹舊聞，忽悟格物致知，當自求諸心，不當求諸事物，喟然歎曰：道在是矣。遂謂象山陸氏簡易直捷，有以接孟氏之傳，學者遂翕然宗之，世遂有陽明學云。其時增城湛氏若水爲白沙弟子，與陽明同講學而各立宗旨，陽明以致良知爲宗，湛氏以隨處體驗天理爲宗，陽明以湛氏之學爲求之於外，湛氏亦曰，陽明言心與吾不同，陽明所謂心，指方寸而言，吾所謂心，體萬物而不遺者也。一時學者復分爲王、湛之學，然王之致良知易入於空虛，而湛之體驗天理亦無博學於文、詳説其理之實功，則皆象山之支流而非洛、閩之正的也。夫道一而已，有象山之學而道始歧，有王、湛之學，而歧之中又有歧焉。有志求道者，可不慎思而明辨乎？

明史儒林傳敘曰：「明初，諸儒皆朱子門人之支流餘裔，師承有自，矩矱秩然。曹端、胡居仁諸人，篤踐履、謹繩墨，守儒先之正傳，無敢改錯。學術之分，則自陳獻章、王守仁始。宗獻章者曰江門之學，孤行獨詣，其傳不遠。宗守仁者曰姚江之學，別立宗旨，顯與朱子背馳，門徒徧天下，流傳逾百年，其教大行，其弊滋甚。嘉、隆以後，篤信程朱，不遷異說者，無復幾人矣。要之有明諸儒，衍伊洛之緒言，探性命之奧旨，錙銖或爽，遂啟歧趨，襲謬承譌，指歸彌遠。至專門經訓授受源流，則二百七十餘年間未聞以此名家者。經學非漢、唐之精專，性理襲宋、元之糟粕，論者謂科舉盛而儒術微，殆其然乎？」

蘊愫閣文集卷六任徵君文集跋

山陽任徵君文集如干卷，余從其曾孫維均借讀之，其文紆餘澹宕近歐陽，而於說經之文，尤極醇粹。其論學，宗法程朱，抵排姚江，不遺餘力，雖立論有過甚者，然衛道之功鉅矣。陽明有朱子晚年定論，謂集注、或問諸書皆朱子中年所作，至晚年悟後議論與己相合。其實朱子年歲後先，陽明未及審考，誤指中年爲晚年，誤指涵養本原爲覺悟，收拾放心爲禪寂。寶應朱止泉先生澤澐據朱子事實，力辯其誤，徵君之論與止泉朱氏相發明，嘗言程朱之於孔孟猶宗子之於祖禰，支庶尚不得干大宗，何況疏族？其意皆指陽明也。夫聖賢之學，博文約禮，學問思辨，缺一不可。若專守此湛然寂然之心，冀其一朝豁達，此惟釋氏則有之，吾道中無此捷徑。繹徵君之言，可以知所用力矣。徵君名瑗，字恕庵，一字東澗，乾隆丙辰詔舉博學鴻詞，歸家，杜門著書四十年，年八十餘而卒。遺書甚多，家貧不能鐫板，文集外有論語困知録、中庸困知録、易學象數傳、心録、困學恐聞、傳習録辨，又有纂注朱子文類六十四卷，後之修邑乘者亟當搜採也。

方東樹

方東樹（一七七二～一八五一），字植之，晚號儀衛，桐城人。年二十補諸生，師事惜抱，相從最久。後客游授經，近七十乃歸里，後進多從游，著書不輟。卒年八十。所著有漢學商兑、書林揚觶、大意尊聞、向果微言、昭昧詹言、陶詩附考、儀衛軒文集、半字集、考槃集、王餘集等。清史稿卷四八六文苑傳三、清史列傳卷六七儒林傳上二有傳。

佛不可闢乎？闢佛者，闢其足害乎世也。佛可闢乎？害乎世者，其人未可定也。世之闢佛者，夷佛於楊墨矣。孟子之罪楊墨也，爲其無父無君也。由無父無君，而馴至弑父弑君，故曰辨之不可不早辨也。則以罪楊墨者罪佛，亦將如是云爾。春秋之事，可考而知矣。其時楊墨猶未有也，而亂臣賊子已接迹於魯史之書矣，故孔子懼而作春秋也。商臣、趙盾、崔杼之禍，固非由楊墨而致也。漢之事，可考而知矣。傳言明帝時佛法始入中國，而王莽已生乎其前矣。其後若董卓，若曹操，可謂無父無君之尤者矣，而莽與卓與操，固不習乎佛之教也。今郡縣小者不下數十萬人，此數十萬人貞邪不一，而極其行惡，至於無父無君，弑父弑君，蓋不多有焉。今謂不多有之無父無君之人之必在於學乎楊墨與佛之人，而習儒者無不出於忠孝也，雖好爲異者，亦莫敢主其説。漢高之甘心烹父以取天下也，以爲爲民，則固已倒矣；以爲爲富貴，則狗彘之不若也。其後若楊廣，若劉守光，若李彦珣，或手刃其父，或親集矢其母，皆漢高之實啟之，佛固不忍爲此矣。儒者不以風俗人心之壞罪漢高，而以蔽於佛，是謂真蔑其君父者爲可原，而以其迹之疑於是者爲必誅，此不知類之患也。鄉有富人，積財貨萬億，阡陌廬舍不可籍紀。俄而富人死，其子弗能徧稽也。其奴之黠姦者，日相與蕩覆之。其子弗知其奴之所爲也，則以爲其鄰實盜之，而亦無以明其盜之實也，但以其迹也而疑之，因苦訟之。外盜之實不可定，而其奴之盜日益甚。士不明乎道，而以闢佛爲名者，皆富人之子之類也。君子者，理之平也，富人之奴蕩覆其主之財而無罪，而以刑書誅鄰人，非聖人之法也。天下之物，有其極至者，則必有其次至者以與之爲對，月之與日是也。彼佛者，亦聖人之月也，莫得而加也，亦莫得而去也。佛本西國王子，捐其位勢而弗貪，去其富貴而弗處，苦身積行，林棲木處，數十年以求至道，有大人之誠而不以立名，與天合而未始有物，鬼神無以與其能，帝王莫敢並其位，使聖人見之，亦且禮之，況未至於聖者乎？且佛之爲行甚苦，其爲教甚嚴，椎拍輐斷，冷汰於物，故曰非生人之行，而至死人之理，非夫豪傑剛忍道德之士，莫能由也。今人頡滑、顛冥、懾勢、榮利、好色，雖佛招之，固莫從之，而奚待於闢？山之東有國焉曰齊，山之西有國焉曰晉，江之南有國焉曰楚，關之中有國焉曰秦，其餘濟清河濁，裂采限封，各固疆圉，其水土不齊，其言語不齊，其風俗好尚政教不齊，自王者視之，皆以共理乎吾民而已。列國者，務相争相寇，日尋於難，勢不能服，而兵争不已。及至於秦，惡其争也，悉罷其封建而郡縣之，然後天下統於一。老、莊、楊、墨、佛者，秦、楚、齊、晉也；言語風俗之不齊，則道術之各異也。自其一而言之，皆大道所分者。而儒者特爲罷封建之秦，然封建雖廢，天下雖一，而列國風俗言語不齊如故也。天能覆而不能載也，地能載而不能覆也。耳目口鼻各有所明，不能相通，必欲比而同之，其勢固有所不可也。既天下皆知有王，則列國之俗各有所習，皆有所宜，固無庸革也。既學者皆知有聖，則百家之説各有所明，時有所用，固無庸廢也。曰：「孟子曰：『能言距楊、墨者，聖人之徒也。』然則孟子非與？」曰：「孟子之時，世衰道微，邪説横行，充塞仁義。楊墨之道不熄，孔子之道不著，譬齊、楚、秦、晉强而侵弱乎周也。諸侯强，天子弱，其勢足使天下不知有王，故曰：『吾爲此懼！閑先聖之道。』『豈好辯哉，不得已也！』由周而來，至於唐，千有餘歲，聖人之道不明。唐承魏、晉、粱、隋之敝，自天子公卿皆不本儒術，士大夫之賢智者惟佛、老之崇。韓子懷孟子之懼，而作原道，蓋猶之孟子之意也。及至五代，王道不行，君臣父子之綱幾絶。宋興，佛學方熾，聖教未明，歐陽子憂其及於後世也，故作本論以闢其教，蓋亦猶韓子之意也。故在戰國之世不可無孟子，在程朱之前不可無韓子、歐陽子。今生程朱之後，而猶執韓子、歐陽子之言以闢佛、老，必爲達者笑矣。故君子立言，爲足以救乎時而已。苟其時之敝不在是，則君子不言。故同一言也，失其所以言之心，則言雖是而不足傳矣。故凡韓子、歐陽子之所爲闢乎佛者，闢其法也。吾今所爲闢乎佛者，闢其言也。其法不足以害乎時，其言足以害乎時也，則置其法而闢其言；其言亦不足以害乎時，而爲其言者，陽爲儒，陰爲佛，足以惑乎儒，害乎儒，其勢又將使程朱之道亂而不復明也，則置其佛之言，而闢其立乎儒以攻乎儒之言。以孔子爲歸，以六經爲宗，以德爲本，以理爲主，以道爲門，旁開聖則，蠡迪撿押，廣而不肆，周而不泰，學問之道有在於是者，程朱以之。以孔子爲歸，以六經爲宗，以德爲本，以理爲主，以道爲門，以精爲心，以約爲紀，廣而肆，周而泰，學問之道有在於是者，陸王以之。以六經爲宗，以章句爲本，以訓詁爲主，以博辨爲門，以同異爲攻，不概於道，不協於理，不顧其所安，鶩名干澤，若飄風之還而不儻，亦闢乎佛，亦攻乎陸王，而尤異端寇讎乎程朱。今時之敝，蓋有在於是者，名曰考證漢學。其爲説以文害辭，以辭害意，棄心而任目，刓敝精神而無益於世用，其言盈天下，其離經畔道過於楊、墨、佛、老。然而吾姑置而不辨者，非爲其不足以陷溺乎人心也，以爲其説粗，其失易曉，而不足辨也。使其人稍有所悟而反乎己，則必翻然厭之矣。翻然厭之，則必於陸王是歸矣。何則？人心之蕩而無止，好爲異以矜己，迪知於道者寡，則苟以自多而已。方其爲漢學考證也，固以天下之方術爲無以加此矣。及其反己而知厭之也，必務鋭入於内。陸王者，其説高而可悦，其言造之之方捷而易獲。人情好高而就易，又其道託於聖人，其爲理精妙而可喜。託於聖人，則以爲無詭於正；精妙可喜，則師心而入之也無窮。如此，則見以爲天下之方術真無以易此矣。故曰人心溺於勢利者可回，而溺於意見者不可回也。吾爲辨乎陸王之異以伺其歸，如弋者之張羅於路歧也，會鳥之倦而還者，必入之矣。曰天下之是非亦無定矣，陸王既以其道建於天下，而吾方從而是非之，其謂吾之是非爲足以定乎彼之説耶？雖定其説矣，庸詎有毫末增損於道乎哉！然而不得已而辨之者，君子之立言，爲救乎敝而已。揚雄有言：「吾於荀卿，見同門而異户也。」彼其非之，固莫同也；此其宗之，奚以異乎？孔子曰：「天下同歸而殊塗，百慮而一致。」所從入之塗不齊則不謀，故小人在利若水，君子在勢若水。水也者，其源異，其委一也。陸、王、程、朱同學乎聖，同明乎道，同欲有以立極於天下，然而不同者，則所從入有頓與漸之分也。何謂頓、漸？佛氏言化法四教有頓、漸，猶箕子所云「高明」也，「沈潛」也。程朱者取於漸，陸王者取於頓，頓與漸互相非而不相入，而不知其原於「三德」也。人之生，得全於陰陽之性者，聖人耳。惟聖生知似頓，而不可以頓名也。其次，不毗於陽則毗於陰。其性如火日之光而無不照也，而稍速則毗於陽者也，是頓也；其性如金水之光而無不照也，而稍遲則毗於陰者也，是漸也，則皆次於生知者也。傳曰：「自誠明謂之性，自明誠謂之教。」以其學而言，曰性曰教；以其候而言，曰頓曰漸。回其頓乎？參其漸乎？然而孔子立教，頓非所以也；孔子立教，必以漸焉。論語曰：「吾十有五而志於學，三十而立，四十而不惑，五十而知天命，六十而耳順，七十而從心所欲不踰矩。」中庸曰：「君子之道，譬如行遠必自邇，譬如登高必自卑。」其列誠之目五，曰博學之，審問之，慎思之，明辨之，篤行之。顔子之照鄰於生知矣，而夫子教之，必曰博文，必曰約禮。及顏子既見卓爾，而追思得之之功，歎以爲循循然善誘人。則夫子立教，不惟頓之以，而惟漸之以，亦明矣。並曾子而聞一貫者惟子貢，而子貢之言「夫子曰性與天道，不可得而聞也」。故以實則顏淵、子貢賢於陸王，以迹則陸王賢於顏淵、子貢。且夫由顏淵、子貢而至陸氏，是千年而後生也；由陸氏而至王氏，是數百年而後見也。古今學者不絶於中，則漸之所磨以就者多也。漸者，上不至顏淵、子貢，而不至欲從而末由；下不至下愚，亦可攀援而幾及。是故程朱之道爲接於孔門之統者，惟其漸之足循，而萬世無弊也。且夫頓之所得者，必悟也。悟心之妙，上智之所難明。今爲衆人法，而以上智之所難明，則中人不得與焉矣。爲其德之弗明也，而教之以明德。今以德之不明，而絶於明之望也，則其於教亦反矣。故聖人之教如天，陸、王之教亦如天。聖人之教如天云者，蒼蒼然東面、西面、南面、北面立於地而無不見也；陸王之教如天云者，天不可階而升，則將永爲凡民焉以没世耳矣。雖然，成陸王之過者，孟子也。子貢之稱夫子，曰「夫子之不可及者，猶天之不可階而升也」。公孫丑之稱孟子，曰「道則高矣美矣，宜若登天然。何不使彼爲可幾及而日孳孳也」？公孫丑之言，則適得孔子之意，而孟子引而不發，余故曰成陸王之過者，孟子也。孟子學乎孔子而正其統，陸王學乎孟子而流於佛。夫孟子於孔子不可謂有二道也，而其流已如此，則百家所從分之異路，往而不返，何怪其然也？「耳目之官不思而蔽於物，物交物則引之而已矣。心之官則思，思則得之，不思則不得也。此天之所與我者。先立乎其大者，則其小者不能奪也。」此孟子之言也，而陸氏之學執之以爲之術。「人之所不學而能者，其良能也；所不慮而知者，其良知也。孩提之童，無不知愛其親也，及其長也，無不知敬其兄也。親親，仁也；敬長，義也。無他，達之天下也。」亦孟子之言也，而王氏之學執之以爲之術。陸氏、王氏學乎孟子，則可不謂有大揚搉乎？奚遽入於佛？入於佛者，非允蹈之也，説不免焉。夫有官而後有職，有職而後有事，事舉而職修，則立之説也，爲思言之也。今其言曰，「墟墓生哀，宗廟欽敬」，是奚待於思乎？而先立之，又非也。直指心體，先立乎此，然後下學，若是，則知行之序已倒也。易曰：「知至至之，可與幾也。知終終之，可與存義也。」程子以「知至」爲致知之事，知之在先，故可與幾；「知終」爲力行之事，守之在後，故可與存義，此學之終始也。知食之足以已饑，而後農夫耕稼以繼之；知衣之足以禦寒，而後紅女織絍以繼之。陸氏基址之説是也，惜所以爲之基址者非也。先行而後學以補其知，故曰其序已倒也。且先明乎善，而後能實其善，中庸之指也。明乎心而無不明，而無事下學者，佛氏之教也。若夫明乎心而猶有未明，猶待於下學，此陸氏之創言，本於佛氏帶果修因之説，非中庸之指也。書曰「人心惟危，道心惟微」，人心道心並舉爲辭者，堯、舜之言也。程子之言曰：「人心即人欲，道心即天理。」朱子之言曰：「道心常爲主，而人心聽命焉。」二子之言，一家之説耳。今王氏於程子則是之，於朱子則非之。是乎所是，吾既知其是矣；非乎所非，吾亦知其非也。嗚呼！是所謂未成乎心而有是非，將欲是其所非，而非其所是也。道心即天理，人心即人欲。道心人心不容並立，故道心常爲主，而人心自聽命焉。今其言曰：「人心之得其正者爲道心，道心之失其正者爲人心。」安有天理既爲主，而人欲復從而聽命？嗚呼！是欲明人心道心之非二，以就其轉識爲知之指，直所言之迂晦有不可解耳。儒者之於心也，見爲二而主於一，見爲二，故有聽命之説。佛氏之於心亦主於一而見爲一，見爲一，故有迷悟之言。王氏之於佛，則可謂同與？蓋佛之教，端末雖異於儒，至其論心之要，退群妄，著一真，精妙微審，非聖人莫能辨也。然則儒何以不由之？固不可也。且夫王氏之學，既以全乎佛，而又必混於儒。全乎佛，而凡説之羽翼乎佛者，吾不復闢焉。混於儒，而凡説之冒乎儒、害乎儒者，吾方且論之。人之情有七，曰喜，曰怒，曰哀，曰懼，曰愛，曰惡，曰欲。七者一有不節則失其中，失其中而人心肆焉矣。故曰有所亡，有所甚，直情而行之也。聖人者動而處乎中，賢人者求而合其中，故曰雖有上聖，不能無人心，惟退而聽命焉，斯發而中節耳。且夫動而處中者，不數數也，古者謂之天而不人。今欲以此爲學者率，使天下法，則是性無三品也。夫不考性之有三品者，亦孟子之過也。何以明其然也？孟子曰：「人皆可以爲堯舜。」人皆可以爲堯舜云者，是瓦石亦有佛性之説也。以實言之，孔孟及佛及陸王，其等不同，其皆得乎性之上也同。惟聖人知人性之不能皆上，亦不皆下，故不敢爲高論，而恒舉其中焉者以爲教，此所以爲中庸也。孟子、陸、王則不然，以己之資，謂人亦必爾，雖曰誘之以使其至，而不顧導之以成其狂，故觀於孟氏之門，檢押斧械蔑如也，攀龍附鳳，巽以揚之，益寡矣。陸氏方河決而天踔，其御心猶役奴隸也，然扇訟發明「止於心之精神」一語，可謂率矣。及至王氏，一傳而離，再傳而放，不亦宜乎！故自孟子及陸、王，至今遠或千年，近者數百年，而不聞復有孟子及陸、王者，則孟子及陸、王固自由天授焉。夫以千年、數百年而止有一孟子、陸、王，則是孟子及陸、王固不能人人皆爾。而孟子及陸、王必謂人皆可以爲己者，其意甚仁，而其實固莫得也，則皆過高而失中焉之過也。陸氏、王氏其取於孟子也同，其流而入於佛也亦同。而王氏之失彌甚，惟其人心道心之辨，執之者堅也。吾爲辨其異，指其失，而其是亦出焉，無任來者磬乎以智孽爲雷同也。夫謂心惟一心，非有二心，佛氏之指不可謂非妙契也。斯而析之古今之明，吾未見議之所止也。吾嘗致思焉，而略能語其故矣。夫所謂一心者，與生俱生，人皆有之，然固失之六合之裏，四方之内，往古來今，放而不求者，幾千年矣。堯、舜也，孔、孟也，程、朱也，是迪明者也。若告子，若老、莊，若佛及陸、王，亦克尸而享之，因號而讀之，是故尊言之曰道心，實言之曰明德，要言之曰仁，質言之曰本心，徑言之曰生之謂性，悟言之曰本來面目，邂逅於墟廟而謂之基址，省識於親長而謂之良知，則皆此物也，則皆常親覿而有之也。顧孟子以上，所覿者有四端之物也。告子及佛，所覿無一物者也。故一以爲義外，一以爲一絲不挂也，是以其説不可由也。孟子所覿，告子及佛終身不覿。告子及佛所覿矣，而又望見聖人而未審，故猶影響未底於真也。雖然，又有辨。孟子言本心云者，指道心而言之也。其言放而不知求，則以有人心之故也。人心乍出乍入，實止一心也。宋有女子讀孟子「出入無時，莫知其鄉」，曰：「是孟子也，殆未知夫心者耶？夫心則烏有所出入也？」程子聞之，曰：「是女子也，雖未知孟子耶，其殆庶幾能知夫心者也。」夫心固不可謂有出入也。女子者，習於佛之學，直指夫道心，而因蔑其人心，故謂心無出入也。程子之意，則未出入也者，以操舍而言之也，心固無出入也。心之在人，名實昭然，然自佛釋氏以來，至於今，儒者辨説百端，卒未有識其爲何物焉者，昧昧然，罔罔然，蓋數千年弗著弗察焉也。故或以體言，或以用言，或以合性與知覺而有其名，其言心之名象，精至於此而止矣，而卒莫能著其實相爲何物焉者。是故達摩欲安之而無可安，神光欲覓之而不可得，阿難七處徵之而莫能定，皆同此昧昧罔罔焉耳。吾嘗深體之，夫所謂心無出入者，謂肉團心也。彼析其義而未得，又以肉團心無出入，其言近癡，非精妙不能動人，因誣以被之神明之心，而謂其無出入，欲使人求之，以爲至道之所在。莊子之「若有真宰而不得其朕」也，蘇子瞻之「凡思皆邪」也，子由之「本覺自明」也，文信國、高景逸之「放大光明」也，皆同此昧昧罔罔也。是故女子及王氏所見無以異此。而世之小儒，方將掀其脣而吹其餤，是烏足與語真知之契乎？是故心之爲號一言者，實體也，而堯、舜二言之，何也？曰：儒與佛所言心，皆謂神明也。神明有出入，則有人心道心之分。而佛氏直指道心，因誣謂無人心，遂誣謂無出入，甚而並心亦誣之謂無，而相與苦守一空，而尊謂之曰真如。嗚呼！此求聖人從容中道而不得，因歧而迷惑之至如此，可憐哉！其莫有覺而已其迷者也。堯、舜、孔子以道心人心出入言之，其爲解至確，而其爲方甚密，惟不敢忽乎人心也。有人心而後有克治，有克治而後有問學，有問學而後有德行。勤而後獲，及其獲之也，乃其所固有也。貞固不摇，歷試而不可渝。若夫所謂一心者，轉乎迷悟而爲之名也。轉乎迷悟而爲之名，轉者一，其不轉者又一也。頓悟者，迪乎悟而爲之名也。迪乎悟而爲之名，悟者頓，其不悟者頓不頓終未可必也。然則所謂頓者未嘗頓，所謂一者未嘗一也。雖然，此其大介也。若夫彼學行業名實之所立，又非小儒麤學所能歷其藩，子其義也。吾嘗學其道，而略能語其故矣。蓋彼所謂頓悟云者，其辭若易，而其踐之甚難；其理若平無奇，其造之之端，崎嶇窈窕，危險萬方，而卒莫易證；其象若近，其即之甚遠。其於儒也，用異而體微同，事異而致功同，端末異而矻乎無妄同。世之學者弗能究也，驚其高而莫知其所爲高，悦其易而卒莫能證其易，徒相與造爲揣度近似之詞。而影響之談，或毗之謂吾能知之，或呵之謂吾能闢之，以是欲附於聖人之徒，而以羽翼乎大道也，而其説愈歧矣。夫惟不能無人心故曰危，惟不能常道心故曰執。今曰：「道心之外，不可增一人心也。」又曰：「天理在吾心，本完全而無待於存也。」嗚呼！談亦何容易耶？未嘗反躬，故其言誣；未嘗用力，故其言僭而不可信。顔淵問仁，子曰「克己復禮」，及請其目，則告之以非禮勿視聽言動。今曰：「學者但明理，理純則自無欲。」嗚呼，爲此言者，是求勝於堯、舜、孔子也。不辨乎此，則天下之真是何所定哉！自記云：此仍即原道、本論之指。但韓、歐所闢，特佛之麤，其失人人皆知，在今日無容更言。吾所闢，爲佛學精微，宋、明以來，學者之弊在此，雖非今日切害，然吾以今時漢學粗末之轉步必入於此，故豫爲坊之。其兩因孟子，固以陸、王公案所在，亦本程子言「孟子才高，學之恐無把柄」意揮發之如此。首尾一綫貫穿，但行文太播弄，恐不爲人所察，聊復自言之。

考槃集文録卷六與姚石甫書

近爲一書，辨劉念臺先生之學極知瞽妄，然亦自有説。夫自明以來，争陽明之學者紛紛聚訟，至今未已，平心論之，陽明之功不足多，而陽明之所以措注從容，不動聲色以成是功名若無事者，則雖留侯、武侯、鄴侯莫之能過，可謂體用兼備，幾於識心無寸土者矣。陽明以朱子學於事物支離，困苦難成而不得其本，故提出良知，以爲道之本原在吾心而不在外物，以是果得受用，果成大功，而又以之降服當時許多豪傑，使皆北面相保。既明效大驗，則益居之不疑，學者亦即以是信之不敢議。殊不思直提向上此非上智不能，如陽明者固閒氣僅見，千百年不數遘者。夫以閒氣僅見，千百年不數遘之賢，而必以此爲天下率，謂學者由其教皆可以一蹴而幾之，揆之人情，夫豈能必？此不導人爲猖狂妄行，流爲惑世誣民，不可得也。故由陽明之教，不待其徒有敗闕而後識其非，即以理懸測之，亦知其斷斷必至於彼矣。然則其以良知混致知，及天泉證道四語之謬，非徒語言之失而已也。故凡學者之不肯陽明，非謂其人其才其功名可議，正謂其學術教法恐流爲誤世焉耳。歐陽南野與唐仁卿書乃極舉陽明行事之不可及以推之，此信其一人，而不究其教法之將誤於人人也。且南野既以此尊陽明謂不可及，則生是使獨矣。然使由陽明之教而復皆如陽明，則陽明不貴，若不復能如陽明而但成其猖狂，即南野將亦必知其不可矣。夫以顏子之上資，而夫子猶必循循誘以博文約禮，而不慮失於支離，何獨病於朱子也？朱子之教，本於孔子，雖似支離，困苦難成，然由其説則中下皆可循，上智亦不能越，萬世無弊，其亦可矣。若慮學者苦其難成，俾趨於捷徑，則堯、舜、周、孔不敢作是念而爲設之教法也。舜命契爲司徒，敷五教曰在寬，寬者謂裕以待之，使優柔漸漬以漸而入，不聞有捷法，如所云不習、不慮、不假外求爲善學、善教也。雖然，弟即良知爲教學者體之，猶有所入得力處。此雖失孟子本旨，如羅整庵所辨，然使反本循本，自證其心，猶之可也。

今山陰竊其意而諱其名，移以歸之慎獨，其形似是，及考其所以爲説，絞繞蔽昧，使人不得反其意，殆所謂款言者與？款言者，其失與詖淫等，大不如提唱良知警切易曉，猶有益於學者也。或謂當日諸人悦服陽明若彼，今之學者猶必爲之左袒，意者陽明真既聖矣，子將毋淺昧不足知乎？曰昔徐無鬼以相狗悦魏武侯，特謦欬於流人焉耳，當日諸人去人滋久，故聞足音而喜耳，然而已多有看朱成碧、井飲相捽者矣。若夫今人，則並未有真知，不過浮情客氣，畏難好奇，豔其功名，樂其簡易，以爲一蹴而可以建功名，則可以爲聖人，則何爲而不從之？夫由陽明之教，既爲如來禪語，上而遺下，又爲祖師禪，全以作用機變籠罩，孰謂孔氏之門而有是哉？所以前人諸有知學明理憂世者，咸慮其有生心害事之失，而力辨之不敢以之易程朱之教者在是也。是故以歐陽永叔正統論推之，則陽明者既不能居天下之正，又不能合天下於一，而胡能漂程燼朱而息衆説、定衆志也。不然樹豈不知王、劉高名縣日月，而敢輕爲蚍蜉之撼以自絶哉？

姚椿

姚椿（一七七七～一八五三），字子壽，一字春木，自號樗寮生，婁縣人。先後主講夷山、荆南、景賢書院，以實學勵諸生。咸豐二年（一八五二）出示文稿，由門人楊象濟編爲晚學齋文集。次年卒。著有晚學齋文集、通藝閣詩鈔、和陶詩等。清史稿卷四八六文苑傳三、清史列傳卷七三文苑傳四有傳。

晚學齋文集卷三陽明朱子晚年定論辨序

自元、明來，以崇奉朱子爲法，循之則理，拂之則亂，逮其後滯於文義而昧夫本根，於是餘姚王氏出而劫之，陽附孔、孟之名，陰用桑、竺之實，而又以名譽塗一時之耳目，以權謀濟一時之事功，遂使新安之學爲世詬病，而無如其書之終不可掩也。且恐後人之執朱以議我，則又爲晚年定論以會合兩家之説，卒之術彌工而心彌拙，其於朱子又何加損焉。當時辨其非者，羅、顧之倫，皆有論説，至當湖陸氏而大定。寶應朱止泉先生，生當湖之後而所學合轍，其爲是辨考訂詳悉，具載本書，抑椿於此猶復有説。陸王之學於本心不爲無見，陸氏則專恃乎此，王氏則又益以權術，今使我之自治，不能如陸王之嚴，而徒以是非之辭騰口説而務争勝，則我所自治者已疏，而是非亦卒不可得而定，此豈先生所以著是書之心哉。蓋孔子仁管仲，而陸子與先生斥陸王，其説不同，其所以爲道一也。吾黨盧君昶將刻是書，而辱徵其語，輒書是説以歸之。寶應喬侍讀萊嘗記聖祖召見陸公，論及乎陽明之學，公對曰：「其人則是，其學則非。」而王氏希伊於乾隆辛酉臨川李侍郎主試江南時，答策中且及乎陸、王之從祀，兹邑人士之學，可謂知所本矣。

唐鑑

唐鑑（一七七八～一八六一），字栗生，號鏡海，善化人。嘉慶己巳（一八〇九）進士，授翰林院檢討，遷浙江道御史，坐論淮鹽引地鎸級，以六部員外郎降補。宣宗登極，以諸城劉鐶之薦，補廣西平樂府知府。累擢山西、貴州按察使，浙江、江寧布政使。内召爲太常寺卿。已而致仕南歸，主講江寧書院。晚歲猶編次朱子全集，别爲義例，以發其藴。所著國朝學案小識，專宗程朱，排斥陸王，一時學者翕然歸之。又著有易牖、讀易識、讀易反身録、讀禮小事記、四經拾遺、四砭齋省身日課、朱子學案、畿輔水利備覽、平猺紀略。咸豐十一年卒，年八十四。清史稿卷四八〇儒林傳一、清史列傳卷六七儒林傳上二有傳。

唐確慎公集卷一學案小識自序

聖人之學，「格致誠正脩齊治平」而已，離此者畔道，不及此者遠於道者也。七十子皆從聖人受學，而傳道者推顔、曾。其在顔子，曰「博文」，格致也；曰「約禮」，誠正脩也。即博即約，功分知行，而候無先後也。不遷不貳，誠正也，而格致存焉；擇善弗失，格致也，而誠正存焉。夫子於其問仁也，曰：「一日克己復禮，天下歸仁。」而復申之以非禮勿視、聽、言、動，蓋欲其知之明，行之決，絶去私欲，盡還天理也。厥後三月不違，如有所立卓爾。顔子之格致誠正何如哉！其在曾子，曰「以文會友」，格致也；曰「以友輔仁」，誠正脩也。即文即行，學有切磋，而道無内外也。任重道遠，知之至矣，而誠正可知也；忠信傳習，誠之至矣，而格致可知也。夫子於其日省之久也，曰「吾道一以貫之」。曾子舉以告門人，曰「忠恕而已矣」，蓋恐學者以空虛求一貫，不以真實求一貫，妄認本體而忘工夫也。使之盡己、推己，精察而力行之，以馴至於反身而誠，則一理渾然，而泛應曲當也，格致誠正固如是也。夫學聖賢者，未有不由格致誠正而得者也。若别有捷徑宗旨，則顔子才高，聖人當化之以速，而何循循然博文約禮是誘，猶有欲罷不能，欲從末由之歎也？曾子質魯，聖人當教之以易，而何以兢兢然不忠、不信、不習是省，猶有如臨深淵、如履薄冰之召也？子思子受之曾子，爰以傳之孟子。孟子之「知言」，格致也；「養氣」，誠正也；「集義」，則格致誠正之實積，不襲取於外也。故曰「必有事焉，而勿正心、勿忘、勿助長也」。勿正者，未發之中也；勿忘者，不睹不聞之戒慎恐懼也；勿助長者，知致而後意誠，意誠而後心正，心正而後身脩，身脩而後家齊國治天下平也。擴而充之，即此物也。此孟子之學，孟子之傳也。閱暴秦而漢而唐，賴有江都董子、昌黎韓子以及伏、鄭、孔、賈諸儒，前後羽翼，得以稍稍不墜。然歷六朝之陵替，五代之淆亂，孔、孟之道不絕者如髮矣。天未喪斯文也，至宋生濂溪周子，中州二程子，又横渠張子，楊、游、尹、謝諸子，道之明已如日麗天中矣。朱子起於數十年之後，師事延平，得程子之嫡傳。以大學之綱領條目，示學者爲學次第；以中庸天道人道，明孔門傳授心法；以居敬窮理，爲尊德性、道問學功夫。集諸子之大成，救萬世之沈溺，其心、其道何異於顔、曾、思、孟哉！後之學者，循其次第，如何格致，如何誠意，如何正心、脩身、博學、審問、慎思、明辨而篤行之，由忠信以至一貫，亦復何可限量？而乃朝謁師而夕思入道，夜入定而旦言明心，貪便喜捷，世態有然，而學術亦有然也。矜奇鬭巧，人情多變，而學術亦多變也。於是有新建者，援象山之異，揭良知半語爲宗旨，託龍場一悟爲指歸，本立地成佛爲滿街都是聖人，大惑人心，愈傳愈謬，踰閑蕩檢，無所顧忌，天下聞風者趨之若鶩，駸駸乎欲祧程、朱矣。生其後者，烏可不挽之於狂瀾，拯之於胥溺，而任其猖狂恣肆，使斯世盡入榛莽哉？夫學術非則人心異，人心異則世道漓，世道漓則舉綱常、倫紀、政教、禁令無不蕩然於詖辭邪説之中也，豈細故耶？欣逢聖朝昌明正學，崇奬斯文，特示優隆，重加尊奉，朱子升祔十哲之次，誠千載一時，億萬禩學統人心之所係也。宜乎真儒躍起，辨是與非，埽新奇而歸蕩平，去歧趨而入堂奥，還吾程朱真途轍，即還吾顔、曾、思、孟真授受，更還吾夫子真面目。界限清而後所知定，隄防密而後所守嚴，志趨堅而後所行篤，踐履實而後所立卓，真儒之爲真以此。夫學之所以異，道之所以歧，儒之所以不真，豈有他哉？皆由不識格致誠正而已。習空談者，索之於昭昭靈靈而障於内；守殘編者，逐之於紛紛藉藉而蔽於外，斯二者皆過也。今夫禮樂、兵農、典章、名物、政事、文章、法制、度數何莫非儒者之事哉？然當以若大經綸蓄之懷抱，不當以賸餘糟粕爲富強。朱子曰：「盈天地間，千條萬緒，是多少人事？聖人大成之理，千節萬目，是多少工夫？惟當開拓心胸，大作基址，須萬理明澈於胸中，此心與天地一體，然後可以語孔孟之樂。須明古法度，通之於當今而無不宜，然後爲全儒，而可以語治平事業。須運用酬酢，如探囊中而不匱，然後爲資之深，取之左右逢其原，而真爲己物。」朱子之博，蓋博於内而不博於外也，孟子「萬物皆備於我」之謂也。聖人之言典章也，莫大於顔子之問爲邦，曰「夏時、殷輅、周冕、韶樂」，曰「放鄭聲，遠佞人」，是必有順天應人、長治久安，大經濟、大功業，以運用於兩間，豈惟推天文，考輿服，講求樂律而已哉！其言政事，莫大於哀公之問政，曰「達道五，行之者三」，曰「九經，行之者一」，是必有事親、知天、明善、誠身真本原，真學問，以彌綸於無際，豈惟考官禄、别等差、講明禮節而已哉！沾沾焉辨論於粗迹者，不知聖人之學也，外之故也。中庸曰：「成己，仁也。成物，知也。性之德也，合外内之道也，故時措之宜也。」治國平天下之事，豈在外哉？不障於内，不蔽於外，惟格致誠正者能之。蒙是編，自平湖陸先生始，重傳道也。有先生之辨之力，而後知陽明之學，斷不能傅會於程朱；有先生之行之篤，而後知程朱之學，斷不能離格致誠正而别爲宗旨；有先生之扶持輔翼於學術敗壞之時，而後知天之未喪斯文，有宋之朱子，即有今之陸先生也。與先生同時諸儒，以及後之繼起者，間多不及先生之純，而能遵程朱之道，則亦先生之心也。他若指歸特異，不守朱子家法，則當分别録之，不泯其本末，不掩其瑕瑜，俾後之觀者，於以見得失之林焉，是豈得已者乎？吁，人受天地之中以生，有是性，即有是理，有是理，即有是意、知、身、心。孰不可以希賢？孰不可以作聖？而惟工夫之不密，以至本體之莫充，則何若從事夫朱子之存省克治、居敬窮理，以馴至於誠而明，豁然而貫通也！是則所當共勖也矣！

傳何由而得其道乎？曰：孔、孟、程、朱。道何由而傳得其人？曰：述孔、孟、程、朱。述孔、孟、程、朱，何由而遽謂之傳乎？曰：孔、孟、程、朱之道晦，而由斯人以明；孔、孟、程、朱之道廢，而由斯人以行。孔、孟、程、朱之道何由而遽明遽行乎？曰：辨之嚴，異説不能亂；行之力，同志服其真。雖未必遽能大明大行，而後之學者可由是而進於明，進於行也，則謂之明可，謂之行可，謂之傳可。然而斯人也，或千載一見，或數百年一見，或百年數十年一見，或一人見而數人隨之見，或見僅止一人，故傳之者少，而亦未嘗絶。伊川表明道先生之墓也，曰：「周公没，聖人之道不行；孟某死，聖人之學不傳。道不行，百世無善治；學不傳，千載無真儒。無善治，士猶得以明乎善治之道，而淑諸人，而傳諸後；無真儒，則天下貿貿焉莫知所之，人欲肆而天理滅矣。」是説也，吾於朱子之生，起而幸之；吾尤於薛、胡二先生之殁，引而傷之。蓋明自正、嘉以後，講新建者，大肆狂瀾，決破藩籬，踰越繩檢，人倫以壞，世道日漓，邪説誣民，充塞仁義。逮及鼎革，託爲老師宿儒者，尚欲以詖淫邪遁淆亂人心，傷何如哉！孟子曰：「吾爲此懼，閑先聖之道，距楊墨，放淫辭，邪説者不得作。」夫孟子豈可復生哉？世有欲正人心以熄邪説者，即謂之孟子可也，即謂之朱子可也。

道之傳也，非斯人其誰與歸！述傳道。

傳道者少，未嘗不爲道憂；翼道者衆，又未嘗不爲道喜。非翼道之重於傳道也，翼之則道不孤矣，道不孤則亂道者不能奪其傳矣。不能奪其傳，而後統紀可一，法度可明，學術正而人心端，教化肅而風俗美，人道與天道、地道並立矣。然則道之傳也，傳者傳之，翼者亦相與傳之也。昔者，吾孔子之講學洙、泗也，以大聖人之德之道統，承堯、舜、禹、湯、文、武、周公而集其大成，而及門從游者有顏、曾、冉、卜七十諸賢，且以賢聖之孫繼起而紹述之。而閱百餘年，楊、墨争鳴，衍、儀横議，賴有孟子奮其至大至剛之氣，辨論於黑白淆亂之中，而後吾夫子授受之真傳，得以萬古不墜。朱子起千載之下，承二聖之遺緒，奉四子書以詔後學，時則有若南軒、東萊諸同志咨詢辨難，又有若季通、勉齋諸門人往復商確，可謂極麗澤之盛，幾乎踐東魯之遺軌矣。然而詆之者旋起，逐之者至欲加以禍，道學大爲厲禁，不亦危哉！由是觀之，吾之所憂者未容已，而所喜者亦幸而已。今夫彌綸天地，終古無所損，終古無所益者，非道也乎？傳與翼，安足爲有無乎？然而天地非人不立，道非人不存，人顧不重乎哉？孔子尚矣，曾子、子思、孟子尚矣，朱子又豈易得耶？敬夫張子、伯恭吕子又豈易得耶？孔子曰：「聖人吾不得而見之矣，得見君子者斯可矣！」蓋慨乎其言之憂何如哉！述翼道。下略。

無善無惡之説倡，天下有心而無性矣。有心無性，人非其人矣，世安得不亂哉？及其亂也，而究其所由來，歸罪於學術，則亦晚矣。吾於明季，未嘗不嚱嘘俯仰而重有感焉。天下事，由前觀之，未必知禍之烈如此其極；由後觀之，恒懔懔於其禍之極而莫可復追也。士君子盱衡往迹，俯念未來，未嘗不歎前乎此者之可鑒，後乎此者之可戒也。則學業之所謂心宗者，吾烏能忘於懷乎？今夫心不可恃而恃之以性，性不可憑而憑之以物，大學所以先於格物也。子臣弟友，物之最著者也，性之最切者也，是庸言庸行亦良知良能也。仁義禮智，物之最初者也，即性之最真者也，是至隱至曲，亦至大至廣也。聖人之所以檢察夫心者此也，擴充夫心者此也，豈索之於空，而聽知覺之昭昭靈靈乎？聽知覺之昭昭靈靈，而空以待之，恐性天路絶，而欲得所據矣。欲得所據，謂之無善，誠然；謂之無惡，自欺甚矣。且恐惡念大來，不至於禽獸不止。是以天泉一會，爲陽明之學者，推闡師説，各逞所欲，各便所私，此立一宗旨，彼立一宗旨，愈講愈誕，愈肆愈狂，愈名高而愈無禮，淪澌流蕩，無所底極，而人心亡矣。人心亡，世教裂，而明社亦遂墟矣。有徵君孫先生者，與鹿伯順講學於明者也，入國朝年已七十，遁影韜形，枯槁以終其身，宜矣。而乃移講席於蘇門山，仍以其舊聞號召天下，是亦不可以已乎！幸而稼書、楊園諸先生起而辨之，而天下灼然知心學之非正也，是亦稍足以舒吾懷云爾。述心宗。

唐確慎公集卷一後序

道不變，而學未嘗不變也；學未嘗不變，而道終未嘗變也。千古一孔子而已矣，千古一顏子、曾子而已矣，千古一子思子、孟子而已矣，千古一程子、朱子而已矣。此數聖人、數賢人者，天以之成其天，地以之成其地，人以之成其人。天地不變，此數聖人、數賢人不變也；數聖人、數賢人不變，天地終古不變也，道不變也。其間學之變者有矣，所聞異詞，所見異詞，所授異詞，所師承異詞，典章制度各有所據，名物象數各有所宗，自秦至漢，至魏、晉，至唐，以至於今，變者數矣。變之數，而屢變不一變矣，然乃道之外迹也，道之末節也。譬之天，雲霧過，而日月之明，星辰之燦，自在也；譬之地，城郭移，而山川之淑，物産之精，自在也。非道之真，非道之本也。彼之所謂學也，非道學也。其關於道之本、道之真者，則不可以變。孔子之於異端，孟子之於楊、墨，程子之於釋、老，朱子之於橫浦、象山，何如其嚴也？蓋恐其變，而道乃終不至於變也。然而天之生民也，一治一亂，大抵閱數百年而變一見。明之有陽明，橫浦、象山之流也，而其焰熾於橫浦、象山，以朱子爲洪水猛獸，以孔子爲九千鎰，是竟欲變朱子之道，而上及於孔子者也。而及其後也，龍溪、泰州、山農、海門諸人，尊師說而益肆無所忌憚，數十年間，若傎若醉，不知何者爲洛、閩，並不知何者爲洙、泗，惝恍迷離，任其心之所至而已。而甚者，遂至於犯法亂紀而不之顧。入國朝，其流波餘燼尚未息也。平湖陸子起而闢之，而桐鄉、太倉、儀封三先生先後其間，與陸子同。夫而後天下之學者，上之則相與爲輔翼，次之亦不失所持循，即一名一物之長，一字一句之是，或以明故訓，或以徵博聞，消其意見，去乃詆訾，亦何不可進於道哉？而且正學日昌，狂瀾自倒，間有二三言新建者，知之未真，奉之亦苟隨聲附和，如蚓吹蟬吟，即無所宗主，亦復何所提唱？而後知平湖諸先生闢之之功，歷百數十年而更著也。道之不變，夫復何疑？雖然，孔子遠矣，顏子、曾子遠矣，子思子、孟子遠矣，程子、朱子亦遠矣，即陸子亦不可復見矣。學者回思故明正、嘉而後，學術大乖，人心胥溺，至有痛定思痛者，則余輯是編，而以心學附其後，雖不免過慮之誚，而亦無非仰承吾平湖陸子之遺意也。夫道者，天之所以高，地之所以厚，人之所以生也。非道，則氣而已矣，則質而已矣。氣與質，萬物共之者也，人而可以物乎？故非道不可以爲人，知其不可爲人而學可得矣。學以完其爲人，亦完其道而已。學以完其道，亦完其所以爲人者於天地而已。一有不可以對夫天地者，則道自我變矣，安得謂道必不變哉？顧變者在人，而必不變者亦在人也。人能持此道於必不變，則可與天地立矣。然而自孔子以後，又有幾人哉？余因平湖諸先生而重念之，未嘗不有望於天下之學者也，此是編之所由作也。

張海珊

張海珊（一七八二～一八二一），字越來，一字鐵甫，震澤人。道光舉人。識力精卓，每讀一書，輒融徹大意。平生用力於程、朱最深。四十歲就鄉試，比舉第一，旋患暴疾没於旅店，時道光元年八月十九日。著有小安樂窩詩一卷、文四卷、日記二卷、喪禮問答一卷、火攻秘録一卷。清史稿卷四八五文苑傳二、清史列傳卷七二文苑傳三有傳。

小安樂窩文集卷二書陸象山先生集後

昔王陽明爲朱子晚年定論一書，取朱子有合陸説者，以證成己意，而年歲早晚既未及詳，假借傅合、欲蓋彌著，王氏之計亦拙矣。顧嘗用其意以讀陸氏之書，則固有未盡與朱子背者，鵝湖贈詩有「留心傳注翻榛塞」之語，朱、陸分界以此，即陽明所譏爲支離、爲襲義、爲用心於外者也。而陸集論書學古入官有曰：「人之生豈能遽明此理而盡之哉。」開闢以來，神聖代作，君臣之相與倡和彌縫，前後之相與緝理更續，其規恢締建之廣大精密，咨詢計慮之委曲詳備，證驗之著足以折疑，更嘗之多足以破陋，被之載籍，豈徒爲故實文具已哉。以不易之理禦不窮之變，於是乎在，而語録中及此者尤多。語嚴松年謂：「明明德是入大學標的，格物致知是下手處，中庸博學、審問、謹思、明辨是格物之方。」自古聖人亦因往哲之言、師友之語方能有省，況非聖人，豈有任私智而能進學者與？傳聖謨書謂必以不假推尋爲道，則仰而思之，夜以繼日，探賾索隱，鈎深致遠者，乃非道也。以不假擬度爲道，則是擬之後言，議之後動，擬議以成其變化者，乃非道也。即身是道，則是身者，皆有道也。與包詳道書，謂涵詠玩索，此是本分事，詎可必將無事之説排之？讀書接事，卻加窮究理會，亦是本分事，詎可教他莫要窮究理會？統玩數處，與「傳注榛塞」之語類若自破其説者，此即以整庵、當湖之痛辨陸王，蔑以過其言之明且盡也。雖其言之先後，未可懸斷，而東萊嘗與朱子書曰：「陸子静聞其近日稍回。」以此知賢者之見未嘗堅執終身，如其後門人之流弊也。昔昌黎嘗欲削荀、揚之不合者，以附於經，若於陸王諸家之書，節其可取者而別訂定之，亦未始非集思廣益、樂善無窮之意也。用比其文而識之如此。

潘德輿

潘德輿（一七八五～一八三九），字彦輔，一字四農，江蘇山陽人。道光戊子（一八二八）舉人，十九年大挑知縣，分發安徽，未赴卒，年五十五。潘氏爲學，力求古人微言大義，以爲「挽回世運，莫切於文章，文章之根本在忠孝，源在經術，其用在有剛直之氣，以起人心之痌瘝，而振作一時之頑懦鄙薄，以復於古」。其説經不袒漢、宋，而以近儒之破碎穿鑿爲漢儒之糟粕，語録之空虚玄渺爲宋儒之筌蹄。少時與同邑丘廣業、黄以炳相砥勵。居京後，所與往來若永豐郭儀霄、建寧張際亮、震澤張履、益陽湯鵬、歙徐寶善，窮精畢力，研悦劘切，盡一時之選。著有養一齋集、劄記、詞、詩話。清史稿卷四八六文苑傳三、清史列傳卷七三文苑傳四有傳。

養一齋集卷一五劉子辨　節録

蕺山先生植行立節，明季第一流也。前人謂其論學雖本姚江，而能以慎獨爲宗，歸於誠敬，故與王學之末流滉瀁自恣者迥異，信矣。顧其書有疑端，必當辨者，不敢隨聲而附和之。爰書鄙見，其目有五：一論誠，二論意，三論慎獨，四論致良知，五雜論。中略。

蕺山講誠意與前儒殊者，以其解慎獨與前儒殊也。蕺山一生講學宗旨，專在慎獨，其高出姚江末流放恣無歸者在此。而究之蕺山之所謂慎獨，實仍姚江之所謂致良知也。何則？蕺山紀過格首曰微過，獨知主之；次乃曰隱過，七情主之。獨知在七情之先，正是陽明之良知矣。故其證人要旨，依無極而太極之義，而一曰體獨，以此獨知爲無極而太極，陰陽未判時也。以愚意揆之，中庸本文明云：「莫見乎隱，莫顯乎微，故君子慎其獨也。」隱微合并，成一獨字。而蕺山於微過則曰獨，於隱過則曰七情，隱微或屬獨，或不屬獨，既與中庸不合矣。且蕺山所謂獨爲天命之性，藏精之處，中和皆獨之情狀，獨不離於中和，而實不依於中和者，余尤不能無疑焉。夫朱子以戒慎不睹，恐懼不聞，爲致未發之中，鄙人尚疑戒慎恐懼爲已動念時，而與未發者不相合，因反覆而申論，況蕺山并以慎獨爲中和之本也邪？揆蕺山之意，蓋不以中爲未發，不以和爲已發，謂止一氣之通，復自其所存而言謂之中，自其所發而言謂之和。中如四時之中氣，和如四時之和氣。中，陽之動也；和，陰之靜也。故又推出慎獨一層，以爲太極之理，使統此中和也。然余之不能無疑者，則正在此。何則？中庸經文明以中爲大本，蕺山卻云「慎獨爲太極」，以統中和，則獨爲大本之大本矣。大本何其多邪？大本之上，豈容復有大本？抑中庸所謂大本者，原不足以當大本而謬言之邪？夫使中果爲陽之動也，則誠不足以當大本，而中庸何嘗如此説？且蕺山解中字，既主所存言，何又云陽之動也？若云「未發二字是未發於四支事業，而已存於七情中者」，故蕺山人譜首曰「凜閒居以體獨，是慎獨功夫」；次曰「卜動念以知幾，是致中功夫」；三曰「慎威儀以定命，是致和功夫」。「中者，已動而未形，故曰陽；和者，準事而中節，故曰陰也」。

然經文明云「喜怒哀樂之未發謂之中」，不云喜怒哀樂之已動而未發謂之中也，添設以解經文，可乎？況和字必指喜怒之七情言，方爲緊切，今詮以威儀，豈相類乎？然則中和非陽陰之分屬，而慎獨之亦非太極明矣。蕺山轉謂「宋儒看中字太深，獨字太淺」，而必反而用之。夫宋儒説慎獨，是致和，無戾於經文；説中爲未發，亦無戾於經文。今蕺山以「中爲非未發」，既於經文屬添設矣，而又以「獨爲天命之性，藏精之處，即太極也」。夫太極者，不動之體也，曰獨知，曰慎獨，皆有意有覺矣。無意無覺則不能慎，有意有覺則非不動。夫動則陽也，而豈太極之謂哉？故就鄙意論之，以中爲太極，以和爲陰陽，可也；以中爲陽，和爲陰，獨爲太極，則不可。以慎獨爲致和，即所以致中，可也；以慎獨爲非致和，并非致中，而直立乎致中和之先，包乎中和之理，則不可。蕺山之説，未免彊經以就我歟？或謂蕺山提唱「慎獨」二字，爲人譜開宗明義第一，即周子主静立人極之意。不知周子所謂主静者，謂凡事合理則動，亦爲静耳，豈於七情之先，下慎獨功夫之謂哉？總之，蕺山立慎獨之宗旨，而必異前儒。説者以蕺山仍認陽明之致良知爲慎獨，而又有懲於陽明之學末流之蕩也，故以慎獨二字易其名目而救其失。究之蕺山所以易之者，乃惡其學者之末流，而非有議於其立教之原意也，故流雖殊，而源則一焉。至蕺山譏陽明「良知爲未發之中」一語，爲未脱宋儒意見。蓋蕺山看良知與獨字甚深，看中字甚淺，故既謂慎獨即致良知，自不能以致良知爲致中也。要此亦微相異耳，宗旨固無殊也。夫蕺山與孫鍾元、李二曲、湯潛庵皆爲姚江之學者，然皆踐履篤實，故姚江派得此數人，益大以尊，誠足以矯龍谿以來之偏，而爲士大夫之準式。然必以蕺山之慎獨，爲即大學、中庸之慎獨，則大學、中庸本文具在，一對勘而罅已出，不待旁稽諸儒之説也。此當辨者三也。

蕺山之慎獨，同於陽明之致良知；陽明之致良知，同於象山之先立乎其大者。象山之言，非孟子之旨。孟子欲人思，而懼人不思；象山則教人安坐瞑目，用力操存，斷絶思慮故也。若陽明之致良知，亦非孟子之旨。蕺山以爲孟子提出良知示人，而不言孟子提出良能示人，是蕺山以爲陽明之良知，即孟子之良知也。然吾以孟子本文較之，孟子曰：「人之所不學而能者，其良能也；所不慮而知者，其良知也。」良知良能本係竝言，而非專以良知爲宗旨也。又曰：「孩提之童，無不知愛其親也。比其長也，無不知敬其兄也。親親，仁也。敬長，義也。無佗，達之天下也。」然則孟子之良知，以愛親敬長之仁義當之，乃脚踏實地語；陽明之良知，以照心無前後、無内外者當之，是懸厓撒手語也。故孟子之良知即事即知，陽明之良知無事乃知；孟子之良知可以仁義實之，陽明之良知乃虚體靈光，不可以仁義實之者也，烏得謂其同於孟子哉？且陽明既借孟子之良知以爲宗旨，而非其本義矣，又援大學之致知而加之孟子良知二字之上，則尤不類。蓋大學之致知，格物以致知。今陽明既以格物爲支離，則又何以致之哉？故孟子雖云「不慮而知，謂之良知」，而孩提以後，其知之未盡乎仁義者，無不可以加致之之功。獨陽明之良知，乃虚靈無著之知，而不可以言致也。陽明之學，前儒駁之已衆，獨其發明良知之意，人多以爲出於孟子，余故深論之。而蕺山引陽明瘧病之喻，且云病全在未發，真致知者功夫只於此時，用是深信陽明爲孟子之學、大學之學，而不知其源已差也。此當辨者四也。

蕺山之書，余所未解者甚多，以上四端，其鉅者耳，今復取其細者通辨之。孔孟之書，無一言不相合也，今擇取其言，爲孔孟合璧一册，論語取三十八章，孟子取十八章而已。然則其餘不相合邪？抑可以類推邪？類推則三五章已足，不必三十八章、十八章之多也；餘可廢，則於理不合也。就觀其中，大率論仁者居多。將以程子言先識仁體故乎？而亦不盡論仁者也。其三十八章，案之都無甚次序，而又不遵論、孟各篇之原序也，皆不可測也。五子聯珠舉周子、二程子、張子、朱子之言，而聖學宗要又去程叔子而進王陽明爲五子，然則陽明之學過於叔子，叔子祗篤信謹守，不及陽明之通脱邪？横渠亦專守禮法者，其精微未過於叔子而取之何邪？陽明雖變象山之貌，實傳象山之心，既宗陽明，何不并數象山耶？佗如人譜紀過格末曰：「一一證以訟法，立登聖域。」此語太輕快，不似禪家立地成佛之言邪？訟過之法，蒲團一箇，香一炷，水一盂，此不真如老禪和法相邪？所云「妄則非真，一真自若，湛湛澄澄，迎之無來，隨之無去，卻是本來真面，忽有一塵起，輒吹落」等語，不真似老禪和偈子邪？象山「六經皆我註脚」之言，朱子非之，謂其師心也。今引朱子「以我觀書，則處處得益」語，謂即「六經註脚」之旨，不爲誤會其意邪？至聖學喫緊三關，首辨人己，次辨敬肆，至矣盡矣，而復以迷悟一關終之。夫人己關一破，則非迷矣，至此乃言迷悟，何也？必以悟終此良知家法，不幾如禪家之拈花微笑者邪？蕺山一生得力，原在能透心體而去功利，而必謂以良知爲本，乃可救末世功利之禍，則未知唐、虞、伊、周、孔、孟終日言欽、言敬、言仁義，果於功利之徒有助否邪？朱子謂程子專言敬爲有功於學者，蕺山謂儒者專言敬亦似有弊，然則孔子論君子專言修己以敬，便至堯、舜地位，亦有弊邪？夫蕺山品詣醇正，於明末講學從事諸君子中未可多覯。而余之敢於辨難而不顧者，疑蕺山之言，而非疑蕺山之人，仲尼「疑思問」之旨也，蕺山之所不惡也。

養一齋集卷一六格物説

大學莫先於格物，格物之義，儒者紛然如聚訟，初學未易明也。鄭注「格，來也。物，猶事也」。其知於善深則來善物，知於惡深則來惡物，言事緣人所好來也。格之訓來義，本爾雅。尚書「格汝舜」，詩「神之格思」，皆是恨，持此釋大學，辭旨不明耳。孔疏謂：「善事隨人行善而來應之，惡事隨人行惡亦來應之。」勉彊疏解，繆曲難通。程朱所以別易一說，而格訓至也。格之訓至，本尚書「格於上下」。然古人之格訓至，到也；程、朱之格訓至，極也，已不相合。且無論爲到爲極，猝然語人曰「致知在至物，物至而後知至」，不亦覺其難通矣乎？司馬温公則格訓扞，謂「扞禦外物而後知至道」。姚江王氏略依之而變其說，則格訓正，謂「去其不正，以歸於正」。宋儒楊簡，明儒魏校、許孚遠、王敬所皆同此旨，謂「垢去而鏡明，故物格而知至」。揆之聖賢克己遏欲之功，諸說亦未爲刺謬。然與上文「物有本末」之物，既不一例，又豫奪下文「誠意正心」之實事，而經文先後相次之旨，全不可通矣。更考温公扞禦之扞，本之禮記「扞格而不勝」，格訓扞猶可也。若楊簡、王敬所皆云「格而去之」，格之訓去，吾未之前聞也。姚江之格訓正，本論語「有恥且格」孔注，尚書、孟子「格其非心」孔注、蔡注、趙注。然知至而後物正，或可言也，物正而後知至，語似顛倒，終不如「知至而後意誠」以下諸語之易明也。然則格物究何解？曰：程、朱所論格物之義，揆之經文，不失其次序，實勝鄭氏、温公、姚江諸說。特其字訓以至，則辭旨仍未明。若曰「格，通也」，尚書之「格於皇天」是也。猶是窮至事物之理之義，而易其訓曰通，則援據既無可訾，即以語人曰「致知在通物，物通而後知至」，亦明白而易曉矣。吾更思之，尚書之「格於上下」，亦當訓通，而不訓至。通於上下，通於皇天，通於物，皆言其無不徹耳。更考宋儒論格物之法，與程朱同而不盡同者，窮萬物之理，同出於一，爲格物；知萬物，同出於一，爲致知，藍田吕氏之言也。以求是爲窮理，上蔡謝氏之言也。天下之物不可勝窮，而皆備於我，非從外得，反身而誠，則天地萬物之理在我，龜山楊氏之言也。物物致察，宛轉歸己，又曰即事即物，身親格之，不厭不棄，武夷胡氏父子之言也。皆委曲不直截。若近儒安溪李氏，直以知本詁格物，謂物有本末，貴乎格之而知其本。天下國家，末也；身，本也。此與古本大學「此謂知本，此謂知之至也」合。然格物之法詳矣，以知本盡之，終未愜滿人意。吾獨愛近儒二曲李氏之言曰：「格物之物，即身心意知家國天下之物。格者，格其誠正修齊治平之則，即中庸之擇善也。若舍卻至善之則不格，而冒昧從事，欲物物而格之，入門之始，紛紜膠葛，是博物，非格物也。」二曲之訓格，亦本程朱。其論格之之法，直截而充滿，尤有功於學者，程朱復生，無以易之，雖素爲姚江之學，此論獨可從也。然則格物之義則從程朱，格字之訓則當云通，格物之法則從二曲。蓋身心意知家國天下有一不通，則知輒多阻，而知安得至；然必專即致知、誠意、正心、修身、齊家、治國、平天下之理而求通焉，斯通其所當通，而非無用之博通。姚江王氏格齋前竹七日不通，遂訾謷程朱，以爲務外，不知此姚江之務外而妄求博通，本非程朱所言格物之義也。孔子謂子貢曰：「汝以予爲多學而識之者歟？非也，予一以貫之。」貫，通也，即此通物、物通之旨也。朱子格不訓通，而補格物傳曷嘗不曰「豁然貫通」乎？《周易屢言「通天下之志」，又曰「通變之謂事」，又曰「往來不窮謂之通」，又曰「推而行之存乎通」。學者苟知通物之爲通志，通變所以爲往來推行計也，則知大學首格物之義，而格之之法不妄施矣。

彭蘊章

彭蘊章（一七九二～一八六二），字琮達，號詠莪，江蘇長洲人。道光乙未進士（一八三五）。咸豐元年（一八五一）至十年任軍機大臣上行走、協辦大學士、文淵閣大學士、武英殿大學士等，受命於國家危難之際，能盡忠職守，爲朝野推崇。理學深湛，推重程、朱。有歸樸龕叢稿、松風閣詩鈔等行世。清史稿卷三八五、清史列傳卷三五有傳。

歸樸龕叢稿續編卷二讀安溪李文貞大學古本說書後　節録

謂格物之格，當從廬陵胡氏邦衡作「正」字解爲最妥。古註作來，固非；集傳作「窮」字解，亦不合訓詁。蓋格字訓詁，止有來、至、正三義，朱子原云「格，至也，窮至事物之理，欲其所知無不盡也」，然必上加一窮字，下加一理字方能達其意。陽明所謂「若上去窮字，下去理字，但云至事物，不可解者」也。第陽明以物爲物欲之私，格爲格去之，是視物字中有惡無善，則所謂如好好色者何指也？然此，大學序則曰：「物者其事也。」尚不偏指物欲，亦仍有「正」字意。

秀水朱氏竹垞云：「必待窮知事物之理，而後可以入大學，直從格物至平天下一綫穿成，非聖人不能，使人無從下手處。」蓋患宋儒言之過高也。然玩「欲其所知」之「欲」字、「以求至乎其極」之「求」字，皆是未然之詞，仍非必謂窮知而後可與入學也。若陽明之説，則皆在一旦豁然之後，非若程、朱尚有層次。至陽明以爲當從古本，其説良是。宋以後諸儒，如蔡虚齋輩言之者多矣，固不自陽明始。至論大學義理，仍當從程、朱爲是。「在親民」之「親」，程子謂當作新，蓋因金縢親迎之親作新，謂親、新古一字也。先儒有言，康誥作新民乃在洙土淫酗之俗，故必新之。設逢堯、舜之世，民又安用新哉？大學一書，垂教萬世，不當偏指薄俗。陽明傳習録亦云，下文如保赤子民之父母等語，皆是親之之意，親之即仁之也，説親民，便兼教養意，説新民便覺偏了。此説存參。

陽明篤信程朱，獨於大學不以析本爲然。安溪李氏生於閩，尤篤信朱子，而亦作大學古本説，以爲不如舊貫之仍文從字順。顧安溪於程子所謂格物時宜加「誠敬」二字，雖亦以爲可不必，而猶曲爲之護，陽明則直以爲不必。安溪但疑篇章，謂當從古本，至於訓釋多從程朱，陽明不然。今二書皆在天壤間，惜未有以胡氏「正」字之詁詁「格」字者。

大學一書，本於禮記。漢初有古經，出魯淹中，河間獻王得而上之，凡五十六篇，至宣帝時，后蒼明其業所傳曲臺記凡百八十篇以授梁人戴德，及德從子聖，於是有大、小戴之學。從鄭康成爲之註，迄於宋，千餘年未有言其書之錯亂闕失者。程子起而爲分經傳，謂經是孔子之言，傳乃曾子之言，何所據而知之？又析爲十章，既顛倒其前後，又疑亡其一章。夫千餘年完備之書，一經分析而轉亡其一章，此南宋以來諸儒之所以嘵嘵不已也。陽明、安溪皆篤信程朱，而獨於此書未能無間言，蓋惟其尊程朱之學，故惜之深而不能自已也，兩賢豈好爲異論哉？安溪云，將以質千載以後之朱子也。

吴廷棟

吴廷棟（一七九三～一八七三），字彦甫，號竹如，霍山人。道光乙酉（一八二五）拔貢，刑部七品小京官，洊升郎中。少好宋儒之學，入官益植節勵行，蹇蹇自靖。遷直隸按察使，調山東按察使。同治初，召授大理寺卿，擢刑部侍郎。尋以老病乞休，僑寓江寧。吴氏湛深宋五子書，尤服膺朱子。所守在義利之關，尤不假借者，在儒、釋之辨。同治十二年卒，年八十一。著有拙修集。清史稿卷三九一有傳。

拙修集卷七與方魯生上舍論學第三書

八月二十六日接奉手書，頓慰調飢。日昨略獻所疑，言多拙直，方惴惴焉，慮見擯於左右。孰意不以拘迂爲病，而樂與往復，誘使盡言。且進以陸王之書，若將引而偕之大道者，其厚意何可負也！足下固謂「此道，公道也；此心，公心也。」又謂「道貴和，不貴同」。信如此言，又何憂門户之争耶？雖然，門户固不宜分，而是非實不容混，誠以儒與釋，實冰炭之不可同器。儒以理爲形而上者，釋以神爲形而上者，乃彼此本原之所在，此處若合，雖他處不合，不難講求以歸於合；此處不合，即他處盡合，終難彌縫以强其合也。陸王之書，昔嘗平心細讀一過，王本不自諱爲禪，雖以孟子之學自任，而致良知之説，實出入離合於佛、老之間，其弊固自易見。至謂「無善無惡心之體」，正所謂「不思善，不思惡，認取本來面目」也。陸則以先立乎其大爲本，言心、言性、言仁義、言致知力行，似無一不與孟子合，且深闢禪學，宜不得目爲禪矣。而不知「心即理也」一語，則認明覺爲性，不能諱也。掩蔽雖深，實陰享事實之樂，正所謂「得此欛柄入手，不妨改頭换目」。用儒家話頭，隨宜向人説法，其闢禪者，正所謂呵佛駡祖之故智也。從前懼蹈譏評古人之愆，不敢一言及於陸王，今因足下之所宗法而偶論及之，則是非之辨，正不敢誣也。如第以人論，豈惟陸之八字立脚，王之建立事功，爲吾所尊仰，即如足下之自拔流俗，亦吾所敬畏也。足下謂拒楊墨者孟子，使墨之仁不兼愛，楊之義不爲我，孟子豈拒之乎？夫孟子非拒楊墨，乃拒無父無君者。仁不兼愛，義不爲我，是能歸於儒也，復何求焉？足下謂「世道交喪，使有真爲佛、老者，亦當節取」似也，而非所論於佛、老而託於儒者，孔子不曰「惡似而非」乎？足下雖謂「五味相調，五色相雜，五音相和」，而不知莠不可亂苗，紫不可奪朱，鄭不可亂雅也。故是非不容並立，即儒、釋不能兩存。非徒儒者於託於儒之人，絶之必嚴，即託於儒者之於儒，惡之亦甚。昔陸嘗斥朱子爲支離矣。王嘗斥朱子爲洪水猛獸矣。即足下自謂心悦誠服於朱子，而亦不免於其「天即理」之言，而斥爲無天無王矣。此不並立、不兩存之證也。夫以足下幼讀朱子之書，豈敢顯叛朱子？此即朱子所謂「由始於慕釋、老之高妙，不免以聖賢之言爲卑近，而不滿於意」。顧本心之明，有不容盡泯者，則又不能盡叛吾説以歸於彼。兩者交戰於中，而不知所定，於是因其近似，附會而説合之，以便出入於兩是之私，雖知不盡合於聖賢之本意而不顧。迨久之陷溺日深，而所見既殊，遂傲然自建綱宗，直駕於聖賢之上，而且自以爲發前人所未發，陰以補其所不足，而以爲大有功於聖賢矣。足下方歉然自以爲言虚静何能如老？慕寂滅何能如佛？愚則以爲幸也，足下未能如佛、老也。果真如佛、老則誠殆矣。何也？老之虛静，其毀棄仁義，猶未能盡；佛則既殄滅本心之實理，以全其空之體，復絶滅人生之大倫，以妙其空之用，然後爲能真寂滅也。足下不見象山高弟顔子堅，今日悟道而明日髡首乎？故釋氏最怕一理字，以爲障而掃除之，卻空空守一神識，以爲不生不滅。吁！亦可憫也已。愚竊願足下暫屏意見，將此高禪置在一隅，姑且俯首下心，從事朱子格物致知之訓，將此「心、性、神、理」四字，詳細辨明。若真識得是非所在，當信愚言不謬；如必不能合，則足下之禪固在也。此朱子早年已試之成效，定不我欺也。所疑各條，另紙縷晰請教，言雖傷直，然以來書諄諄以孔子之大、天地之量相曉，知必有以容之矣。

一疑不得分理先氣後。竊謂有氣便有理，理氣原不相離，固不可劃分理氣爲二，以爲先後。然以理爲氣主言之，則理如將帥，氣如徒卒，而太極生兩儀，浩然之氣，是集義所生，非所謂理先於氣乎？

一疑聖賢言性，不曾訓作「理」字。如「窮理盡性，以至於命」，不得曰「窮理盡理以至於命」；「天命之謂性」，不得謂「天命之謂理」云云。竊謂程、朱「性即理也」，「天即理也」之云，非以「理」字代「性」字、代「天」字也，乃示人以性爲心所具之理，天爲理之所自出，故在天曰命，在人曰性，在物曰理。惟所從言之地不同，故名稱各異，其實一也。蓋窮理者，窮在物之理；盡性者，盡吾心之理。惟理無不善，故性無不善，何病於謂性爲理乎？如疑謂性即理，謂天即理，反使人昧性褻天，則今之昧性褻天者，果由處處守一「理」字而致然耶？至於無王無天之辨，未免逞快筆舌，徒紛紜轇轕於字句之間，殊可怪也。且程、朱不嘗指仁、義、禮、智爲理乎？豈可皆以「理」字代之乎？即以足下解經，多以覺爲言，使盡以「覺」字代之，是果可通乎？其亦不思矣。

一疑以明覺言性，非特釋家云云。竊謂明道先生定性書之言「明覺自然」，必合之上文「物來順應而不用智」，方能以明覺爲自然，正見義之用所由行，非以明覺自然言性也。至反鑑索照，正是譏絶外誘，而求定之意，豈得籠統含混，借以自伸其説乎？

一疑「覺是性體，即是仁體」云云。竊謂以覺體爲仁體，不是釋氏之旨。程子取醫家麻木不仁之説，乃借譬於血氣不能流通。朱子「仁則無不覺，而覺究不可謂仁」一語，已極分明。程門多以覺訓仁，正是末路之流於禪者，朱子辨之詳矣。

一疑「心之體，只是一箇覺」云云。竊謂此告子義外之見也，即空寂之旨也。須知萬物皆備於我，仁、義、禮、智非由外鑠我也，我固有之也。故合性與知覺而有心之名，心所具之理則爲性，而氣之靈則發爲知覺，此所以窮在物之理，即能證明吾心之理，而推致吾心之知也。非是吾性本是空無一物，必待在外面求得仁、義、禮、智，預積於内也。且學者窮理之功，正在平日，足下亦何得以預積些理於心爲病？大易不曰「多識前言往行，以蓄其德」？

孟子不曰「集義」乎？蓋有物必有則，耳、目，物也；聰明，則也。能視聽而不能辨聲色之邪正，失其明聰矣。故視思明，聽思聰，是平日在視聽之理上講求，是即明目達聰之旨也，初不是預積些色於目，預積些聲於耳之謂也。古人亦曰「姦聲亂色，不留聰明」，「非禮勿視，非禮勿聽」而已，豈得以後儒役聰明以逐聲色，而遂以釋氏閉目掩耳爲能葆其聰明乎？而不知彼固以黜聰屏明爲清淨也。

一疑「人是天地之具體」云云。竊謂此條本無可疑，愚於前條已備論之。惟認太極全體爲一箇覺性，未免認氣爲理，其毫釐之差，實由於此。蓋性體雖屬渾淪，而其中自有條理，所謂沖漠無朕之中，而萬象森然已具也。是非可於渾淪之中剖而求之，亦惟驗之於四端之發，知其中之必有是條理耳。足下謂「此疑與前疑語似相背，意實相通」。竊足下難言之秘，前疑不過以理爲障，欲掃除淨盡，以完空寂之體；此疑不過謂萬法從一心流出，而一切惟心造也。

一疑「心之精神謂之聖，心之神不得謂之形而下者」云云。竊謂此條所疑，實受病之根。足下謂此處一徹，通身無疑；愚亦謂此處未徹，將終身無可解之惑。足下以虛靈明覺爲智之全體，且貞下起元，智之所覺，便是仁。自註云「如覺痛覺癢」，並謂愚「以神爲形而下，何得又以智爲形而上」？殊不知覺之與智，安可混而一之也！夫覺者，氣之靈也；智者，理之貞也。汪雙池云：「貞者事之幹。」以貞屬智，則正理完固，不可動之謂也。文理密察，足以有別。以文理密察言智，則萬理備現，有條不紊之謂也。是非之心，智之端也，於智而言，是非則是知其是而是之，知其非而非之。爲智之端，非徒以知痛、知癢、知聲、知色、知飲、知食，與凡一切有覺，而遂謂之曰智也。然則智之爲性，而覺之爲心，可識矣，尚何疑於形上形下之辨乎？顧性具於心，惟心虛靈則性昭著，在性固非得此明覺者，無以妙其用，然必此心循乎理而不違，而後所得於天以生者不失，乃可謂之明德。若徒恃其明覺，而不循乎所得以生之理，則形氣之流失，反有大拂乎生理之本然者。而惟指此知痛、知癢之類，以爲良知，將塊然之知覺運動與犬牛何別？此釋氏所云「作用是性」，而衆生皆有佛性也。

一疑「以仁義爲心體，以明物察倫爲求心體，大繆」云云。竊謂學者於倫物之理，求所以知之，即求所以行之也，非由明察以求心體也。足下謂「孟子曰：『由仁義行，非行仁義也。』仁義是心體，何得曰非行仁義乎？」竊謂舜本生知，仁義根於心，而所行皆從此出，非以仁義爲美，而後勉强行之。集註所言，固甚分明。又謂：「以仁爲心體猶可，以義爲心體，則直以用爲體，其自昧心體也甚矣！」竊謂此告子義外之見也。蓋仁義皆性也，以性情對言，則仁義爲體，而惻隱、羞惡爲用；以仁義對言，則仁爲體，而義爲用。夫言豈一端而已哉？儻肯降心讀朱子之書，於是疑也何有？

一疑「盡心章及空空章兩條」云云。皆前人曾作是解，而朱子辨之已詳，取而參觀之自明。

一疑「闢老氏，當闢其薄禮義，不當並其虛静之説而闢之」云云。竊謂老惟虛静，故薄禮義，佛惟寂滅，故棄倫常。有是心，斯有是事，正不得闢其事，而反取其心。老之虛静，以無爲宗。孔子言以虛受人，謂無私也，則虛而實也。周子之主静，惟定之以中正仁義，無欲故静也，則静統動也。佛氏之寂滅，以空爲本。孔子言無思無爲，寂然不動，感而遂通天下之故，謂無私心，無造作，故寂而不妄動，而後感而能無不通也。此其言虛、言静、言寂雖同，而其義自異，豈容稍爲假借哉？至佛、老之言，非竟不可節取，而要不可以混吾儒之真。若莊、列之寓言，每妄託於孔子，此正其所以得罪於名教。足下欲尊釋氏爲聖人，而因援列子所引孔子之言以爲據，遂謂孔子爲能前知，未免近誣矣。

一疑「朱陸之學，從入各異，又疑朱子、陽明各有是非」，兩條云云。此不過調停之説，竊謂篤守程朱者，必不假借於陸王，而尊信陸王者，每欲附託於程朱。祇此出入離合之間，似即是釋氏之機權作用耳。

拙修集卷九寄倭艮峰中堂書

近日朝政清明，首登進先生及李文園先生於左右，以爲培植根本，大計具見，一旦得行其所學，以爲啟沃之資，知必有以大慰天下。仰望之至願，而不僅收效於旦夕間矣。尚冀益懋純修，積誠感格，以副夙昔相期許之私忱，曷勝翹企。前承示復，言及所批菊邨臆説各條，俱極精確，大抵心性之辨既明，此等似是而非處，自可不煩言而解。竊謂似是之非未易決，正由心性之辨未易明。甚矣，毫釐之差，亦微乎其微矣。陸王之學，儒者直斥之爲禪，世或疑爲太過，不知此正由不明於心性之辨也。禪宗認心爲性，乃其本原差處，而陸王謂心即理，其誤亦實根於此。朱子謂其從初即錯，蓋自「天命之謂性」一句，已不識得此探本之論也。陸王皆聰明過人，豈必有心與朱子牴牾？惟從初認心爲性，窺測得一箇陰陽不測之神，遂以爲獨得之秘，直趨捷徑，而厭朱子爲支離，正由所見之誤使然耳。大學所以必先格致也，但觀兩家解「盡心」章，可得其源委矣。朱子謂「必知性方能盡心以知天」，陸王謂「但盡心則自能知性知天」，此明證也。學問不外知行兩字，而知必以知性爲至，行必以復性爲歸。不由格致，何能知性？不能知性而言復性，雖躬行實踐，其本原必不能無毫釐之差，而終致千里之謬。歷觀朱子以後之大儒，其篤信好學，深造自得者，固大有人，而真知心性之辨，而不惑於似是之非者，惟陸稼書先生一人而已。其他任道雖勇，體道雖實，而説至大本大原處，終不免於似是實非。間有一二未透處，其所著之書俱存，可覆按也。聖人之言性與天道，不外繫辭傳，其曰「一陰一陽之謂道」，「生生之謂易」，「陰陽不測之謂神」三語，乃原流畢貫，精一不二之語。陸王直窺見不測之神以爲至妙，故終認心爲性，而反將「一陰一陽之謂道」句忽略過去。至後之知「一陰一陽之謂道」者，又專求之於此理發用處，而未能真見及體用一源處，只體貼到「生生謂易」句，仍不免偏重不測之神，故雖謂知性，而於心性之辨，仍有未盡也。則此三語是一是二，必如朱子所言，析之有以極其精而不亂，而後合之有以盡其大而無餘，非可徒供誦説，遂爲知言也。某迂拙之見，謹守字句之間，私謂確宗朱子者，必當先於此，極其明辨焉。敢質之先生，以決此疑。敝友方魯生，讀先生日記，有記疑一條，似不爲無見，敢録以附呈，務祈指摘其謬，以求教益。或便中兼以質之文園先生，一決是非，何如？

李棠階

李棠階（一七九八～一八六五），字樹南，號文園，又號强齋，河内人。道光壬午（一八二二）進士，改庶吉士，授編修，累遷侍讀。督雲南、廣東學政，訓士以誠，倡明正學。

擢太常寺少卿，以繼祖母喪去官。主講河朔書院，四方問學者歸之。同治四年（一八六五）卒，年六十有八。謚文清。樹南之學，以治心克己爲本，居敬窮理，一守程朱之法。教人力求實踐，兼取陸王，不分門户，而志行敦篤。著有四書約解、語録、文集，又輯志節編，合刻爲遺書。清史稿卷三九一、清史列傳卷四七有傳。

李文清公遺書卷二復祝習齋書

接讀手書及日録數條，具見精進不已，下學上達之實功。關學振起，遠紹横渠，近接二曲，曷勝欽仰。弟工夫作輟，於學實未有得。承示讀二曲學髓，隨悔隨悟，日用一意在心體上用功，以貫注於動静之間，大本立而達道行，非體驗日久，省克功深，豈易及此！以是自反，倍增愧悚。然益友當前，亦頗增振厲之氣矣。竊謂陽明、二曲，吾道中霹靂手也。斬盡枝葉，直指本心，簡易直捷，而或竟以爲墮於禪，嘗切身體之，未敢以爲然也。然二先生之學，皆從千辛萬苦得來，其悟處似頓，其所以悟則漸也。是知心體非涉玄虚，要在日用間踐其實而已。本年旱蝗相繼，一冬無雪，飢饉之慮，似當預防，何以使强者不至爲盗，弱者不至流亡，先事預籌，必有成算。先儒謂新民即所以明德，司牧之職必無閉户明德之理，能使斯民飢而不害，實惠之所及，即心體之所流露，高明以爲然否？

良知之學，直指本原，從一念之炯然處下手，總須勇猛精進，與向來習染打一死仗，拌命將赤幟竪起，則此志真立，工夫自不放下。

有謂陸王偏弊，夏峰駁雜，斥爲異端者。先生曰：「道之廣大，何所不有？孔門諸子，成就各異，清、任、和面目不同。孟子指隘與不恭之失，而未嘗不稱許之，皆分道之體者也。陸王之學，均出孟子，其立言太徑，自信太過，誠不如朱子之平實細密。而要其躬行心得，實非淩空駕虚者比。孟子願學孔子，而其教人則大不同，多先直指本心，而徐誘之以擴充，此實致良知之説所自出。如不忍牛之觳觫，不忍孺子之入井，不忍狐狸之食其親，平旦之氣，嘑蹴之不受，此類非一，何者非良知乎？致即所謂擴充，所謂達也。即「無善無惡」四字，論者以爲與告子同，然語同而主腦實非。且告子言性，陽明言心之體。性即理也，即善也；心之體則洞然空虚，無得而名。無善無惡，即一物不容之謂耳。余亦蓄疑數年而後知之，難以口舌争也。至於特立宗旨，固屬稍偏，然因時立教，各有苦心。世教龐雜紛藉，學者終身尋逐而不得其緒。立一宗旨，使循途而入，用志不紛，用功較易，不得盡以孔子之渾然元氣責之也。若夫辨析之精，前人已不遺餘力，然後世仍各因其質之所近以爲學，不因前人之攻程朱遂不學程朱，攻陸王遂不學陸王也。

梨洲述陽明學案，謂聖人教人，只是一个行，如博學等項皆是行。夫陽明以知行合一救空知之蔽可也，若謂止是一个行，則偏矣。實力做博學等工夫，固亦是行，然學其所以行，問其所以行，思其所以行，辨其所以行，究竟是先知後行。且聖人説多聞多見知之次，此等意屢見，豈止是一个行！陽明以致良知立教，豈止是一个行！梨洲之語泥矣。

陽明論學，惟説立誠，亦與朱子主敬之説相通。蓋立於誠而不移，固該得敬；居乎敬而不去，亦該得誠，未有能居敬而不誠者。梨洲以正心修身全無工夫，則大學何又多所謂「修身在正其心」，所謂「齊家在修其身」二章乎？朱子格物本有次第，觀或問可證。陽明譏其先去窮格物理，茫蕩無著落，覺過當。格致誠正功夫，互相貫通，若截然分開，便都不成工夫，聖賢亦無此工夫也。故愚謂「格致」節亦有誠正，誠正中亦有格致工夫，原一時並進，但略有先後耳。

黄式三

黄式三（一七八九～一八六二），字薇香，號儆居，定海人。歲貢生。黄氏於學不立門户，博綜群經，治易治春秋，而尤長三禮。著論語後案、書啟幪、詩叢説、詩傳箋考，春秋釋等。同治元年卒，年七十四。清史稿卷四八二儒林傳三、清史列傳卷六九儒林傳下二有傳。

儆居集四讀子集二讀陸氏象山集

陸氏象山之學，王陽明宗之，藉以樹敵於朱子，後儒遂稱之曰陸王。然而陸氏與王氏有同有異，與朱子有異亦復有同。陸氏以爲仁義者人之本心，愚不肖則蔽於物欲而失本心；賢智者則蔽於意見而失本心。人必先立其志，躬行實踐，日充其本心之大，此一生論學之旨也。而其與趙詠道書則云：「大學致知、格物，中庸博學、審同、謹思、明辨，孟子始條理者智之事，固先乎講明矣。」「未嘗學、問、思、辨，而曰吾惟篤行之而已，是冥行者也。自孟子言之，則事蓋未有無始而有終者。講明之未至，而徒恃其能力行，是猶射不習於教法之巧，而徒恃其有力；能至於百步之外，而不計其未嘗中也。」講明有所未至，雖伊尹、伯夷之聖，而孟子顧有所不願學，拘儒瞽生安可以硜硜之必爲而傲知學之士？其與劉淳叟、包顯道、彭子壽書，皆言先知後行，是大綱本同於朱子矣。惟朱子承伊川之學，致知格物必盡窮天下之物理；陸氏以爲人情、物理之變，不可勝窮，是以堯舜之智不遍物，學者恥一物之不知，恥非所恥，終身習支離之學而義利未分，端緒未正，本心汩没，反將置之不恥，意蓋深憫乎此而有異於朱子耳。若王氏言知行合壹，言行先於知，以格物爲正物，以致知爲致良知，以學、問、思、辨爲力行之功，以無善無惡爲心之本體，説皆異於陸氏，故其答席元山書既稱象山之學簡易，孟子之後一人，而又嫌其學問思辨、致知格物之説未免沿襲之累，則王氏直簡於陸氏而不顧其太簡邪！抑嘗讀朱子吕子約書云：「孟子言學問之道，惟在求其放心。今一著文字不知有己，是無知覺不識痛癢之人，雖讀書何益？」與何叔京書云：「因良心發見之微，猛省提撕，使此心不昧，則本領既立，自然下學而上達。」此其言與大學、孟子註同，豈不與陸氏若合符節乎？而後之爲朱子學者，必謂與吕、何書在年四十以前，猶非定論，抑又拘矣！讀先儒書不必泥於時之先後，而只論其説之是非。説果未盡是邪，則當知其非；未盡非耶，則當知其是。朱子平日教學者，詳言自明誠，未嘗不言自誠明；陸氏平日教學者，詳言自誠明，未嘗不言明誠。讀朱子書正當以所與吕、何諸書征成其是；讀陸氏書亦當以所與趙、劉、包、彭諸書彌縫其闕。朱子謂學問所以求放心，正欲讀書者之輾轉歸己也；陸氏以宇宙事皆分内事，安得以考訂經傳爲儒者分外事也？稽生弟穎曰：「一卷誠明説，與此合讀，可以化偏。」

讀子集三讀羅氏困知記

明正德、嘉靖後，陸象山、王陽明之學盛行，其駁擊程、朱二子者鋒甚鋭。羅氏整庵折其角，繼起者遂蹈其足，於是談陸、王者各有所顧畏而不敢言。顧其教簡捷，可以不讀書而希上達，聞風歆慕者，往往静坐冥悟，自謂此存養也，此求放心也，此觀喜怒哀樂未發氣象也。踐陸王之實，托程朱之似，非由羅氏困知記束之高閣乎？夫羅氏，尊崇程朱之學者也，而困知記十三章有「程朱未定於一」之論。答林次崖書則曰：吾二人皆宗朱子，執事守其説甚固，必是無疑；僕偶有所疑，務求歸於至一。答陳國祥書則曰：義理真是無窮，吾輩之尊信朱子者，固當審求其是，補其微罅，救其小偏，一其未一，乃爲尊信之實。且朱子之於兩程子何如其尊信也，觀其注釋各經，與程説時有小異，惟是之從。善哉，羅氏之言，彼其心豈欲駕程、朱二子之上乎？不如是，則無以絶陸、王之似，塞學陸、王者之口也。是以朱子爲程子之功臣，羅氏不屬朱子之佞臣。

讀子集三讀王陽明文集

朱子之經説，後學果無可疑乎？不思經傳本文而存依坿之心，循誦習傳，固無可疑也。

繹讀本文，存實事求是之心，則信其所可信，亦疑其所可疑矣。昔儒謂讀書之功始於能疑，終於能信，不疑則所信者必不真，此説豈欺我哉。雖然，朱子説之有可疑必求，朱子説之無可疑者證之，或廣求儒説之善者以校正之，而憑一人之私説以矯之，適足以滋後人之疑耳。朱子言致知力行多言隨知隨行，而云：「小學先行後知，大學先知後行。」此説之可疑者也。陽明辯之曰：「知行合一，未有知而不行者，知而不行，祇是未知。」是説也，果朱子非而陽明是乎？人固有能擇善而不能固執者，未見陽明之果是也。陳氏北溪曰：「致知力行，如目視足履，動輒相應，非截然判先後爲二事。」陽明胡不引之？朱子言致知格物，不外於讀經史及日用事物論之，而於大學格物，以爲盡窮天下之物理，如川上之嘆、鳶飛魚躍之察皆所當格，推此則一草一木必逐物格之，此説可疑者也。陽明辯之曰：「格訓至，必曰窮至事物之理而後可通，若直曰致知在至物，不可通。致知者，致吾心之良知也。物者意之用也，格，正也，致良知以正其不正也。必於事物求其理，即告子之外義。」是説也，果朱子非而陽明是乎？明新之事，非在外格之，何至外義理，不循事以度，必以私見爲理，未見陽明之果是也。格，量度也，見文選蕪城賦注、運命論注引蒼頡篇，又見玉篇、廣韻，宋車清臣取之。當量度之事物在身心、國家、天下，見宋末黎以常説、明初黄南山説，陽明胡不引之？朱子闡明僞書「道心」、「人心」之外，因謂聖人亦有二心，此説之可疑者也。陽明辯之曰：「未雜於人謂之道心，雜以人爲謂之人心，初非有二心也。天理、人欲不並立，安有天理爲主而人欲又從而聽命者？」是説也，果朱子非而陽明是乎？以道心爲天理，以人心爲私欲，未見陽明之果是也。僞尚書之文，本於荀子解蔽，統解蔽全文讀之，謂人心能危懼而道始精微也，陽明胡不引之？朱子説詩以爲善惡並存，勸懲俱見，此説之可疑者也。陽明辯之曰：「今詩非孔門之舊，朱子謂惡者可以懲創人之逸志，求其説而不得，從而爲之辭。」是説也，果朱子非而陽明是乎？漢時詩有四家，奚爲皆采里巷口傳之邪詩混入正經？未見陽明之果是也。馬貴與文獻通考力尊古序，以正朱子詩傳之失而思無邪之義乃明，陽明之駁朱子不遺餘力，往往有朱子説之必無可疑者，亦復致疑，是陽明之全非矣。而於此犖犖大者，疑所可疑，復不能博稽儒説以校正之，則陽明之是非相參也。雖然，陽明始本多讀書，後雖懲博學之溺心，而能有所疑，由其所學有素而天資高耳。後儒效之者，無陽明之天資而復素無積學，直自檜以下而已。其能如陽明之知疑者蓋鮮，而毁陽明者則曰：「是告子也，是竺乾也，是通叛藩也，交逆奄也。」無亦干城功令之太過也邪？

陽明言致良知，言知行合一，有合於聖賢誠意之學，意者，識也，實其心之所能識，是謂誠意。陽明天資既高，素有積學，所識自異於人，能於所識者求慊戒欺而實行之，此勳業之所以閎，人品之所以立也。然誠意者，誠其所已知，而致知者，必量度事宜以擴所未知，乃不以臆見爲義理耳。致知非致良知，格物豈存理去欲之謂哉！孔子之教曰「多聞擇善，多見而識」，而陽明則曰德行之良知，非由於聞見之媁求於聞見之末？故曰知之。陽明之説，其不然乎，其不然乎？如其然，則孔子教人爲知之次，而陽明媁教人爲知之上乎？爲知之上而不得，則不知而作之，人由此多矣。陽明與楊仕鳴論格致之義，直引中庸「不謬不悖，無疑不惑」以自況，而羅整庵則諭之曰：聖門設教，文行兼資，博學於文，厥有明訓。文果内邪、外邪？如謂學不資於外求，但當反觀内省，則「正心誠意」四字，無所不盡，何必於入門言格物哉？羅氏之忠告於陽明者如此。

羅氏又曰：近時以道學鳴者，考其所得，乃程朱早嘗學之而竟棄之者也。夫勤一生以求道，乃拾先賢所棄以自珍，反從而議其後，不亦誤邪？然則言致良知者，以靈悟爲尚而不能窮理，羅氏蓋深憫之而痛斥之也如此。若乃陽明在螺川與諸生談，則曰：吾儕以困勉之資而悠悠蕩蕩，坐享生知安行之成功，豈不誤歟？又曰：良知之妙，真是周流六虚，變動不居。若假以文過飾非，爲害至大。則當時學者以臆決爲義理，陽明不已自知之耶？惜其堅守一説而不欲轉耳。

孟子之學，本孝弟，擴仁義，故其言曰：「仁之實，事親是也；義之實，從兄是也；智之實，知斯二者弗去是也；禮之實，節文斯二者是也；樂之實，樂斯二者。」然則孟子言王道將使人擴充仁義與智與禮樂，亦惟本於孝弟而已。其答齊宣、梁惠，皆言申孝弟之義。答曹交曰：「堯、舜之道，孝弟而已。」又曰：「人人親其親，長其長，而天下平。」大旨固甚顯矣。論語有子言「孝弟也者，爲仁之本」，陸象山以有子之言爲支離，陽明亦言仁祇求於心，不必求於父兄事物。從其言者，能不以孝弟爲粗迹歟？夫孝弟者，不學不慮之知能也；由孝弟而接仁義，有學有慮之知能也。孟子因當時告子之流外仁義，因言仁義之本孝弟，以明其非外。在家爲孝弟，達之天下爲仁義，孟子意如此而已，非教人不學不慮也。後之人既以孝弟爲粗迹，復因不學不慮之言而有「主静」之學，於是仁義盡并爲心學，而學術乖若此類者，欲爲陸、王曲解不可得。

夏炘

夏炘（一七八九～一八七一），字心伯，一字弢甫，當塗人。道光乙酉（一八二五）舉人，以武英殿校録議敍官吴江、婺源教諭。生平不求聞達，在婺源十八年，與生徒講學，惟以誦法朱子相勖。刊發小學、近思録，示學者入德之門，士習丕變。擢潁州府教授，以道遠不克赴。左宗棠督辦浙江軍務，聘參戎幕。夏氏爲學，兼綜漢、宋，長詩、禮二經，而尤深於朱子之書。義理訓詁，名物制度，説文小學，皆能博考精研，深造自得。同治十年卒，年八十三。著有述朱質疑、學禮管釋、景紫堂文集等。清史列傳卷六七儒林傳上二有傳。

景紫堂文集卷一〇與胡墩卿論學蔀通辨及三魚堂集答秦定叟書

通辨一書，顧亭林日知録中極稱之。自陸清獻公力爲表章，遂大顯於世。按此書最精者，在後編、續編之上、中四卷，直入陸學之突奥，而抉朱學之所以然。前編中、下卷雖是此書眉目，然當時羅文莊與姚江書已發其端，通辨特因以益致其精。惟前編之上卷，竊不滿於心，以爲清瀾陳氏尚爲異説所蒙耳。

何以言之？朱子之學凡三轉：十五六歲後，頗出入二氏，及見延平而釋，此朱子學之第一轉也。受中和未發之旨於延平，未達而延平没，乙酉、丙戌之間，自悟「中和舊説」，又從張敬夫先察識後涵養之論，此朱子學之第二轉也。己丑，更定「中和舊説」，并辨敬夫先察識之非，一以「涵養用敬，進學致知」二語爲學者指南，此朱子學之第三轉也。通辨不能一一分别，概謂朱子四十以前出入禪學，與象山未會而同，非大錯乎？朱子二十九歲時，爲許順之作存齋記，以「心」字立論。既以孟子「存其心」二語名齋，何得抹煞「心」字不説？終以「必有事焉」數句爵存心之道，仍是以孟子解孟子。通辨謂與禪、陸合，是并孟子而亦禪、陸矣！答汪尚書書是爲齒德兼尊溺於異學者作引導，故其詞特謙抑。答何叔京諸書，一則懲叔京博覽之病，一則申「中和舊説」之旨。及張敬夫先察識之論，俱與禪、陸之學判若天淵。

自通辨謂朱子四十以前與象山未會而同，於是李臨川并有朱子晚年無一不合陸子之論，戴東原遂有老、莊、楊、墨、陸、朱合一之説，未必非通辨之言予之以口實也。李氏晚年全論，因通辨所譏存齋記之意，敷衍成書。戴氏孟子字義疏證，因通辨四十以前與禪、陸合之論，遂謂朱子終身之學無不如是。本朝真能爲朱子之學者，首推陸清獻公。其答秦定叟書分别與何叔京、林擇之、薛士龍諸書之次第，較通辨爲有條理。惟以朱子「四十以前出入釋老」尚沿通辨之説，是其一蔽也。清獻又謂「中和舊説」雖屬已悔之見，然謂「心爲已發，性爲未發」亦指至善無惡言，與無善無惡相楹莛，精確不易。然則「中和舊説」之不同於禪明矣，何得統謂之「四十以前出入釋老」乎？僕謂何止「中和舊説」，即十五六至二十四五，出入二氏之時，亦不過格物致知，無所不究，二氏亦在所不遺，其實與「易簡功夫」判然各别。比而合之，是緇素之不分矣。清獻又謂「朱子之學再求於退求之句讀、文義之後」，竊恐未然。朱子讀書覃究之功，自少至老終身從事，並非四十以後始求之句讀文義之間也。且與薛士龍書明云：「退而求之於句讀、文義之間，而亦未有聞也。」答江元適書云：「未離乎章句之間，雖時若有會於心，殊未有以自信。」何得專以此爲朱子之定論乎？朱子之定論在「涵養須用敬，進學在致知」二語，齊頭並進，缺一不可，未可謂「再求之於句讀、文義之間」也。

景紫堂文集卷一一　與胡墩卿論白田草堂雜著書

蒙以白田雜著爲問，王氏深於朱子之學，然細繹之，頗多轇轕不清之處。

如答江元適書「出入於釋、老者十餘年」，通辨不當遺而不載，是矣，卻又不信年譜二十四歲受學於延平之説，必三分輔漢卿之所録，謂庚辰爲受學之始，回頭看釋氏之書，漸漸破綻，實無左證。不思朱子明明自云「從遊十年」，又云「十載笑徒勞」，以庚辰計之，不過三年，與朱子自述既大不合，而語類所謂「後年歲間始覺其非」者亦大相反。凡所謂餘者，皆有限之辭，十餘年者，謂十年之外而又有餘也。若云至庚辰纔出釋學，則自十五歲數起，已十七年，「餘」字所該，不應若是之久，而年譜所謂頓悟釋、老之非者，相懸至七、八年之遠。使朱子出入二氏之迹，界限不清，是一大轇轕也。王氏又謂「朱子悟釋、老之非，在戊寅再見延平後」，比庚辰又早三年，其無定見如此。

初注文集，答薛士龍書之「二十餘年」，「二」字爲羨文，可謂能具隻眼矣，却於雜著中又改答薛書爲壬辰，文集注以爲辛卯。以還就「二」字之不爲羨文。不知自癸丑至壬辰，實僅滿二十年，無二十餘年，況士龍卒於辛卯九月，壬辰得有書？通辨列之庚寅，不爲無據。要之，此書之羨文，不僅「二十餘年」之「二」字，即「先生君子」之「生」字亦係羨文。朱子十四失怙，可稱「先君子之餘教，事延平十年」，不得云「先生君子之餘教」。答江、薛二書相爲表裏，必如王氏之説，則兩書糾纏不清，是又一大轇轕也。

知伊川「涵養須用敬，進學在致知」二語爲朱子定論，其見卓矣，卻又謂己丑仍守舊見，至庚寅以後始提敬字。不知己丑之悟，實悟於程子之言敬，前此之游移，實游移於延平之言敬字不分明。答張敬夫書、與湖南諸公論學書及已發未發説、記程門論學同異諸篇，皆極言敬字之妙，又皆己丑一時之言。必如王氏之説，則中和舊説與更定舊説，主腦不清，是又一大轇轕也。

知延平之求未發，不免少偏，是矣，卻又謂朱子悟已發、未發之旨，仍用延平涵養之説，後十餘年至甲辰與吕士瞻書，乃有疑於延平求中之説，謂當以程子之言爲正，至戊申與方賓王書，始斷然言之。不知悟已發、未發之旨，即悟延平之偏，揚方庚寅録所謂言敬字不分明也，何待十年後之甲辰哉？朱子己丑與林擇之書所謂「遂成蹉遇，辜負此翁」者，指從張敬夫先察識言也。所謂「舊聞李先生論此最詳，恨已不能盡記其曲折」者，指静中看未發之中言也，不欲斥言其非，故委婉其詞，以爲不能盡記其曲折。必如王氏之說，則所謂悟者仍未悟，是又一大轇轕也。

他如以静爲本之説，專救湖南之鬧處承當，自注及下文甚明，而王氏以爲未定之論；答汪尚書書，專爲齒德兼尊溺於異學之大老作引導，而王氏以爲其詞未決；答林擇之書，語意無弊，而王氏以爲與白沙、姚江之説相似，是皆不免自生繆轉也。足下試取王氏之書與鄙説細加推勘，不憚反復，幸甚。

景紫堂文集卷一一　與詹小澗澧茂才論朱子晚年全論書

臨川李穆堂先生爲金谿之學，晚年全論一書，聞之久矣。昨於鄰架見之，即攜置行篋中。途間讀過半，歸來全閱一通。此書不過爲學蔀通辨報仇，無他意也。

朱陸之學，晚年冰炭之甚，此通辨之説，雖百喙亦莫能翻案。乃此書爲之説曰：「朱子晚年論陸子之學，如冰炭之不相人，而朱子晚年與陸子之學，則符節之相合。」夫學則全同而論則全背，是陰篡其實，陽避其名。此乃反復變詐之小人，鄉黨自好者不爲，而謂朱子爲之乎？所引朱子之書凡三百五十餘條，但見書中有一心字，有一養字，有一静坐收斂等字，便謂之同於陸氏，不顧上下之文理、前後之語氣，自來説書者所未也。

朱子誨人，各因其材，懲心性之虚無，則每進以篤實，救口耳之泛濫，則恒示以精微。乃見朱子書中有箴學者溺於記誦語，則曰「此朱子晚年悔支離之説，此朱子晚年咎章句訓詁之説」，不復顧其所答何人，所藥何病。執是以論，則爲之猶賢乎已，孔子真有取於博弈矣。朱子一生之學，日進無疆，晚年造詣，後學何敢妄擬？然朱子之心則未嘗一日自足。望道未見之語，時流露於簡牘之間，乃見朱子自謙之言，則曰朱子五十七歲猶云「自誤誤人」，答劉子澄書。六十七歲後始云「晚方自信」，答周南仲書。七十歲後始云「至老而後有聞」，答余景思。若與同時頓悟之學，去若天淵。此鳳凰已翔乎九仞，而蟭螟猶窺於蟁睫也。悲夫！

朱子之書，宏博浩瀚，皆學者所當誦習。而尤精者在四書章句集注，時時改定，至老不倦，易簀前猶改「誠意」章，可謂毫髮無餘憾矣。乃謂朱子之四書，晚年尚無定見，亦無定本，又謂朱子補格致傳背卻經文，横生枝節，又謂朱子明知章句之解不可用，而又難於自改，又謂朱子勝心爲害、自欺欺人，其信然乎？其否乎？足下生朱子之鄉，爲朱子之學，居敬窮理，躬行實踐，不宜一刻放過，慎勿爲異説之所惑，則幸矣。

景紫堂文集卷一一與朱福堂博士論年譜書　節録

上略。惟寶應王編修懋竑所輯年譜，世稱善本，然炘曾瀏覽數過，覺於大節目可商者尚多，關係匪淺，謹摘敘其略，以求政於左右焉。

朱子幼孤，禀學於籍溪、屏山、白水之門，三先生之學皆雜禪，故朱子十五六歲，即出入於二氏。年二十四，見延平而受學，又年餘，盡棄其舊，朱子答江元適書所謂「出入於釋、老者十餘歲」是也。年譜紹興二十有三年，年二十四歲，始受業於延平先生之門。又云：「初，先生學無常師，出入於經傳，泛濫於釋、老者幾十年。年二十四，見李延平，洞明道要，頓悟異學之非。」明簡確鑿，非果齋親炙朱子之深，不能爲是言。乃王氏忽反之，謂朱子癸酉初見延平，未嘗受學，直至庚辰歲始受學，而悟釋、老之非。於是改癸酉爲初見，而移「受學」二字於庚辰之冬，將「先生學無常師」云云，盡行删去。不思從遊十年，誘掖諄至，實出自朱子之口，焉可誣乎？此於朱子之學問大有關繫，當考訂一也。

朱子家禮一書，易簣後始出，雖爲未成之書，然綱舉目張，斟酌司馬、程氏之説而折衷不苟；黄勉齋、楊信齋、黄子耕、陳安卿諸高第弟子，皆信之不疑，即朱子之三子敬之先生亦以爲是，其序載於文集，其遵行遍於天下後世。乃王氏忽援元應氏之説，以爲斷非朱子之作，遂於乾道六年下删年譜「家禮成」一條。此與朱子之著述大有關繫，當考訂二也。

朱子同時之學，湖湘則張宣公，浙則吕成公，江西則陸文安公。宣公之學，最心折朱子，末乃同歸而一致。成公殁後，吕子約、潘叔昌諸公，頗爲永康議論所震。朱子提舉浙東一年，與浙人往來，深知浙學之弊，故於淳熙十一年，大書「力辨浙學之非」六字。浙學不僅子約、叔昌諸公，永康、永嘉皆在其内，此亦必是果齋之原也。至於江西陸氏之學，自淳熙二年與朱子會於鵝湖後，朱子與朋友講習，屢言其所學之偏，非浙學比也。乃王氏忽於淳熙十二年書曰「辨陸學之非」，又書曰「辨陳學之非」，無論辨陸學不始於十二年，即以爲白鹿會，由曹立之墓表起釁，亦在十年癸卯，與十二年何涉？且陳學即浙學也，浙學之壞，實由於同甫，乃必出同甫於浙學之外，誠不識王氏命意之所在。此於朱子之議論大有關繫，當考訂三也。

乾道庚寅，朱子葬其母於後山天湖之寒泉塢，因築室寒泉，讀書其間。小祥之後，諸生就之講習，遂攜二子同往，并招蔡季通課之。後既免喪，益加修葺，往來讀書不輟，名之曰寒泉精舍。季通云：「先生居喪盡禮，既葬日居墓側，旦望則歸奠几筵。」此亦必果齋之舊本，後人不能憑空誤出，乃王氏深疑此事非是，竟全將此節删去，不知朱子表弟程允夫先生，曾與朱子書云：「聞已襄大事，遂廬墓側」，乃其確據。又未免喪以前，只稱寒泉，不名精舍。廬墓讀書，古人行之者甚多，並非朱子之越禮。此於朱子之孝思，大有關繫，當考訂四也。

李文愍爲姚江之學，年譜序中，以舊譜尊朱詆陸爲私家言，則於舊譜之議陸學者或有删節，誠未可知。然文愍在嘉靖朝，不附嚴嵩，以致死於獄中，乃端人也。姚江之學雖與朱子殊，至其立身大節，卓然天壤，凡學於姚江之門者，往往有大賢君子出乎其間，不得因其學而肆爲排詆。沈繼祖劾朱子一疏，閩本、吴本俱載於年譜中，雖非果齋之舊，亦未必出文愍之手。乃王氏疑此疏不見宋史，乃是陽明後人僞造以詆朱子，而載入年譜，爲後人之無識。不知宋李秀巖道命録中早已全載，何王氏竟未之考也？嗟乎！人至僞造文字以詆先賢，非小人之尤者不至此，學姚江之學者，何至奸詐無良若是？不惟無以服姚江後人之心，且恐重爲吾道之累，當考訂者五也。下略。

述朱質疑卷八陸文達公學術與文安公不同考　節録

江西二陸並稱，後世因鵝湖之會文達、文安兄弟與朱子論學不合，遂統謂之曰朱陸，不復別文達於文安之外。不知文達之學，晚年有就正之功，文安之學，終身無轉移之境也，比而考之，竊取君子之表微焉。中略。

朱子年譜：淳熙二年乙未，吕伯恭來自東陽，過先生寒泉精舍。東萊歸信州鵝湖寺，江西陸九齡子壽，弟九淵子静及清江劉清之子澄皆來會。

嚴松年録象山語云：「吕伯恭爲鵝湖之會，先兄復齋謂某曰：『伯恭約元晦爲此集，正爲學術異同。我兄弟先自不同，何以望鵝湖之同？』先兄遂與某議論致辨，又令某自説，至晚罷。先兄云：『子静之説是。』次早某請先兄説，先兄云：『某無説。夜來思之，子静之説極是。方得一詩云：孩提知愛長知欽，古聖相傳只此心。大抵有基方築室，未聞無址忽成岑。留情傳註翻榛塞，著意精微轉陸沈。珍重友朋相切琢，須知至樂在於今。』某云：『詩甚佳，但第二句微有未安。』先兄云：『説得恁地，又道未安，便要如何？』某云：『不妨。』一路起行，某沿途卻和此詩。及至鵝湖，伯恭首問先兄別後新功，先兄舉詩方四句，元晦顧伯恭曰：『子壽早已上子静船了。』舉詩罷，遂致辨於先兄。某云：『途中和得家兄此詩云：墟墓生哀宗廟欽，斯人千古不磨心。涓流滴到滄溟水，拳石崇成泰華岑。易簡功夫終久大，支離事業竟浮沈。』舉詩至此，元晦失色。至『欲知自下升高處，真僞先須辨只今』，元晦大不懌。於是各休息。異日，二公商量數十折議論來，莫不悉破其説。繼日凡致辨，其説隨屈。伯恭甚有虚心相聽之意，竟爲元晦所尼。」

王氏懋竑云：「按象山語録，子壽與子静學問原有不同，及將會鵝湖，子静再三辨論，而子壽乃以子静之言爲是，遂作『孩提知愛』一詩，子静以爲然。故鵝湖之會，子壽舉詩四句，朱子曰：『子壽早已上子静船了。』其時二陸與朱子辨論，皆不合。」

炘按：春秋重主盟，此會雖陸氏兄弟同來，實文安主之。文達與文安之學，平日本不同，是以文安謂文達曰：「我兄弟先自不同，何以望鵝湖之同？」則其家庭之旨趣可知矣！未會之前，文安先與文達講論者，蓋必求其同，欲文達之從己也。文達知文安之意，故令其先説。又知文安不可屈，故但云「子静之説是」也。次日文安仍恐其不合，故再問之。文達益知其不可屈，故云「子静之説極是」也。「孩提知愛」一詩，即就文安之所説而詠之，以明己之必不異於文安。而文安猶以第二句爲未安者，推其意，以爲孩提知愛，既長知欽，途人之心皆有之，不必古聖人之相傳，故和詩易之云「斯人千古不磨心」，隱以規文達之不足也。後世良知之學，即從鵝湖詩首二句悟入。陸氏兄弟本東萊之友，與朱子不相識，東萊留止寒泉數十日，必爲朱子言二陸梗概，並文達與文安不同之處。故朱子一聞其詩，深訝子壽將登於岸之學，竟爲子静一葦航之也，不然朱子何以知之哉？

象山年譜：「先生更欲與元晦辨，以爲堯舜之前何書可讀。復齋止之。」

炘按：文達之止文安，有深意存焉。非徒爲一時辨難之不已也。下略。

東萊集與元晦書云此書：在庚子張南軒既卒之後。「子壽前日經過，留此二十餘日，幡然以鵝湖所見爲非，甚欲著實看書講論，心平氣下，相識中甚難得也。」

炘按：文達去年詣鉛山，今年過東陽，即此兩年之間，仆仆於朱吕之門，非幡然改悔，求道真切，其何能若是乎？

朱子文集答張敬夫書即答敬夫前書。云：「子壽兄弟得書，子静約秋涼來遊廬阜，但恐此時已换卻主人耳。朱子應詔上封事，孝宗大怒曰：『是以我爲亡也。』趙雄力爲救解乃已。渠兄弟今日豈易得？但子静似猶有舊來意思。聞其門人説，子壽言其雖已轉步而尚未移身，然其勢久之亦必自轉。回思鵝湖講論時是甚氣勢？今何止十去八九耶？」

炘按：此書專説文安，不説文達，蓋文達去年會鉛山，已改從朱子之教矣。文安之「雖已轉步而尚未移身」，出自文達之口，則文達勸戒之力居多，惜乎是年九月文達遂卒，而文安仍自守其事以終身也。

述朱質疑卷八朱子深戒及門不得無禮於金谿説

昔孔子初見老子，史記載其謂老子之言甚倨，而孔子不以爲忤，且有猶龍之嘆。非老子之賢過於孔子，孔子之聖果不免於老子之所譏也。其時老子年高而德尊，孔子適周問禮，方以弟子之禮事之，謙恭卑下，乃少事長之禮當如是耳。朱子一生，拳拳小學、少儀、弟子賦諸篇，采輯甚備，所以守尼山之家法，而爲後生小子之慮者，可不謂深乎！宋乾淳之間，陸文安公以德明先覺之資掘起金谿，聚徒講學，與建安壇坫相望，一時英俊後學之士鮮有及者。是以朱陸之門互相切磋。劉淳叟者，學於陸氏而登朱子之堂者也，來相見時極口以子静之學爲大謬。朱子詰之曰：「子静學術，自當付之公論，公不得遽如此説。」又朱子過江西，與文安之兄文達對語，而純叟不顧而去，獨自默坐。朱子曰：「便是某與陸丈言不足聽，亦有數年之長，何得如是？」諸葛誠之者，亦遊於兩先生之門者也。朱子詒之書曰「示喻競辨之端，三復惘然。愚意欲深動同志者，兼取兩家之長，不得輕相詆議；「向來講論之際，見諸賢往往有立我自是之意，無復少長之節、禮遜之容。至今常不滿也。」嗟乎！觀朱子之所以戒及門者，然後知朱子之於金谿，其心平，其氣下，其禮恭，其詞遜，既以禮自律，復以禮約束及門之士，其所以救金谿之失者，不徒其論説之異同也。後世學朱子之學者，矩矱宣尼，誦法小學，躬行實踐之餘抑然自下，不敢放言高論以取僭逾之咎，雖未必遽詣學之精微，而大本固已得矣。彼揚眉瞬目如傅子淵者，宜其喪心而失志，而朱子之學所以能傳之萬世而無弊與！

羅澤南

羅澤南(一八〇一～一八五六),字仲嶽,湘鄉人。所居曰羅山,因以自號。年三十三,補縣學生。逾四十,始補廩生。咸豐元年(一八五一)舉孝廉方正。二年,太平軍攻長沙,縣令召練鄉勇。曾國藩督治團練,遂以其徒屬焉。江西省城被圍,檄使赴援,六年三月二日,以霧中追賊至城下,右額中礮子,傷創甚,越三日卒。羅氏之學,推尋濂、洛、關、閩之緒,瘏口焦思,大暢厥旨。以爲天地萬物本吾一體,量不周於六合,澤不被於匹夫,虧辱莫大焉。懍降衷之大原,思主静以研幾,故宗張子而著西銘講義,宗周子而著人極衍義;宗朱子而著小學韻語、姚江學辨。清史稿卷四〇七、清史列傳卷四二有傳。

姚江學辨卷一 節録

陽明先生曰:性善之端,須在氣上始見得。若無氣,亦無可見矣。惻隱、羞惡、辭讓、是非,即是氣。程子謂:「論性不論氣,不備;論氣不論性,不明。」亦是爲學者各執一邊,祇得如此説。若見得性明白時,氣即是性,性即是氣,原無性氣之可分也。氣者理之運用,理者氣之條理，無條理則不能運用，無運用則亦無以見其所謂條理者也。

孟子言性善，後世論性者紛紛不一。至宋儒分言義理之性，氣質之性，道始大明於天下。蓋人性皆善，因乎義理之同然，其心有善惡之不同者，氣質各殊故也。雖曰天命之理不離乎氣之中，要之理自理，氣自氣，實有不相蒙者。陽明曰「性即氣，氣即性」，又曰「氣者理之運用，理者氣之條理」，是告子「生之謂性」矣，佛氏之「作用是性」矣，烏足與言性哉？嘗讀孟子之書，雖未明言氣質之性，而其言性與氣者亦多矣。「雖存乎人者，豈無仁義之心哉？」「牿之反覆，則其夜氣不足以存。」謂夜氣不足以存仁義也。夜氣即仁義，豈人之違禽獸不遠者，無仁義亦無夜氣乎？「其爲氣也，配義與道」，謂養其浩然之氣，足以配道義而行之也。道義即氣，何以謂之配乎？王子之居移氣即爲移理，何以不如居天下之廣居者乎？孟施舍之守氣即爲守理，何以不如曾子之守約乎？是一是二，固不待辨而明矣。且也，理即是氣，則血氣未定，即爲理之未定，血氣方剛，即爲理之方剛，血氣既衰，即爲理之既衰，君子之戒色、戒鬬、戒得，亦甚覺其不順乎理也已。陽明不然宋儒之分言氣質，以爲理即是氣，獨不思乎孔孟之言理與氣，早已判然也哉？且夫理至一者也，氣不一者也。氣運有古今，道不以古今而殊也；風氣有南北，理不以南北而異也；氣數有壽夭、窮通，理不以壽夭、窮通而增減也；氣禀有智愚、賢否，理不以智愚、賢否而加損也。果如陽明之言，則堯、舜性之，湯、武身之，其禀氣之清者，故其理亦善也。熊虎之狀，豺狼之聲，其禀氣之惡者，即其理之惡也。中人之性可以爲善，可以爲惡，亦其理之有善有惡也。凡天下之人有躁氣，有暴氣，有乖氣，有戾氣，有惰慢之氣，囂張之氣，邪靡之氣，噍殺之氣，皆不得謂之爲非理。匪特主持風氣，挽回氣運，與自立乎氣數之學可以不必，即變化氣質之功亦可以不用矣，尚得成其爲人乎哉？夫學陽明之學者無論矣。明儒之中，亦有力詆陽明爲禪、爲佛者，而於理氣合一之説，終不敢以爲非，抑亦未之思耶？

陽明曰：夫心之本體即天理也，天理之昭明靈覺，即所謂良知也。君子之戒慎恐懼，惟恐其昭明靈覺者昏昧放逸，流於非僻邪妄，而失其本體之正耳。

明道謂：「吾學雖有所受，然天理二字，卻是自家體認出來。」良知即是天理，體認者，實有諸己之謂也。

良知者，心之本體，即所謂恒照者也。

爾那一點良知，自爾自家的準則，爾意念著處，他是便知是，非便知非，更瞞他一些不得。爾祇不要欺他，實實落落依著他做去，善便存，惡便亡，這裏何等穩當快樂！

惟天下至聖爲能聰明睿知，舊看何等玄妙，今看原是人人自有底。耳原是聰，目原是明，心思原是睿知。聖人只是一能之耳，能處正，是良知；衆人不能，只是箇不致知。何等明白簡易。

人要知這良知訣竅，隨他多少邪思妄念，這裏一覺都自消融，真箇靈丹一粒，點鐵成金。

吾「良知」二字，自龍場以後，已不出此意，只是點此二字不出，與學者費卻多少辭説。今幸點出此意，真是直截，學者聞之，亦省卻多少求索。一語之下，洞見全體，學問之道，至此已是十分説得下落，但恐學者不肯實去用力耳。

薛尚謙、鄒謙之、馬子辛、王汝止侍坐，因歎先生自征寧藩以來，天下謗議益衆，請各言其故。有言先生功業勢位日隆，天下忌之者日衆；有言先生之學益明，故爲宋儒爭是非者亦日博；有言先生自南郡以後，同志信從者日衆，而四方排阻者日益力。先生曰：「諸君之言，信皆有之，但吾一段自知處，諸君俱未道及耳。」諸友請問，先生曰：「我在南郡以前，尚有些子鄉愿底意在。我今信得這良知，真是真非，信手行去，更不著些覆藏。我今纔做得箇狂者的胸次，使天下之人都説我行不掩言也罷。」

「良知」二字，本之孟子，曷病耶？曰：非「良知」二字之病，陽明所言之良知有病也。陽明所言之良知，非孟子之所謂良知也。人之爲人，有心、有性、有情。仁義，性也；愛敬，情也；知愛知敬者，心也。人得天地之理以成性，即得天地精英之氣而爲心。心之爲物，虛靈不昧，性之具於其中者，能燭照而不差。事物之來，心即運此理以應之。能知者，氣之靈也；所知者，心之理也。孟子言良知，隨明之曰：「知愛其親，知敬其長。」又曰：「親親，仁也；敬長，義也。」欲人即此知之自然者，以見仁義爲吾性之固有，非謂良知即天理也。四子之書，言知者多矣，曰知德，曰知道，曰知禮，曰知止，曰知性、知天。言道、言德、言止、言天、言性，此指理而言也，未有以知爲理者。陽明謂良知即天理，即本體，蓋誤認氣爲理矣，誤認心爲性矣。孟子之言，豈如是哉？且也，人稟二五之氣，有或清或濁之不同，故其心之所知，有或廣或狹之各異。稟氣之最清者，知之所及，自能徹始徹終；其次則其氣不能極清，故其知不能極明。人無不知愛其親也，愛中之條理，孰能悉周？人無不知敬其兄也，敬中之儀節，豈能盡照？知愛知敬者，天性之同然，有不能盡知者，氣稟之有限也。試即天下之人觀之，事有知其大綱，而不能知其細微者矣；有知其一偏，而不知其全量者矣；且有語以一理，多方導之而不能悟者矣；投以一事，竟日思之而不能會者矣。彼其心豈無良知哉？特以資自所蔽，而不能遽知耳。孟子言知，言知性，言博學詳説，嘗示人以學問之道，蓋必有學而後可以充其知，固未嘗以此良知，遽欲人廢學也。陽明則謂人人有此良知，是便知是，非便知非。且謂至誠之聰明睿知，是人人皆有底。誠如是，天下皆聖人矣，天下皆生知矣。孔子曰：「或生而知之，或學而知之，或困而知之。」其言甚謬矣！曰：

「民可使由之，不可使知之。」其言不足信矣！何以古今來昏昧者若此其多，聖人若此其少乎？捐棄學問，徒恃良知，孟子之言又豈如是哉？然則陽明之於良知，何津津言之不置耶？曰：陽明之學，佛氏之學也，陽明之良知，即佛氏之本覺。佛者覺也，覺有始覺，有本覺。本覺者，常住不動，真性如如者也。始覺者，由悟而入者也。佛經多言慧言智，曰真識，曰善知識，曰藏識海，曰平等智慧，曰不生不滅等是智，曰如來清淨智，曰識宅，皆指其本體而言。蓋佛氏以知覺爲性，故以慧智言本體也。陽明奉此邪説，自以爲絶大神通，曰良知即天理，即本體，真性如如之本覺也；曰覺得良知訣竅，隨他多少邪思妄念都是消融，由悟而入之始覺也。達摩不立言語文字，即心即佛。陽明掃除學問，主良知以立教，是爲謹守孟子之言乎？抑亦悖叛孟子之道，而入達摩之室乎？顔子没而聖學亡。孟子之學，久爲良知家所鄙棄，不過借此二字，以遮蓋佛氏頭面已耳。故曰：陽明所言之良知，非孟子所言之良知也。陽明自南郡以來，始以致良知爲宗旨，前此猶未溺於此乎？曰：陽明自幼即篤信二氏，特未於孔、孟書中得此二字，以爲改頭换面之具，故屢費辭説，而猶不能明其意。及其辭之既窮，又不能遁入舊説，此陽明自謂有鄉愿底意思也。及此二字入手，遂不難舉孔、孟、程、朱之旨，盡納之佛氏矣，不亦無忌憚之甚哉！

仙家説到虚，聖人豈能虚上加得一毫實？佛氏説到無，聖人豈能無上加得一毫有？但仙家説虚，從養生上來；佛家説無，從出離生死上來。卻於本體上加卻這些意思在，便不是虚無的本色，便於本體上有障礙。聖人衹是還他良知的本色，更不著些子意思在。良知之虚，便是天之太虚；良知之無，便是太虚之無形。日月、風雷、山川、民物，凡有形貌聲色，皆在太虚無形中發用流行，未嘗作得天地障礙。聖人衹是順其良知之發用，天地萬物俱在我良知發用流行中，未嘗又有一物超於良知之外，能作良知的障礙。

問：「佛以出離生死誘人入道，仙以長生久視誘人入道，究其極至，亦是見得聖人上一截。後世儒者，又只見聖人下一截？」陽明曰：「所論上一截、下一截，亦是人見偏了如此。若是聖人大中至正之道，徹上徹下，直是一截，更有甚上一截、下一截？」

天地萬物皆實理之所爲也。理至虚也，而有至實者存；理至無也，而有至有者在。故天得此理，有以成其爲天；地得此理，有以成其爲地；日月、風雷、山川、民物得此理，有以成其爲日月、風雷、山川、民物。人稟天地之精英以生，性之具於其中者爲最明。藴之爲五常之德，發之爲惻隱、羞惡、恭敬、是非之情，施之爲視、聽、言、動與夫君臣、父子、夫婦、兄弟、朋友，由是而仁民，由是而愛物，由是而贊化育，參天地，莫不因此理之自然者爲之綱維於其間，分雖殊，理實一也。是故聖人者，順此真實之理，以達其用於天下，民彝物則，所以常存於宇宙也。仙、佛者滅此真實之理，而陷溺於虚空，日用倫常所以盡去之而不顧也。

今其言曰「仙家説到虚，聖人豈能虚上加得一毫實；佛家説到無，聖人豈能無上加得一毫有」，是實以聖賢之真實而爲佛、老之空虚也。誠如是，是必掃天下之至實而盡歸之於虚滅，天下之至有而盡歸之於無矣。即令不盡掃之，盡滅之，而其所以視此至實至有者皆爲外鑠，而不出於性之本然矣。匪特口、耳、鼻、舌、身、意及君臣、父子、夫婦、昆弟、朋友之倫，可以棄之而不顧，即天之運，地之載，日月之照臨，風雷之鼓盪，山川之流峙，民物之蕃生，皆歸夢幻，而適見其多事矣。充陽明之説，是不至毁滅天地、消融民物而不已也。豈其然哉？夫仙家説長生，佛家説脱離生死苦海，此固背叛天理以自私自利者也。然莊子外形骸，一死生，養生之説已爲其所不屑言；佛家以阿羅漢獨了死生爲下乘，運載無邊、得無上菩提爲上乘，則超免輪迴，猶佛説之最低者。即教仙家不言長生，佛家不言脱離生死苦海，其所以爲教者，與聖人之道同乎？異乎？舍其虚無之大罪，徒責其長生輪迴之私利，是放飯流歠，而問無齒决耳。至謂儒者之教，與仙家長生久視誘人入道，佛家之出離生死誘人入道，徹上徹下，原自一貫，是不僅聖人之道無異於佛、老之虚無，而其所以自私自利者，亦與之無别矣。言之不經，亦至此極哉！陽明自幼酷好二氏，十七歲入鐵柱宫，見有道者叩之，得聞養生之術；後又聞地藏洞有異人，坐卧松毛，不火食，歷巖險訪之，因論最一上乘，乃築室陽明洞中，行導引術；三十七歲，居龍場驛中，夜悟大學格物之旨，始謂大學之道，吾性自足，向之求理於事物者誤也；五十歲居南昌，始揭良知之學教人，自謂千聖相傳一點骨血，聖賢實有之旨，盡從而變亂之。蓋其浸淫於二氏者深矣。人苟不深格致之功，確見聖道之所在，不爲邪說所亂者幾希。孟子曰：「能言距楊、墨者，聖人之徒也。」

姚江學辨卷二 節録

日孚問曰：「先儒謂一草一木亦皆有理，不可不察，如何？」先生曰：「夫我則不暇，公且先去理會性情，須能盡己之性，然後能盡物之性。」初年與錢友同論做聖賢要格天下之物，因指亭前竹子令去格看。錢友早晚去窮格竹子的道理，竭其心思，至於三日，便至勞神成疾。當初說他，直是精力不足。某因自去窮格，早夜不得其理，到七日亦以勞思成疾。相與歎聖賢是做不得的，無他大力量去格物了。及居夷三年，能見得此意思，乃知天下之物本無可格者，其格物之功只在身心上做工夫，決然以聖人爲人人可到。

程子九條言格物之功，罔不切於身心，此條謂求之性情固切於身，然一草一木以矜博洽也。特以一草一木各有至理，取之必有其道，用之必有其節，亦不可不審察耳。君子之於物也，愛之而弗仁，故仁民之心重且長，愛物之心輕且短。非不欲重且長也，物與我既同生而弗類，則其愛之之勢亦有不能徧及者。其格物也亦然。於身心家國天下之道，窮之必極其精，究之必盡其量，而於草木鳥獸，亦惟察其所以取之用之之道而已。蓋其所以格之者，即格我所以愛之之方，不格其理，則必有不得其宜者矣。使謂草木鳥獸不必致察，則孔子所謂「多識於鳥獸草木之名」，不亦無所裨益也哉？若夫亭前竹子之説，不過陽明設言以嘲格致之學者耳。彼將格生竹子之道乎？萬物禀天地之氣以生，形形色色，莫非孕此二五之精，不必獨即竹子格之也。其格竹子之用乎？則彰明較著，不勞如此之審索也。以智慧之陽明，七日尚不解竹子之道，陽明何若是之愚乎？以不學而知之良知，七日尚不解竹子之理，良知何若是之昏乎？以不肯格物之陽明，於日用倫常不肯稍爲窮究，於一竹子竟格至七日而成病，又何舍其所當格，而格其所不必格者乎？此嬉笑怒駡之言，實未嘗有其事耳。

愛曰：「著述亦有不可闕者，如春秋一經，若無左傳，恐亦難曉。」先生曰：「春秋必待傳而後明，是歇後語謎矣。聖人何苦爲此艱深隱晦之詞？左傳多是魯史舊文，若春秋須此而後明，孔子何必削之？」愛曰：「伊川亦云，傳是案，經是斷，如春秋弑某君，伐某國，若不明其事，恐亦難斷。」先生曰：「伊川此言，恐亦相沿世儒之説，未得聖人作經之意。如書某弑君，即弑君便是罪，何必更問其弑君之詳？征伐當自天子出，書伐國，即伐國便是罪，何必更問其伐國之詳？聖人述六經，只是欲正人心，只是要存天理，去人欲。於存天理去人欲之事則嘗言之，或因人請問，各隨分量而說，亦不肯多道，恐人專求之言語，故曰『予欲無言』。若是一切縱人欲與乎滅天理底事，又安肯詳以示人，長亂導奸也？」

詩非孔子之舊本矣。孔子曰：「放鄭聲，鄭聲淫。」又曰：「惡鄭聲之亂雅樂也。」鄭、衛之音，亡國之音也。」此是孔門家法。孔子所定三百篇，皆所謂雅樂，皆可奏之郊廟，奏之鄉黨，皆所以宣暢和平，涵泳德性，移風易俗，安得有此？是長淫導奸矣。此必秦火之後，世儒附會以足三百之數。蓋淫佚之詞，世俗所喜傳，於今閭巷皆然。「惡者可以懲創人之逸志」，是求其説而不得，從而爲之辭。

春秋一書，聖人即二百四十年行事，筆則筆，削則削，以定其事之是非，而垂萬世之法戒，而其事之源委，自必觀傳而後明。聖人非厭魯史舊文，詳載奸亂之事，故削之以杜其禍也。欲人知某事爲可法，某事爲可戒，筆之削之，以寓其褒貶也。陽明謂已書弒君，書伐國，何必更問其弒君伐國之詳？一切縱欲滅理之事，聖人必不肯詳以示人，以長亂而導奸。誠如所論，則春秋之詞雖簡，亦既明書其弒君矣，明書其伐國矣，豈遂不足以長亂而導奸乎？是聖人必掃滅古今之惡事，使天下之人耳不得而聞，口不得而言，而後可以正一世之人心，又何必明書其惡，以示天下萬世乎哉？詩之爲義，朱子論之特詳，「善者可以感發人之善心，惡者可以懲創人之逸志」，二語可以括三百篇之大旨，而發「思無邪」之蘊。陽明謂孔子所定三百篇皆是雅樂，鄭、衛之詩，必秦火之後，世儒附會，以足三百之數。不知太史採詩，以觀民風，欲以觀民風之邪正也。使徒採其詩之善者，而去其惡者，民風亦無由而觀矣。詩可以觀，以觀其得失也，使有勸而無懲，學者亦何由而觀之？聖人之放鄭聲也，不令其聲奏之於郊廟朝會，以其能溺人聽也，而不刪其詩者，欲以見風俗之邪正，使人知有所戒也。又何疑其爲世儒之附會，以足三百之數哉？詩與春秋二經，聖人所以善惡並存者，原以昭古今之法戒。使謂詩之淫亂者必刪去而不可存，則春秋之弑君伐國，聖人亦不必筆之於書矣。陽明之學，喜簡而厭繁，春秋經聖人之筆削則不敢議，遂謂傳可以不存；詩有鄭、衛之風，遂謂是後儒之附會。總之，欲人措其心於語言文字之外，不復窮經以致用耳，豈有他哉！

先生遊南鎮，一友指巖中花樹問曰：「天下無心外之物，如此花樹在深山中，自開自落，於我心何相關？」先生曰：「爾未看此花時，此心與爾心同歸於寂；爾來看此花時，則此花顏色一時明白起來，便知此花不在爾的心外。」

朱本思問：「人有虛靈，方有良知，若草木瓦石之類，亦有良知否？」先生曰：「人的良知，便是草木瓦石之良知，若草木瓦石無人的良知，不可以爲草木瓦石矣。豈惟草木瓦石爲然，天地無人的良知，亦不可以爲天地矣。蓋天地萬物原是與人一體，體必有主，其發竅之最精處，是人心一點靈明。風雲、雷雨、日月、星辰、禽獸、草木、山川、土石，與人原是一體，故五穀禽獸之類皆可以養人，藥石之類皆可以療疾，只爲同此一氣，故能相通耳。」

人之與物，同稟此天地之理以成性，同稟此天地之氣以成形，天地萬物皆吾一體，故五穀可以養人，藥石可以治病，以同此氣故也。然其理雖一，而其氣則有靈明、頑蠢之不同，故物之與人有絶不相通者。夫飛禽走獸，有血氣斯有知覺也，草木則無知覺矣。巖谷之花自開自落，不以無人看而寂然，不以有人看而感通。陽明謂未看花時，花與人心同歸於寂；至看花時，花色便明白起來，果何從見其明白乎？草木猶有生機者也，瓦礫則無生機矣，頑質蠢魄，冥然罔覺，碎之則痛癢無關，存之亦情意胥絶。陽明謂草木瓦石之良知，即是人之良知，果何從見瓦石之有良知乎？蓋陽明之學，本之釋氏，其以天下無心外之物，此楞嚴經所謂山河大地，咸是妙用，真心中物也。巖花開落，與心無關，則花在心外矣，不得不曲言花色一時明白也。以良知爲天理，此佛氏之以知覺爲性也。草木瓦石無良知，則天下有性外之物矣，不得不言草木瓦石之有良知也。不知性屬乎理，知屬乎氣，氣既不同，靈頑各别，花色即不明白，固無害於此氣此理之同；草木瓦石雖無知，亦無害於此氣此理之一。陽明矜言萬物一體，實不明乎萬物一體之道，故其言遂如是之牽强耳。大珠和尚曰：

「黄華若是般若，般若即同無情；翠竹若是法身，法身還能應用。」彼以般若、法身在黄花、翠竹之外，蓋亦不知此氣此理之同故也。子貢曰：「君子一言以爲知，一言以爲不知。」誠哉是言也！

蘇秦、張儀之智也，是聖人之資，後世事變文章，許多豪傑名家，只是學得儀、秦故智。儀、秦故智，善揣摩人情，無一息不中人肯綮，故其説不能窮。儀、秦亦窺見得良知妙用，但用之於不善。

古今樂言良知者，莫陽明若也。古今來之誣良知者，亦莫陽明若也。良知者，本乎天理之自然而出者也。仁也，自能知其爲仁；義也，自能知其爲義，斯謂之良知。機械變詐，不循乎理之當然，良知之賊也。古之人性道精明，義理昭著，陰謀詭譎，概不敢用，而臨事而懼，好謀而成，詐與不信，亦自能先覺之，能充其良知之量故也。張儀、蘇秦，妾婦之道也，揣摩人情，無一些不中肯綮，妾婦中之慧而黠者也。三代而還，正學不行，事變之來，人多師其故智，以僥倖成功，是以禮義日見其喪亡，人心日見其偷薄，其所以錮蔽此良知者，甚非淺鮮。陽明於儀、秦之智，稱之爲聖人之資，稱之爲窺見良知妙用，亦何其相賞之甚耶？蓋陽明以虚爲性，不肯講求義理，惟憑此心良知，矜爲妙用，自闔自闢，自舒自卷，自以爲絶大神通，是以於儀、秦之故智，不禁津津樂道之，孰知其所以揣摩人情者，正所以戕賊其天理哉?宸濠之變,陽明之功鉅矣,爲國擒賊,其志可謂忠矣。嘗考其成功之由,陽明聞濠反,恐其徑趨兩京,僞爲兩廣提督軍門火牌,云率狼達兵四十八萬,齊往江西公幹。濠見檄果疑,未發。又欲離濠之將士也,作賊心腹李仕實、劉養正僞書,賊將凌十一、閔念四投降僞狀,濠偵獲之,是以疑養正而不信其謀。大功之成,皆因用反間之力,濠闇而多疑,故無一不中肯綮耳。除逆勦賊,此固忠勇之舉,無可議者,而其作用則儀、秦之故智也。嗚呼!陽明其亦善用權術者與!

答羅整庵先生書曰:「某之所謂格物,其於朱子九條之説,皆包羅統括於其中,但爲之有要,作用不同,正所謂毫釐之差耳。然毫釐之差而千里之謬實起於此,不可不辨。孟子闢楊、墨至於無父無君,二子亦當時之賢者,使與孟子並世而生,未必不以之爲賢。墨子兼愛,行仁而過耳;楊氏爲我,行義而過耳。此其爲説,亦豈滅理亂常之甚,而足以眩天下哉?而其流之弊,孟子至比於禽獸夷狄,所謂以學術殺天下後世者也。今世學術之弊,其謂學仁而過者乎?謂之學義而過者乎?抑謂之學不仁義而過者乎?吾不知其於洪水猛獸何如也。孟子曰:『予豈好辯哉?予不得已也。』楊、墨之道塞天下,孟子之時,天下之尊信楊、墨,當不下於今日之尊尚朱説,而孟子獨以一人呶呶於其間。噫!可哀矣。韓氏云:『佛、老之害甚於楊、墨。』韓愈之賢不及孟子,孟子不能救之於未壞之先,而韓愈乃欲全之於已壞之後，其亦不量其力，且見其身之危，莫之救以死也。嗚呼！若某者，其尤不量其力，果見其身之危，莫之救以死也矣。夫衆方嘻嘻之中，獨出涕嗟，若舉世恬然以趨，而獨蹙額疾首以爲憂，此其非狂病喪心，殆必誠有大苦者隱於其中，而非天下之至仁，其孰能察之？其爲朱子晚年定論，蓋亦不得已而然，中間年歲早晚，誠有所未考，雖不必盡出於晚年，固多出於晚年矣。」

古今之深詆朱子者，莫如王陽明一人也。人皆謂其致良知之説，與朱子格物致知異，而不知其所以與朱子異者，不僅在格物致知也。夫不僅格物致知與朱子異，何獨於朱子之格致詆之如是之深耶？曰：凡朱子之所言者，皆古聖賢之所已言者也，古聖賢已言之，則不敢直詆之。格物致知，大學缺其傳，朱子獨補其亡，故遂以爲亂聖賢之旨，而悖大學之道，不遺餘力以詆之也。然則陽明之所以異於朱子者，又何在與？曰：其本體異也，其大用異也。體用之異，可得而辨與？曰：朱子以性爲有善無惡，陽明以性爲無善無惡也；朱子以性爲理，心不可謂之性，陽明以心爲性，吾心之靈覺即天理也；朱子以仁義禮智爲性之本然，陽明以仁義禮智爲心之表德也，此本體之所以異也。若夫善念之發，朱子以爲率性，陽明則謂心體上著不得些子善念也；好善惡惡，朱子以爲皆務決去，而求必得之，陽明則謂心之本體，本無一物著意，去好善惡惡，又是多了這分意思也；萬事萬物，朱子以其理皆具於心，日用倫常，各有當然之則，陽明則以事物爲外來之感應，與心體無涉，以事事物物各有定理，是爲揣摩測度於其外也，此大用之所以異也。蓋惟性善則實，實則萬事無不實，故必下學上達，而後能優入乎聖域，此格物致知所以爲明善之要也。性無善則虚，虚則萬事無不虚，故一悟本體，即是工夫，此即物窮理，陽明所以視之爲外也。兩家意旨如冰炭之不相入，此是則彼非，此非則彼是，勢有不可兩立者。向使僅格物致知與朱子異，所以言全體大用者無不同，則所以不同者雖偏，而其所以同者，尚不失爲聖賢之道。孰知南轅北轍，其相懸殊已至於此哉？嗟乎！古之佛、老猶在吾儒之外也，後世之佛、老則在吾儒之中，以其陽儒而陰釋也。昔之陽儒陰釋，猶以佛、老之理隱託乎聖賢之道也；今之陽儒陰釋，則直以聖賢之道折入於佛、老之中。是故孔孟之言不敢直詆之也，則創爲一説以解之，謂孔孟之道即吾之道也；朱子之言可以直詆之也，斥朱爲洪水而不惜，毁朱爲猛獸而不顧，以己之詆朱，比孟子之闢楊、闢墨而不慙，以朱子之道非孔孟之道，所以異於吾之道也。無如當時崇尚朱子者多也，當時之推尊朱子者至也，一日舉而闢之，無以杜天下之口，乃録其言之與己相似者，著爲朱子晚年定論，謂朱子悟後之論，實與吾道相脗合。今觀其書，有於全文中摘録其一段，而首尾之異己者去之矣；有朱子中年之書，指爲晚年者矣。夫不知其晚年而誤以爲晚年可也，觀其答整庵曰「中間年歲早晚，誠有未考」，是又明知其非晚年之書，誣之以欺人也。嗟乎！陽明欲以此欺當時耶？當年已不可欺矣。欲以此欺後世耶？朱子之書具在，又安得爲其所欺哉？夫朱子之道，孔孟之道也，格致之旨，孔孟之嫡傳也。孔孟之精微，非朱子無以發；濂、洛之藴奥，非朱子無以明。掃功利，排佛、老，摧陷肅清，義精仁熟，此功直在萬世也。孔子之聖，不以無人議而有加；朱子之道，不以有人言而或損。乃欲以佛、老之虚寂，毁聖賢之功修，曾何傷於日月乎？多見其不知量也。

倭仁

倭仁（一八〇四～一八七一），字艮齋，一字艮峰，烏齊格里氏，蒙古正紅旗人。河南駐防。道光己丑（一八二九）進士，改庶吉士，授編修，歷中允、侍講、庶子、侍讀學士、詹事，遷大理寺卿。以翰林院侍講候補直上書房，授惇郡王讀。未幾，擢盛京禮部侍郎，補鑲白旗蒙古都統，遷都察院左都御史。擢工部尚書，入直弘德殿，授同治讀。以工部尚書協辦大學士，尋拜文淵閣大學士，晋文華殿大學士。尋卒，贈太保，謚文端。倭氏爲學，力求實踐，一以朱子爲歸。平生見過自訟，言動無妄。所著自啟心金鑑外，有進講講義、奏疏、爲學大指、日記、雜著、吏治輯要、嘉善録一卷、莎車行紀，合刊爲遺書，行於世。

清史稿卷三九一、清史列傳卷四六有傳。

倭文端公遺書卷四丙午以後日記 節録

朱子註太極圖説，補出敬字，謂「敬則欲寡而理明，寡之又寡，以至於無」，尤足發周子言外之意，指示學者入手工夫，彌詳盡矣。

持門户異同之見，爲前人争是非，只是尋題目作文字。若反身向裏，有多少緊要工夫做，自無暇説短道長。

柬蕖生初讀姚江集，心即疑之，未敢遽以爲非。後於濂、洛、關、閩略有所窺，益覺良知之説，於心刺謬，非程朱大醇至正之學，可同日語也。近見家鄉學者，踵相沿之習，往往窺見影響，便張皇説悟，以爲即此是性、是道、是仁、是一貫，一了百當，千聖同源。淩虚駕空，欲速助長，所造愈深，去道愈遠。屢欲出一言以正之，愧學無所得，又不欲詆毁前人，長矜助躁，涉争立門户之嫌，藴結於中有年矣。敬讀尊録，似亦不免此弊。其中自得處大抵儱侗牽合，少親切精到之處。蓋所見一差，發之語言，便覺偏枯作病，而不合乎人心義理之當然。學術是非，毫釐千里，不可不慎也。

學程朱而弊，猶不失爲拘謹；學陸王而弊，則偭規錯矩，肆無忌憚矣。

朱伯韓謂予云：「要培植正氣，正氣不足，回護牽掣，必有見到做不到處。」又云：「陸王之學，誠有流弊，然其志氣激昂，自是狂者胸次，較之我輩，倚牆靠壁，猶復傾跌者，相去甚遠。學者慎勿輕議古人，不知自反也。」

倭文端公遺書卷五庚戌以後日記　節録

程子云：「性即理也。」姚江云：「心即理也。」學術是非，全從此處分手。

倭文端公遺稿卷六壬子以後日記　節録

夏峰謂：「姚江無善無惡心之體，非指性也，何嘗與性善相悖？」不知姚江之意，本是説性，特不欲昌言以犯天下之不韙，故以心之體代之。心之體非性而何？後人强爲解説，曰「無善無惡是爲至善」，則尤無理矣。

尊德性而不道問學，則或流於空虚寂滅，而尊非所尊；道問學而不尊德性，則或務於記誦詞章，而道非所道。吴草廬謂「朱子道問學，象山尊德性」，不知朱陸者也。

魯一同

魯一同(一八〇五～一八六三),字蘭岑,一字通甫,江蘇清河人。道光乙未(一八三五)舉人。清修篤學,與潘德輿自相師友。著有邳州志、清河縣志、通甫類稿、續稿。清史稿卷四八六文苑傳三、清史列傳卷七三文苑傳四有傳。

通甫類稿卷二與高伯平論學案小識書 節録

上略。往者象山標尊德性之旨,姚江開致良知之説,率其高明,自趨簡易。承學之士,沿流增波,浸以放濫。要之二子未爲披猖,今必斥之爲異端,爲非聖無法,比之楊、墨之邪説,商鞅之壞井田、廢封建,甚以明社之屋,歸罪陽明,掊擊之風,於斯爲甚。或曰:「陽明之徒,排擯程朱,拒之不得不嚴,攻之不得不力。」君子立言期於明道,不尚意氣,非曰「彼攻之,我乃攻之」,如愚夫之詈於市,争勝不已,於何窮極?昔孟子生衰周之世,楊、墨横行,無父無君,故毅然辭而闢之,不遺餘力。陽明立教,不無任心自便,高論動人。要其立身,自有本末。功業軒天地,忠孝感金石,作人如此,愚曰可矣。今謂事功豪傑所爲,聞道則未,不知豪傑復是何人？聞道又將何用？要而言之，程朱之學，模範秩然，聖哲由之以利用，中材循之以安身;陸王之學,高明得之爲簡易,愚頑蹈之爲猖狂,此其優劣,乃在疏密之分,非關邪正之别。意見一勝,彼此鑿枘,遂使吾道之内,矛戟森立,歧畛横分,世變日下,人材至難,何苦自相摧敗如此?推尋唐氏一書,不過攻王尊朱,用意良厚。然持之過堅,有一言攻擊王氏者,雖其底藴未盡可知,而必加褒美;或少涉出入,雖以李二曲之篤實,李文貞之醇深,而不無抑揚。孔子惡鄉愿,孟子放淫辭,祇是生平一事,未見兩經之中,連章累牘,盡是此言。著述如此,誠所未喻。三代以下,有無欲之君子,無無意之君子,意之一字,七百年中賢者不免。子張所謂「執德不宏,信道不篤」,諸君子信之篤矣,執之恐未宏也。追尋空虚之弊,豈惟陸王實開其端?利器示人,有由來矣。昔聖人教人,因事各殊,大要即其日用之常,求其燦著之迹。自子貢之徒,索之高深,每加裁抑。曰:「天何言哉!四時行焉,百物生焉。」曰:「下學而上達。」及其積久有得,乃曰:「夫子之文章,可得而聞;夫子之言性與天道,不可得而聞。」性與天道,固非談論之資,豈是口耳所涉?自宋以後,言性益詳,言天道益精,妙義一開,横流歧出。勝衣授學,便講無極之精;毁齒操觚,已談五常之藴。淺者尚欲循途,高者輒思任道。辨論太多,不能無生得失,得失既分,遂成同異,人人有直接心源之意,而道幾乎裂矣,陸王特其甚者耳。救斯之病,惟當原本忠孝,推崇節義,綜取先儒立身行己、居官立政之大方，如先賢傳、言行録之例，以風化流俗，標舉當世。其有空文無實，雖極精微，概從芟落，庶幾允蹈大方，亦可少息群論。檮昧無聞，率其胸臆，曼衍遂多，知不免見罪於當世。足下篤道勵志，必有發明，惟恕其狂愚而裁正之，幸甚！不宣。

鄭珍

鄭珍（一八〇六～一八六四），字子尹，晚號紫翁，别署子午山孩、五尺道人，且同亭長等，遵義人。道光五年（一八二五）拔貢，官至荔波縣訓導。與莫友芝友善。著述頗富，尤長於説文，有説文逸字、説文新附考、巢經巢集、儀禮私箋等著作行世。清史稿卷四八二儒林傳三、清史列傳卷六九儒林傳下二有傳。

巢經巢文集卷三陽明祠觀釋奠記

余以丁未九月廿九至黔西治謁新昌俞先生。詰旦，適爲明王文成公生日，先生偕校官師及州之士釋奠於東山陽明祠。祠蓋創自前牧東鄉吴公，至是實肇修祀事。事竣，遂燕於祠下十柏山房。先生倡四詩紀盛，州之士咸詠而和之。余不敏，沐浴文成公之教澤，又幸獲觀諸君子從州大夫雍容進退之美，則豈敢以不文默默者。

夫徒祠焉而不知所以祀之，此有司之闕也；衆祀焉而不思何以祀之，抑亦吾儕之懼也。人之俎豆前哲，與蒸嘗其祖宗等耳。秋豚冬雁，豈誠畏其餒哉？祖宗賢而子孫苟不肖，雖日薦三牲，鬼吐之矣，何論前哲？

我文成公之講學，陳清瀾、張武承、陸稼書諸先生詳辨矣，此嚴別學術則爾。至其操持踐履之高，勛業文章之盛，即不謫龍場，吾儕猶當師之，矧肇我西南文教也，今吾黔莫不震服陽明之名，而黔西與遵義，於龍場僅隔一延江，其希嚮之念，宜愈於遠隔大賢之居者。俞先生鼓舞是邦而倣斯舉，殆所云因而導之爲勢易歟。

然余竊謂：人於前哲，當無徒震服其名，而貴致思夫其學，致思而得其人之真，躍躍然神與之遊，古人且將引弟子爲友者。如是，乃爲能師其人而盡其學。程子，敬邵子者也，而不甚重其説易；朱子，敬張子者也，而不盡醇其正蒙。斯程、朱之所以爲程、朱歟？文成公殆張、邵之亞歟？當日既不以吾黔爲荒徼而陋之，夫豈不殷殷後世之有學爲程、朱者歟？

吾既欲報文成公之德，其竭志盡力，當於是乎在；若僅拜而酒脯之，曰：「吾後生小子之忠敬已至也。」是則文成公所不屑吐矣，又豈俞先生今日此舉之意哉？願與諸君子共勖之，諸君子必更有以繩楚余也。退因書以爲記。

陳澧

陳澧(一八一〇～一八八二),字蘭甫、蘭浦,號東塾,廣東番禺人。道光十二年(一八三二)舉人,六應會試不中。先後受聘爲學海堂學長、菊坡精舍山長。著述甚豐,有東塾讀書記、漢儒通義、聲律通考等百餘種。清史稿卷四八二儒林傳、清史列傳卷六九儒林傳下二有傳。

東塾讀書記卷二 節録

陸象山云:「論語中多有無頭柄底説話,如『學而時習之』,不知『時習』者何事?」語録此象山妄説,黄氏日鈔已駁之矣。陸清獻云:「子曰『學而時習之』,開口説一箇『學』字,要討箇著實。所學者何事?如何樣去學?注只云『學之爲言效』也,未言如何效;又云『所以明善而復其初』,亦未言善是如何?初是如何?若不討著實,則皆可爲異學所借。須將大學八條目細細體認,然大學八條目,亦何嘗不可借?如象山、陽明輩,皆是借大學條目作自己宗旨,又須將朱子章句、或問體認,然後此『學』字有著落。大抵學也者,博學、審問、慎思、明辨、篤行是也；所學者，人倫、事物之理，本於天命之性是也。」松陽講義卷四。澧謂清獻欲求「學」字著實，誠是也，然求之朱注，求之大學，求之章句、或問，何如求之論語乎？論語言「學」者，「學而」章爲首。次則「弟子」章曰「則以學文」。又次則「賢賢易色」章曰「雖曰未學，吾必謂之學」，然則所學者文也，「賢賢」以下四事也。又次則「君子不重」章曰「學則不固」。又次則「君子食無求飽」章曰「可謂好學」。然則學之當重而固也，當不求安飽，敏事慎言，就正有道也。論語二十篇，「學」字甚多，皆同此「學」字也，如此求之則著實矣。此澧之管見，安得起清獻而質之？

曾國藩

曾國藩（一八一一～一八七二），原名子城，字伯涵，一字滌生，湘鄉人。道光戊戌（一八三八）進士，改庶吉士，授檢討。六遷至禮部侍郎。自爲諸生，研求宋儒諸書。洎通朝籍，與唐鑑、倭仁、吴廷棟、邵懿辰同講學，覃精義理，深究古今興衰治亂，有澄清天下之志。咸豐二年（一八五二）典試江西，未至，丁母憂。時太平軍方張，攻長沙未下，陷武昌。次年，循江下犯，遂踞江寧。曾氏奉命在籍治團練，號曰湘軍。遣出境援南昌，力戰爲諸軍冠。先後轉戰十有三年乃平粤亂，論功封一等毅勇侯，拜武英殿大學士，授直隸總督。十一年，薨於位，年六十二。贈太傅，謚文正。曾氏論學兼取漢、宋之長，要之致用。發爲文章，起衰載道。所著有奏稿、書札、批牘、詩集、文集、雜著、求闕齋讀書録、日記類鈔、十八家詩鈔、經史百家雜鈔、經史百家簡編等，統編爲全集，附年譜十二卷。清史稿卷四〇五、清史列傳卷四五有傳。

曾文正公詩文集文集卷一　書學案小識後

唐先生撰輯國朝學案，命國藩校字付梓，既畢役，乃謹書其後曰：

天生斯民，予以健順五常之性，豈以自淑而已？將使育民淑世，而彌縫天地之缺憾。其於天下之物，無所不當究。二儀之奠，日月星辰之紀，氓庶之生成，鬼神之情狀，草木鳥獸之咸若，灑掃應對進退之瑣，皆吾性分之所有事，故曰：「萬物皆備於我。」

人者，天地之心也。聖人者，其智足以周知庶物，其才能時措而咸宜，然不敢縱心以自用，必求權度而絜之。以舜之濬哲，猶且好問好察；周公思有不合，則夜以繼日；孔子，聖之盛也，而有事乎好古敏求；顔淵、孟子之賢，亦曰博文，曰集義。蓋欲完吾性分之一源，則當明萬物萬殊之等；欲悉萬殊之等，則莫若即物而窮理。即物窮理云者，古昔聖賢共由之軌，非朱子一家之創解也。自陸象山氏以本心爲訓，而明之餘姚王氏乃頗遥承其緒。其說主於良知，謂「吾心自有天則，不當支離而求諸事物」。夫天則誠是也，目巧所至，不繼之以規矩準繩，遂可據乎？且以舜、周公、孔子、顔、孟之知如彼，而猶好問好察，夜以繼日，好古敏求，博文而集義之勤如此，況以中人之質，而重物欲之累，而謂念念不過乎則，其能無少誣耶？自是以後，沿其流者百輩，間有豪傑之士思有以救其偏，變一說則生一蔽。高景逸、顧涇陽氏之學，以静坐爲主，所重仍在知覺，此變而蔽者也。

近世乾、嘉之間，諸儒務爲浩博，惠定宇、戴東原之流，鉤研詁訓，本河間獻王「實事求是」之旨，薄宋賢爲空疏。夫所謂事者非物乎？是者非理乎？實事求是，非即朱子所稱「即物窮理」者乎？名目自高，詆毁日月，亦變而蔽者也。别有顔習齋、李恕谷氏之學，忍嗜欲，苦筋骨，力勤於見迹，等於許行之并耕，病宋賢爲無用，又一蔽也。由前之蔽，排王氏而不塞其源，是五十步笑百步之類矣；由後之二蔽，矯王氏而過於正，是因噎廢食之類矣。

我朝崇儒一道，正學翕興，平湖陸子、桐鄉張子，闢詖辭而反經，確乎其不可拔；陸桴亭、顧亭林之徒，博大精微，體用兼賅；其他巨公碩學，項領皆望，二百年來大小醇疵，區以别矣。唐先生於是輯爲此編，大率居敬而不偏於静，格物而不病於瑣，力行而不迫於隘，三者交備，采擇名言，略依此例。其或守王氏之故轍，與變王氏而鄰於前三者之蔽，則皆釐而剔之。豈好辯哉？去古日遠，百家各以其意自鳴，是丹非素，無術相勝，雖其尤近理者，亦不能饜人人之心而無異辭。道不同不相爲謀，則亦已矣。若有嗜於此而取途焉，則且多其識，去其矜，無以聞道自標，無以方隅自囿，不爲口耳之求而求自得焉，是則君子者已。是唐先生與人爲善之志也。

曾文正公書札卷十一覆潁州府夏教授書

昨奉手畢，備荷心注，並惠寄大著四函。羽書偶暇，時一雒誦。尊意在於宗紫陽，捄時弊，不沈溺於功利，不汜濫於記問，不參錯於二氏，於此道中切實折肱，直欲造古人第一等地位，敬服無量。承示「黄南雷、孫蘇門、顧亭林、李盩厔諸先生學稍偏，而毛西河、紀河間、阮儀徵、戴東原、程綿莊諸君放言高論，集矢洛、閩，陸清獻謂明季學術足以致寇，寔非苛論」云云，具見日弓月矢，衛道苦心，閩、洛干城，老當益壯。漢書申公云：「爲政不在多言。」爲學亦然。孔孟之學，至宋大明，然諸儒互有異同，不能屏絶門户之見。朱子五十九歲，與陸子論無極不合，遂成冰炭，詆陸子爲頓悟，陸子亦詆朱子爲支離。其實無極矛盾在字句毫釐之間，可以勿辨，兩先生全書具在，朱子主道問學，何嘗不洞達本原？陸子主尊德性，何嘗不實徵踐履？姚江宗陸，當湖宗朱，而當湖排擊姚江不遺餘力。凡涇陽、景逸、梨洲、蘇門諸先生，近姚江者皆偏摭其疵痏無完肌，獨心折於湯睢州。睢州嘗謂：「姚江致良知，猶孟子道性善，苦心牖世，正學始明。特其門徒龍谿狂談，艮齋邪説，洸洋放肆，殃及師門，而羅近溪、周海門踵之。」然孔門有子夏，子夏之後田子方，子方之後莊周，説近荒唐，此不足以病子夏。況莊子外篇多後人僞託，内篇文字看似放蕩無拘，檢細察内行岌岌若天地不可瞬息。錢衎石給諫曰：「堯、舜、巢、許，皆治亂之聖人，有堯、舜而後能養天下之欲，有巢、許而後能息天下之求。」誠至論也。姚江門人，勳業如徐文貞、李襄敏、魏莊靖、郭青螺諸公，風節如陳明水、舒文節、劉晴川、趙忠毅、周恭節、鄒忠介諸公，清修如鄧文潔、張陽和、楊復所、鄧潛谷、萬思默諸公，皆由致良知三字成德。發明者睢州，致書稼書，亦微規攻擊姚江之過，而於上孫徵君鍾元先生書及墓志銘，則中心悦服於姚江者至矣。蓋蘇門學姚江，睢州又學蘇門者也。當湖學派極正，而象山、姚江亦山河不廢之流，蘇門則慎獨爲功，睢州接其傳，二曲則反身爲學，鄠縣存其録，皆有合於尼山贊易損益之指。明儒之不善學姚江而禍人者，莫如以懲忿窒欲爲下乘，以改過遷善爲妄萌二語。人之放心，豈有底止乎？乾、嘉間，經學昌熾，千載一時，阮儀徵、王高郵、錢嘉定、朱大興諸公倡於上，戴東原、程瑶田、段玉裁、焦里堂十餘公和於下，群賢輻輳，經明行修。國藩嘗謂性命之學，五子爲宗；經濟之學，諸史咸備，而淵源全在六經。李斯一炬，學者不復覩六經之全。至秦、漢之際，又厲禁挾書，舉世溺於功利。抱經諸儒，視爲性命，身與存毁，非信道之篤不能。天下相尚以僞久矣，陳建之學蔀通辨阿私執政，張烈之王學質疑附和大儒，反不如東原、玉裁輩卓然自立，不失爲儒林傳中人物。惟東原孟子字義疏證一書，排斥先賢，獨伸己説，誠不可以不辨。姚惜抱嘗論毛大可、李剛主、戴東原、程綿莊率皆詆毁程、朱，身滅嗣絶，持論似又太過。無程朱之文章道德，騰其口舌，欲與争名，誠學者大病。若博覈考辨，大儒或不暇及，苟有糾正，足以羽翼傳注，當亦程朱所心許。若西河駁斥漫罵，則真説經中之洪水猛獸矣。國藩一宗宋儒，不廢漢學。足下著作等身，性命道德與政事幹濟相輔而成，名山萬仞，歲寒共勉，無謙言草茅佔畢也。

李祖望

李祖望（一八一四～一八八一），字賓嵎，江都人。增貢生。長於詩文，兼通經史、小學。著有古韻旁證、説文重文考、説文統系表、鍥不舍齋文集等傳於世。

鍥不舍齋文集卷二朱陸異同論

朱、陸之學，皆以聖賢爲依歸，以身心爲切實地位，本不異也。蓋同者理也，不同者言也；同者心也，不同者迹也。至不可强同者，由學之得力有深淺耳。嘗觀朱子之言曰「居敬窮理」，又曰「非存心無以致知」，陸子之言曰「居處恭、執事敬、與人忠」，又曰「克己復禮」，合而觀之，此心同此理同也。又朱子之教人也，由博反約，陸子之教人也，在尊德性、道問學。夫尊德性、道問學，猶是由博反約工夫，此特言不同、迹不同也。若究其得力淺深，朱子與陸子鵝湖講義利章，陸子曰：「學者於此當辨其志，人之所喻，由其所習、由其所志。」朱子稱所發明懇到明白，皆有以切隱微深痼之病，朱子於陸意語相契合，可謂無異矣。至陸子與朱子第一書、第二書詳論太極、無極，言無極二字出於老子，聖人之書無有，又云見若實見，太極上面必不加無極字，正是老氏之學，豈可諱哉？朱子答曰，詳老氏之言有無，以有無爲二，周子之言有無，以有無爲一，正如南北水火之相反。先生再上書，辭加憤厲，晦庵答以「凡論辯亦須平心和氣，子細參詳，反覆商量，務求實是，乃有歸着，如曰未然，則我日斯邁而月斯征，各尊所聞，各行所知，無復可望於必同也。」然則陸子之異而不同己，自朱子言之，元人吴澂異同之説，亦非無本，不知所以異者，在得力淺深，非別有異也。既異矣，又烏乎强同。

劉蓉

劉蓉（一八一六～一八七三），字孟容，號霞仙，湘鄉人。少負奇氣，與曾國藩、羅澤南力求程朱之學。年三十，補弟子員。會兵事起，與羅澤南治團練。已而從曾國藩軍中，以功保訓導。軍至義寧，羅澤南建議規復武昌，據天下形勝，曾國藩韙之。旋以弟蕃戰死，念父年高，解兵歸。築玩易閣，讀書其中，足不出庭户者七年。同治十二年卒，年五十八。所著奏疏、養晦堂文集、詩集、思辨録疑義。清史稿卷四二五、清史列傳卷四九有傳。

養晦堂文集卷四答曾滌生檢討書　節録

上略。來教謂宋之五子，明之王文成、薛文清、胡文敬、劉蕺山諸儒，皆墨守大學一書，遂成大儒。薛、胡二子，謹守繩墨，醇正無疵，以繼程朱之後，良無間然。王、劉二公，功業人品，卓卓可頌，至於學術則有不能無議者。陽明首倡異説，痛詆紫陽，欲立異以爲高，乃援儒而入釋，畏格致之難幾，則倡古本大學之說，知日月之莫踰，遂訂晚年論定之書，貽誤後學，實非淺鮮。念臺鑒其禪悟，倡言辯說，蓋亦頗覺王學之弊，而知講學之不可廢矣。顧其所謂「無善而至善」云者，仍然「心體無善惡」之說也；所謂「默坐静觀」云者，猶然「體認良知」之旨也。名爲救陽明之失，而實未能盡脱陽明之習，其爲蔽雖有淺深大小之不同，而其不能實體夫大學之教則一也。謂之墨守，豈盡然乎？夫詆訕先儒，學者大病，如弟固陋，寧不鑒兹。顧於學術是非之際，則有不能不辨者，譬諸行路，必先辨其孰爲坦道？孰爲歧途？然後趨向端焉，不見異而遷焉。是中庸擇善之道，亦即大學格物之一端也。不然，將使荀、楊與孟子同科，楊、墨與吾儒角立，門户之分既混，則升堂入室將迷其所入之途；黑白之辨既淆，則眩紫奪朱，或轉亂吾心之鑒，其爲害道可勝言哉？

李二曲格物解，蓋本心齋、涇陽之說，初亦似無大謬。然聖賢言語，意各有屬。經所謂「物有本末」之物，則實指其條理，以物之有則者言之也，故謂格物之物不外身心家國天下之物則可；謂格物即格夫物有本末之物，則自有綱領之分，不可牽連而混同之也。夫格致之功，程、朱言之備矣。自陽明王氏目爲支離，力攻補傳，有明諸子翕然和之，間或小變其説，要皆祖述其意，求其謹守而篤信之者，千百中僅一二焉。不知程、朱之説本末兼眩，精粗備舉，良以人之一身，萬物皆備，故自日用倫常，以迄天地陰陽、萬事萬物之理，莫非學者所當窮，而窮之之功又自有道，不可求精而遺粗，亦不可逐末而忘本也。孔、曾之教，於茲備矣。紛紛之説，果何謂哉？吾兄直指學、問、思、辨四者爲格物首功，最得聖賢立教之意。所謂「學、問、思、辨有次第，而所格之物無次第，非謂格得誠、正再講修、齊，格得修、齊，再講治、平」云云，則似微有可商者。古人格物之功，在即物而求其理，固非有次第之可言，然推其用功之方，亦自有先後緩急之序，不可泛騖而并營也。譬治水然，其於支派之所匯，衆流之所歸，某水宜疏，某水宜鑿，某水宜排、宜決，固當盡數講求，而謀施治之功，則必自有源始。固不可謂吾物未格，知未至，則意可不求其誠，心可不求其正，身可不求其修，家、國、天下可不求其齊、治且平。但欲求所以齊、治、均平之道，則必自誠、正、修身始。蓋誠、正、修身者，明明德之事，其本也；齊、治、均平者，新民之事，其末也。本末先後之際，雖不可過爲拘泥，亦豈漫無次第之言哉？

來教又謂：慎獨之功，或因其氣稟所偏，而施檢察之力。是亦切論。第古人造詣用力有深淺之異，賦質有純駁之殊，故其自道得力，亦各就其艱苦之所歷，詣力之所及者言之。學者於此，考之衆説以會其歸，體之一身，以要其守，精擇而慎取焉可矣。不察乎此，而偏執一説以自囿，得其偏以遺其全，謹乎此或忽乎彼，則吾身之患，必有所偏而不舉之處；嚴其所及防者，而寬其所不及檢者，則夫弊竇所存，其潛伏而竊發者，不知其凡幾也。至於静坐之説，實吾人切要之功，但須中有所主，方爲無弊。不然，或且墮於空寂。明季學者，所以多詭於程朱，而流於禪悟者，蓋皆坐此，吾兄其亦慎之。惟敬之一字，實該貫動静之法，前聖心傳，舉不外是，因而存之，其亦可以杜偏勝之弊，而絶放佚之萌矣。凡兹瑣屑，不過因來教而並及之，一隅之見，知無補於高明，聊陳所疑，以供采擇之萬一。若夫規模之大，節目之詳，大學言之備矣。以吾兄之明敏，又加以刻厲精進，不自滿，假之盛心，其將來所樹立，以報國家知遇之恩，而造天下蒼生之福者，意必與古人相頡頏，使學術、事功出於一轍，而不屑屑於功名之顯赫也，吾以君之言卜之矣。下略。

養晦堂文集卷四復曾滌生侍講書 節録

正月初四日，奉到去秋所寄手帖，并詩五首，開緘疾讀，如共晤言，實用慰幸。書詞明快俊偉，所以辨王氏之失者甚至，仰見析理之精，衛道之勇，而自視欿然，若望道而未之見者，蓋學逾進則心逾下，此意可欽仰也。

王氏之學，自明嘉、隆時已徧天下，至今逾三百年。弟往歲嘗讀其書，亦恍若有得焉，以爲斯道之傳，果出語言文字之外，彼沾沾泥書册求之者，殆未免乎澤藪之見也。其既以措諸事而窒焉，徵諸古而無據焉，反諸心而不得其安焉，向所謂恍若有得者，乃如星飛電馳,不可得追,蓋迷溺於詖淫邪遁之説,亦已久矣。困而自悔,始徐檢孔、孟、程、朱之訓,逐日玩索,乃粗得其所以蔽陷離窮之端,間緣來諭之及,而略辨數焉。乃若其所以害人心,傷世教,亂古訓,誤後學之本,則固未遑卒言也。執事乃獨灼見其病,而以判心迹,離仁義,任心之明,而不察乎理一分殊者闢之,則既已極其明辨,而深中其病矣。某愚以爲其所以受病之本,尤在認氣爲理,執知覺運動爲性,是以昧乎人心道心之别,而直以此心之虚明靈覺者爲天理之本然,則良知之説誤之也。

且夫人之有知,蓋氣之精英者爲之,凡其養於静而明,感於物而通,觸於欲而覺者,皆是也。乃其所知之理,則性實命之,由其理以發於知,雖麗於氣,而氣不得預焉,孩提之愛敬是也。孟子謂之良知云者,以其原於性命之正,無一毫人僞雜乎其間,故爲别夫凡言知覺者言之耳。今乃舍其愛敬之實,而第竊其良知之名,曰良知即天理也,即未發之中也,即廓然大公、寂然不動之本體也,斯已謬矣。及考其所以名言之實,乃獨指心之湛然虚明、靈妙不測者當之,一有感觸於中,不問所從來者之善與否,而即詫而奉之曰:此吾心之良知然也。舍其所知所覺者,而取其能知能覺者,則知與愚,人與物奚别焉?告子惟不知此,所以同人性於牛犬而莫之辨也。如彼之説,既以能視聽言動者爲性矣,又以無善無惡者爲心之體矣,是所謂良知云者,特此無善無惡之發見者耳,夫豈仁義禮智之根於心者然哉?既取孟子所深闢者以自珍，又假其所謂良知者以立教，欲欺人而先已自欺其心，吾見作僞者之心勞而日拙也。彼其所深惡而欲去之者，則物欲之昏焉爾。知有物欲之昏，而不知有氣禀之雜，知其昏焉者足以爲良知病，而不知氣禀既拘以後，此心之發於知覺者，久已雜於形氣，而非義理之本然，則已蔽於理矣。乃所惡乎物欲之昏者，又非惡其蔽吾心之理而欲去之也，亦惡其足以昏吾之神識焉耳。故其言曰：「良知苟存，自能酬錯萬變。」又曰：「夫良知一也，以其妙用言謂之神，以其流行言謂之氣，以其凝聚言謂之精。精也，氣也，神也，皆所謂形而下者。」今陽明所欲保養而勿失者，惟此而已，則亦何有於仁義？何有於人倫？何有於庶物？彼方將掃見聞、空善惡以求之，又安肯屑屑效吾儒即物窮理，從事於格物誠意之學哉？凡此皆其蔽之大者。其他詖淫邪遁之端，雖若變幻滉漾，莫可究詰，要其宗旨所歸，則已不出於此矣。

因其宗旨之偏，成爲門户之見，於是果於自師，鋭於自用，遺實修而矜冥悟，捐下學以期上達，以名節忠義爲粗迹而不事躬行，以詩、書、禮、樂爲陳編而無庸誦法，私意既盛，詭道相蒙，傲然自謂足以超千聖而邁百王矣。其於聖賢之訓，事物之理，雖其歸萬殊，舉不難以心爲範圍而籠罩之，雖或離乎經，叛乎道，而莫之辨也。其於倫類之等，庶物之繁，雖其變萬端，舉不難以心爲權衡而低昂之，雖或瀆於禮，悖於義，而不之顧也。陰挈禪門之旨以爲之宗，而陽託良知之名以樹其幟，其稱説既侈而託名也高，其用力不勞而獲效也捷，於是世之好從事而欲速成者，遂以靡然向之，以爲果足以紹前聖之心傳矣。有疑其不然者，則告之曰：「此非吾一人之私言也，蓋孟子之説云爾。」聞者不察其名同實異之故，而翻然從之。三百年來，以此塗天下之耳目，誤後學之心思，其爲禍豈不酷哉？

今天下爲科舉之學者，既相率競逐於利禄詞翰之途，迷溺焉而不知返，不知有所謂王氏之學者，苟有向學之心，則已拱手匍匐而歸之矣。群講學者，於此與之言主敬，言窮理，言篤行，則逡巡斂衽而謝不敏焉，及與之言良知，言頓悟，言神通妙用，則勇者奪袂以前驅，懦者欣然而色動矣，爲其可以一超而立悟也。夫不藉彊探力索之勞，履規蹈矩之苦，銖積寸累之勤，不踐其迹，不考其行，而可以高視大言，自託於聖賢，則誰不欲安坐拱手，希俎豆於洙泗之堂者？此王氏之學所以蔓延天下，雖以諸先達排斥之力，而其焰方張，未之熄也。執事乃獨深燭其弊而力闢之，其爲功於世教何如哉！抑某於此重爲慨焉！大道之傳，如正統然，不可一日廢絶，於天下必有任其傳者，而後人極立焉。今爲彼之説者，既日趨於迷而無所事於學，其服吾之教者，雖頗事於學而不能盡其材，蓋任斯道者之難其人也。以某所見當世之士衡之，大抵高明者有進取之資而無其學，則踐履闊疏而無可成就之實；謹愿者有狷介之守而無其識，則志趣庸陋而無復遠大之規。其他本庸愚甘暴棄者，則益無望於此，是以私竊憂之。蓋斯道之傳，不絕如綫，及讀執事之書，而爲之瞿然喜也。士之能任重致遠者，非獨其學力之優也，亦必有過人之質焉。質既殊絕，學又足以副之，則事半功倍，不懈而以幾於成。明道先生有言：「宏而不毅則難立，毅而不宏則無以居之。」方期其任重致遠，以紹前聖，開來學，而豈淺狹柔懦者之所能勝哉？執事器識所該，材力所及，蓋庶幾其宏且毅，而有作聖之資者矣。而志所存，學所至，又皆聖賢之道之大者，則夫夙昔所仰望任重致遠，以永斯道之傳者，執事豈非其人乎哉？當吾世而有斯人，亦其所寤寐求而心焉慰者，況其在夙昔相與稱知交託同氣者哉？此某之所欣幸也。冀執事於此毋自諉焉，勉而循之，竭吾力以赴之，其居敬也已密而益期其密，其窮理也已精而益求其精，其篤行也已力而益致其力。以德之修悖責之己，而以道之興廢聽之天。其見用於世歟，是道之將行也，其所謂行仁義於天下，使凡物各得其所者，固可以畢吾之志矣。其不見用於世歟，是道之將廢也，則修之於身，傳之其人，俾後世學者有所取法，蓋終身肥遯而無所怨尤焉。若是者，其真可以立人極而任斯道之傳者矣。雖然，未可泛望諸人人也。識有所不周，材有所不逮，吾無責焉。其足以勝斯任者，不容自恕，執事尚勉圖之。如弟資既愚柔，識復鄙闇，蓋不足以語乎此。顧維天命之重，聖訓之詳，不敢自暴殄焉。他日以君之靈，幸得苟全素履，不負疚於天地，不得罪於聖賢，不見絕於世之君子，而卒免於小人之歸，則區區之願，千萬滿足，雖然，亦豈易幾哉？懔之以終身，要之以不懈，庶幾斯言之或踐焉爾。

班、馬、韓、杜之文，弟早歲蓋嘗好之，比守明道「玩物喪志」之戒，六七年不復措意於此。間以結習未忘之故，取而讀之，惟其華藻是耽，而不復審意趣所寄；愛其議論之辨，而不暇察義理所歸。見其怨懟不平也，則亦從而怨懟不平焉；見其傲兀自喜也，則亦從而傲兀自喜焉。由是吾心所好惡，浸以失其天理之本然。及夫漸漬既久，日變月化，如入鮑魚之肆然，久而不聞其臭矣。厥或告之，以爲害道，則且拒之以弗信，謂是耳目之娱，初無與於身心之故，況其立言之大旨，固亦無悖於理，抑或以爲雖悖於理，而不害其文之工，故意恒左袒焉。及反而檢諸言動之間，驗諸心性之地，乃多有失其故步而不得其安者。於是乃心惶然，始信先賢之訓之果不謬也。今執事所以篤嗜之者如此，固必有取於其大者，然試察焉，得毋有近於弟之所病者乎？果有一二近似之者，恐亦未可以爲耳目之娱而不之戒也。下略。

郭嵩燾

郭嵩燾（一八一八～一八九一），字筠仙，號雲仙、筠軒，別號玉池山農、玉池老人，湖南湘陰人。湘軍創建者之一，中國首位駐外使節。道光二十七年（一八四七）進士，曾佐曾國藩平定太平天國。同治年間（一八六二），歷任蘇松糧儲道、兩淮鹽運使、任廣東巡撫等職。光緒元年，出任駐英公使，兼任駐法使臣，次年稱病辭歸。光緒十七年（一八九一）病逝，終年七十三。一生著述頗多，主要有史記劄記、禮記質疑、中庸質疑、使西記程、養知書屋文集、郭嵩燾日記等。

近思録注卷三

子静之「先立乎其大」，陽明之「致良知」，皆是執聖賢一語以求盡道。明世儒者論學，皆先立箇宗主，盡天下之理，引而納諸所立宗主之中。易曰「天下同歸而殊途，一致而百慮」，無一語可以盡得之理。

程、朱皆是讀得書多，自是孔門家法如此。然聖人之自言，則曰「君子多乎哉不多也」，而其教人，一以「博學於文」爲義。三代德行、道藝皆出於學，總須多聞多見，而後漸積義理多。朱子「道問學」之功，孔門之正軌也。

中國佛氏之教，全出墨氏。墨氏明鬼，佛氏亦因之以明鬼爲義。○佛氏以不墮輪迴爲極詣，蓋謂人心有善有惡，即皆有黏滯。惡者身之所履、心之所注皆惡也，終日與惡爲緣，而遂黏滯於惡。善者身之所履、心之所注皆善也，終日與善爲緣，而亦黏滯於善。既有黏滯，則其施之民物，著之簡策，精神意量，歷劫不化，展轉流行天地之間，即是輪迴。佛氏空諸所有，無善惡之相之存於其心，故無黏滯，因謂之不墮輪迴。謂求免於死生流轉者，又佛氏之障也。○歷齊、梁至唐，釋氏之説大行，大抵言福田利益，爲功德而已。故昌黎闢佛祇從淺處説。至宋而推演明心見性之旨，因之以證道，盡一時學者，寢饋沈溺其中。是以程子、張子之闢佛，憂之深而言之切。其後陸象山之學肇於南宋，王陽明之學盛於有明，一用釋氏之言心言性者，播弄聰明，引人入勝。至陽明氏標立頓、漸二義，一本釋氏之説，爲傳授之資矣。觀釋、老之學之大演於漢、唐以後，而後知孟子憂時之遠；觀陸、王之學之綿延於宋、明，而後見程子、張子衛道之嚴。

方宗誠

方宗誠(一八一八～一八八八),字存之,號柏堂,别號毛溪居士、西眉山人,安徽桐城人。方東樹從弟。少從師許玉峰,學程朱之書與韓歐之文。二十歲後,師事族兄方東樹,篤信程朱之學。同治三年(一八六四),入曾國藩幕中治文書。旋即由曾氏奏以知縣留補江蘇,復奏調河北。光緒六年(一八八〇),告歸,閉户著書。方氏學宗程朱,兼治經史百家,文歸桐城古文義法。著有柏堂集前編、次編、續編等。清史稿卷四八六文苑傳三、清史列傳卷七三文苑傳四有傳。

柏堂集續編卷二書陸象山集節要敘　節録

陸子之於朱子,雖講學未能合一,而其尊重朱子則亦未嘗不同,是何也?學之偏全、大小、純駁,雖有不齊,而其大本之正則初無二致,而豈可排之拒之,與釋、老同絶邪?余嘗翫其遺書,考其年譜,如謂心即理也,注腳六經,以樂記「人生而静」之説爲老氏之學,以周子「無極而太極」之説爲非,譏有子爲支離,伊川爲蔽錮,於子夏如是之類,皆不得不謂之偏蔽，前賢論之盡矣。宗陸子者，猶必力主是説，誠可謂不善學者也。然論者因其偏蔽之失而並其篤實親切、正大精微之論，卓絶之行而棄之，甚或欲屏黜之，使不得與從祀之列，則亦過矣。孔子之門，惟顔、曾爲傳道大賢，其餘七十子之徒皆有通有蔽，有得有失，程朱之學顔曾之正脉也，陸子之學，比於其餘七十子之徒，不亦可乎？

柏堂集續編卷三讀陽明先生拙語敘

自象山、陽明之學興，崇其説者，大都倍畔程朱，其流弊不可勝言。迨顧、高、劉、黄、孫、湯諸公及李二曲先生，則務爲和同，惟羅整庵、張楊園、陸清獻、陳清瀾、張清恪、張武承、陳定齋以及近世之羅忠節，則專宗程朱之言而嚴辨陸王似是之非，不遺餘力。嘗考諸君子之學，雖宗尚不同，而立身制行則皆不苟隨流俗，蓋毅然欲以道自任以聖爲歸者也，特見道有淺深純駁之殊，故立言不免有精麤同異之辨，讀者平心以觀之，精心以析之，而又公其心以取之，斯得之矣。夫象山、陽明之學，舍居敬窮理而以立大體、致良知爲言，其似是而非之間，誠不免有毫釐之判，然其中亦多有心得之妙，務反求而不喜外馳，非盡無善可取也。若宗之者執其非以爲是，而辨之者又或立言太過，雖其是者亦屏絶以爲不足觀，其爲和同之論者，則又不辨是非而徒爲一切籠蓋之説，是皆未能析之精而得其公與平者也。夫論學而析之不精，則不能審其是而歸於一；然而立言或過而不得，其公與平，則微特無以服天下後世之心，即反之己心，不已非擴然無我之全量乎？同治二年，余自武昌反安慶，獲交石埭楊君仲乾，觀其氣象讀書，竊嘆其爲好學君子也。君自壯歲窮經後，乃宗二曲反身之學，讀書務求實踐，時以成己、成物爲心。當粵賊據徽、池間，君攜家流離江右，顛沛造次，無一日廢學，嘗著讀陽明拙語數卷，取其是析其非，雖精深謹嚴，不及整菴、楊園、清獻諸大儒，而平和中正，不爲一切和同之言，亦不爲深文過當之論，則真君子之用心也已。君不喜文詞，惟與友人講學論事，則見之於温，愷惻周摯，曲盡事理。余居安慶三年，與君切磋尤至。嘗謂君之學得古人爲己之意。夫爲己者，即子思所謂尊德性也，尊德性而不道問學，則雖能致廣大而不能盡精微，極高明而不能道中庸，先儒論此詳矣。然吾又以問學之不精，則所尊爲德性者，恐得其似而非天命之性之全體，雖自以爲致廣大而實不免於偏，自以爲極高明而實不免於蔽，此虞書所以貫精一也。世儒每以陸子爲尊德性，朱子爲道問學，不知朱子之道問學乃真尊德性也。苟非深造而自得之，豈易爲偏滯狹陋者道哉。君是書有益學者，以余將濟寧之行，屬余敘之，余因以此言質君，且以質之天下後世之學者。同治四年十二月。

胡泉

胡泉(生卒年不詳),高郵人。著有大學古本彙參音注、陽明弟子記注等。

王陽明先生書疏證序

昔朱子改訂大學,補格物傳,以格物爲下手功夫。王陽明先生復古本大學,議朱子補傳爲多事,以「致良知」爲下手功夫。於是理家咸謂陽明之學出自象山。其所謂「致良知」,猶之象山主「尊德性」而不儘然。觀其講學書中謂「象山學問思辨、致知格物之説,未免沿襲之累」,且申言知行原是一個主義。其詞云:知行原是兩個字,説一個功夫。這一個功夫須著此兩個字,方説得完全無弊病。若頭腦處見得分明,原是一個頭腦,則雖把知行分作兩個説,畢竟將來做那一個功夫,則始或未便融會,終所謂百慮而一致矣。若頭腦見得不分明,原看做兩個了,則雖把知行合作一個説,亦恐終未有湊泊處。況又分作兩截去做,則是從頭至尾更没討下落處也。反覆詳明,見象山之學有講明、有踐履,既以致知格物爲講明之事,即非知行原是一個義,與良知之旨有差。要之以陽明之學擬諸象山,尚屬影響。

以陽明之學準諸朱子，確有依憑。蓋陽明講學，删不盡格物傳義在外，而朱子注經，包得盡良知宗旨在内。惟朱子精微之語，自陽明體察之以成其良知之學；惟朱子廣博之語，自陽明會通之以歸於致良知之效。然則朱子全書具在，他人讀之而失其宗旨，不善讀朱子之書者也。陽明讀之而得其宗旨，善讀朱子之書者也。抑又思之，設非朱子剖析知行，剖析尊德性道問學，剖析致中致和，剖析博文約禮，編爲章句，勒爲遺書，而訂良知之訣者，竟曰知行合一，竟曰道問學即是尊德行，竟曰致和即是致中功夫，竟曰博文即是約禮功夫，爲之解釋，著於後世，使後之讀者無先後之可尋，無體用之可辨，其遺誤豈淺鮮哉？是陽明之學亦必附於朱子之學而並傳，綜而計之，擬而議之，則直以爲陽明良知之學非出自象山而出自朱子云爾。

泉也不敏，於朱子、陽明之學從事有年，雖茫乎其未有得，而中心竊嚮往之。間嘗即陽明之古本大學以參考朱子之改本大學，爰輯古本大學匯參一卷，又取陽明講學之書，以證明朱子講學之書，爰輯王陽明書疏證四卷，又録陽明所撰雜文依經立義者，仿前人程子經説之例，輯王陽明經學拾餘一卷，又采陽明弟子所記語録傳習録中説經各條，仿前人朱子五經語類之例，輯王陽明經説弟子記四卷。管窺之見，未敢自謂有當也。實應喬石林侍讀嘗記陸平湖論陽明之言曰：「其人則是，其學則非。」泉擬改其言曰：「其學則是，其詞則非。」故凡陽明書中所謂「本來面目」，「正法眼藏」，「無所住而生其心」等語，旁涉佛書，藉以發明者，概不引證附和，俾後之願學陽明之學者知所擇焉。咸豐癸丑五月甲寅，高郵胡泉自序。

陳康祺

陳康祺（一八四〇～一八九〇），字鈞堂，浙江鄞縣人，同治十年（一八七一）進士，累官刑部員外郎。後任江蘇昭文知縣。辭官後家居蘇州，師法錢大昕、俞正燮。博學多識，尤熟悉清代掌故。著有郎潛紀聞。

郎潛紀聞三筆沈端恪請黜陸王陳從祀孔廟之措辭

沈端恪公甫通籍，有上孝感熊座師書，請黜陸象山、王陽明、陳白沙孔廟從祀。其議象山，謂「六經皆我注腳一語，非聖背經，狂妄自恣。」其議白沙，「謂靜坐養出端倪，的係禪定一派。」至陽明之學，則以謂：「原於象山而猖狂過之，似乎白沙而詭譎爲甚。若當孔子，難逭兩觀之誅；如遇孟子，必在放距之列。久竊從祀，萬萬不可。」其辭而闢之尤爲不遺氣力。當時孝感得書，不知若何作答，特未見其有釐正從祀之疏耳。康祺竊考端恪之學，其始浸淫禪窟，則幾與姚江之末派相同，其繼師應潛齋，友沈士則、淩嘉印，則宗旨尤與陸王爲近，即誦法朱學，漸悔前非，其時年僅三十餘，亦不必衛道如是之嚴，論古如是之刻，豈程朱、陸王，果如苗莠、雅鄭勢不兩容，必焚其書而鏟其名，乃足爲紫陽之功臣歟？且「静坐」二字似不始於白沙，何以一養端倪，便成禪定？末學淺漏，向讀陸清獻書而疑之，讀端恪書而疑益甚矣。按：白沙不無遺議，象山未可厚非，若陽明則安才碩學，偉績精忠，比肩漢葛亮，接踵宋天祥，彼自獨有千古，本不籍兩字良知，分孔廡特豚之饗也。乃謂其功業不過杜預，學術甚於安石，門户之論，豈可謂平？

劉光蕡

劉光蕡（一八四三～一九〇三），字焕唐，號古愚，咸陽人。弱冠避寇醴泉、興平間，爲人磨麥、鬻餅餌求食，而讀書不倦。亂定，補諸生，舉光緒乙亥（一八九九）鄉試。赴春官不第，乃退居教授終其身。究心漢、宋儒者之説。尤取陽明本諸良知者，歸於經世，務通經致用，歷主涇陽、涇干、味經、崇實諸書院。所成書曰立政臆解、學記臆解、大學古義、孝經本義、論語時習録、煙霞草堂文詩集等。事迹見陳三立劉古愚先生傳。

煙霞草堂文集卷五與門人王伯明論朱陸同異書

汝以程朱爲孔門正派正途，陸王爲異，所謂異同者，誰定之耶？其非孔子預定爲孰正孰異，則爲各私其門户之説也明矣。各私其門户，則如兄弟分祖父之業，一自謂嫡長，一自謂私愛，始而口舌争，繼而獄訟起、干戈尋，骨肉之親遂成陌路，而祖父之家業已日耗於訟鬬而爲鄰里所得。其稍有才能而勤儉者，欲贖祖父之業，其不能贖者，又復理前人之争，而謂彼之門分爲不應贖。今之辨程朱、陸王者，何異於是？學術之不同也，自古至今，所謂正統嫡傳，亦未有全體胥同而無絲毫之不異，正如孿生之子，雖極相似，亦必不盡同。而子於父母，世更無絲毫之畢肖者，則何必學聖人者而僅朱子之一途爲正也。即京師喻之，在京師西者以東向爲正途，在南者以北向爲正途，而居東、居北者，則必反在西在南者之向而始得其正。學道者之才質，與其所處之時勢，蓋有千百之殊，不僅如往京師之途可以四面八方該也。乃欲學聖人者必出於朱子之一途，是居京師西以向東爲正，而必居東、居南、居北者之一循其軌也，毋乃不通之論乎？且朱子守程子之説而多不相同，程子親受周子之傳而宗旨不同，明道伊川亦自氣象不同，程子與横渠中表也，而學術不相同，彼時不分門户，北宋講學之風氣蓋純於南宋也。今日講學萬不宜自隘程途，懸一孔子之道爲的，任人之擇途而往，不惟不分程朱、陸王，即荀、楊、管、商、申、韓、孫、吴、黄、老雜霸詞章以及農工商賈，皆爲孔教之人，苟專心向道，皆能同於聖人，而耶、佛亦可爲吾方外之友，如孔子之於老子、楚狂、沮溺等。蓋九流皆吾道之支，而耶教則與吾並域而居，期教之興滅盛衰，各視其行之心力如何，其是非不能以口舌争也。

煙霞草堂文集卷五與門人王含初論致良知書

陽明較白沙、甘泉爲實。静中養出端倪，此端倪爲何物？隨處體認天理，誰體認之？且誰使之隨處？便自家體認天理，不得不歸之良知矣。静中養出端倪，蓋因宋、元至明，以文詞取士，朱子之學，行而不暢，别爲道學一派。知守朱子家法者，即士人論，不過千萬分之一。其他無非以語言文字求聖人之道，蓋皆知語言文字而不知有道矣。故白沙欲人擺脱文字，於静中養出端倪，蓋於詞章錮蔽之中，欲人自見天則，如樹木然，既得真種子，然後滋培灌溉，發榮滋長，自成佳木，而無惡蔭，非謂養出端倪，便可不學也。白沙明言端倪、言養出，則以是爲學之萌芽，豈以静養畢學之事哉？至甘泉即慮及世人不察，第守静中端倪，而忘即物窮理之功，故以隨處體認天理爲師説，補出養出端倪以後功夫，非背棄師説，别開一途，自立一派也。静中養出之端倪，似爲道之體；隨處體認天理，似求道之用。在俗儒泥文字，又必看爲兩橛，不惟不見爲相成，且見爲相反。故陽明出而力爲溝通之曰：「静中養出之端倪，何也？即吾心中惺惺不昧之天理也。其隨處能體認天理者，何也？即吾心中時時自出之端倪也。其體清明精粹，故屬之知。具於吾生之初，而爲道之大原，不爲氣質物欲所蔽錮，故曰良。推之事事物物，無處不有，無時不見，則一身之大用，又該焉，故須致是。」白沙、甘泉之説，陽明以三字該之，而天人、内外、本末、精粗一理融貫，其簡易直捷爲何如哉！不惟能該白沙、甘泉也。主静之説，出於周子。程子見人静坐，便歎爲好學。「天理」二字，是程子自家悟的。程子又易周子主静爲主敬，則甘泉之於白沙，正如程子之於濂溪也。朱子謹守主敬窮理之旨，不敢稍失，是時程學孤行，信從者少，僅其弟子私相授受，故無流弊。苟有信從主敬窮理之説，而以之爲學，則皆聖人之徒，故朱子一意表章程學，而不別啟程途，正不暇別啟程途。又適有金谿之説，別立一幟。此時重外輕内之弊未形，陸子之説未免發之過早，故朱子力與之辨而拒之。至理宗表章道學，學禁大開，由元至明，朝廷取士均主程朱之説，程朱之學可謂大行矣。其時實爲程朱之學者幾人？蓋寥落可數矣。豈非主敬不窺其源，則拘而難久；窮理不窺其源，則泛而無歸？其淺嘗者又致飾於文貌，比附於語言，而大道乃日隱矣。於是白沙出而指示入手之法，使人先認本體；甘泉又使證之物物。陽明會合二家之說，括以「致良知」三字，單傳直指，一針見血，使學人聞言立悟，有所執持，以循循於學問之途，故自陽明之說出，海內學人蠭起，名儒輩出，蓋自周、程創興儒教以來，未有若斯之盛也。然弟子於師雖親受，其傳究難盡同於其師。源遠而流益分，背其師說者必多；勢盛則附從者衆，又不能保無敗類雜於其中。明末國初，諸儒鑒王學末流空疏之失，欲矯而救之，遂痛詆陽明。夫矯末流之空疏，可也；以空疏詆陽明，不可也；詆陽明而以「致良知」一語爲遁於虛，尤不可也。良知之說出於孟子，致知之說見於大學，謂陽明扭合兩書，爲近於巧，則是；謂此語背於聖道，迷誤學者，則非也。然亦安知大學先致其知，致知在格物之知，非未致時之良知；知至之知，非已致之良知？則致良知又即朱子因已知之理，以求至乎其極之謂也，而致良知又偏於道問學矣。故吾謂凡詆陽明者，謂入於禪，遁於虛，皆胸中有物，未嘗平心以究其旨，一見「致良知」三字，怒氣即生，遂不憚刻論深文，以羅致其罪也。我於人辨程朱、陸王者，全不置詞，不欲爭閒口舌也。今嘵嘵告汝者，以汝今甫有志於學，即染市井鬭口惡習，我心爲之戚然。且今日講學，不必與禪家爭性理，當與耶氏爭事功；且不必與耶氏爭事功，當使中國之農工商賈不識字之人，皆自命孔子之徒，爲孔子之學，其有功吾教，較之辨明正學，蓋不止百倍也。夫良知者何？即世俗所謂良心也。致良知者何？作事不昧良心也。此則蠢愚可曉，婦孺能喻矣。欲盡收中國之民於學，舍「致良知」三字何以哉？此吾向所謂「今日講學，宜粗淺，不宜精深」者，此也。

朱一新

朱一新（一八四六～一八九四），字蓉生，號鼎甫，義烏人。弱冠後研究經史，窮極精奥，而務求其通。光緒丙子（一八七六）成進士，官翰林院編修，典試湖北，補陝西道監察御史，旋以母疾請急歸。南皮張文襄時督兩廣，延爲端溪書院山長。復聘主講廣雅書院。甲午夏卒，年四十九。遺書有無邪堂答問、漢書管見、奏疏、佩弦齋文詩存、外集，總爲拙盦叢稿。清史稿卷四四五、清史列傳卷六九儒林傳下二有傳。

佩弦齋雜存卷下答陳生鍾璋問王陽明學術

陽明天分卓絶，其言直指本心，簡易切至處，有益於學者，以之救近日漢學家支離破碎之病，尤爲對症良藥。但與朱子相較，則精粗疏密之間，不可以道里計。朱子爲學之功，散見語類、文集者，陽明傳習録之説，多與異趣，固不待言。而朱子訓釋格致之旨，大要盡於補傳一章，所云「人心之靈，莫不有知」，即大學之明德，陽明之良知也。孟子以孝弟言良知，陽明則以知覺運動言良知。孝弟爲仁之本，此惻隱仁之端，蒸民之詩所謂「有則」也；知覺運動，雖亦本乎性，生而有氣稟清濁之不同，苟失其養，則易爲氣拘物蔽，故曰「物交物則引之」矣，蒸民之詩所謂「物」也。宋儒言性，必分義理、氣質者，意亦同此。有則之性，當擴而充之，此即孟子之所謂「良知」，陽明之所謂「致良知」，亦即大學之所謂「明明德」也。有物之性，則所稟有剛柔清濁之不相侔，所發即有喜怒哀樂之不中節，而天下之事物，本有一定不可易之理，吾以氣拘物蔽之私意參之，則應一事、處一物，必盡淆於意見而不得其當。聖賢知其然也，故有格物窮理之功。而窮理格物之功，其事甚繁，其義甚大，初學何從下手，故必因其已知之理而益窮之，如愛親敬長，此秉彝之本乎天者，仁義禮智，亦四端之根乎性者，中庸所云「天命之謂性也」，此人之已知者也。顧人人同此秉彝，何以或爲聖賢，或爲桀、紂？是在擴充而已。苟曰充其氣稟之濁者、惡者，則馴而至於桀、紂也不難；苟曰充其氣稟之清者、美者，則馴至於聖賢也亦不難。析之不極其精，將誤以濁、惡者爲清、美者之所發，而處事接物無一得當矣。且人人知當愛親，而得其道則爲大舜，不得其道則爲申生。御是以推，天下事萬變無窮，而皆各有其自然之則，與夫當然之理，冒昧以應之，非太過即不及，此非徒良知之所能盡也。吾未聞孩提之童，而遂能爲浚井完廩。應變之方，於田號泣，怨慕之事也。使舜不能窮事物之理，至乎其極，則亦爲井中之泥，廩中之灰已耳。故曰：「小杖則受，大杖則走。」曾子大賢，臨事猶不能無幾微之惑，況於千百庸衆中，而謂可致吾之良知，率爾以應之哉？且陽明之所謂良知，又混物與則而一之，與孟子之專指有則而言者不同。心與性有别也，復不言人性之善，而言本心之明，歧之又歧。夫心雖所以具衆理應萬事，然出入無時，莫知其鄉。惟危惟微，操存舍亡，古聖賢莫不於此致其戒慎恐懼焉。大學先格致而後誠正，物之不格，知之不明，誠於何有？格致誠正者，所以明其明德，而葆其良知也。今不用格物窮理之功，而曰吾心自有良知，復不嚴心性之辨，而即以本心之明爲良知，即彼偭規錯矩者，皆可託於小德出入之説，而曰吾心之本明如是，是即吾良知也；蕩檢踰閑者，亦可託於食色爲性之説，而曰吾心之本明如是，是即吾之良知也。王學末流，猖狂恣肆，如顔山農、何心隱之徒，既已詭誕不經，李卓吾更復非聖無法，以讀古書者爲俗儒，以拾宗門糟粕者爲俊士。學術既壞，國步隨之，此雖非陽明所及料，而實其講學之宗旨稍偏，致人才敗壞於冥冥之中而不自知，是故君子立言，不可不慎也。

無邪堂答問卷五答問朱陸入道

問：朱陸皆可入道否？答：豈獨朱陸皆可入道，即無垢、慈湖、龍溪、泰州之徒，純以禪宗提倡者，苟去其偏，而專取其長，亦何嘗不可入道？但天下中材多而上智少，頓悟之説，既非中材所能領會，而才智者又樂其簡易，可以恣其胸臆，遂至盡抉藩籬。故程朱之學歷元、明數百年而無弊，即弊，亦不過迂拘弇陋而已。姚江之學，不及百年，諸弊叢生。其卒也弇陋，與宋學末流等，而踰閑蕩檢，猖狂恣肆，則什百過之，故與其爲陸王，毋寧爲程朱也。然以此集矢於陸王則不可。陸王説雖過高，要自有真面目，王與陸亦不盡同。象山之言，最足激發志氣，使人興起。第取簡捷以立教，則其言多有過當者，故朱子辨之，恐貽誤後學耳。王學流弊，泰州爲甚，龍溪次之。泰州本非文成之所喜，而流衍獨廣，蓋人心樂縱恣而憚拘檢也。其徒多赤手捕長鯨之人，故決裂尤甚。嚴嵩罪大惡極，何心隱獨能以秘計去之？（事見明儒學案。又周櫟園書影載陳士業答張謫宿書亦及此事。）而心隱之見忮江陵，亦由於此。此輩才氣非常，惜其不軌於正。張文定謂儒門淡泊，收拾不住，惟其不甘淡泊，乃入於異端。故學者必以淡泊明志，爲先務也。（「淡泊明志」之言，與文定語意稍别，而病根則同，近人治經力求新異，欲以駕古儒者之上，皆不甘淡泊者也。）泰州之學流衍粵中者，有楊文懿，其作三經序、送劉布衣序牽合三教，恣意滅裂。（王龍溪集中三教堂記、不二齋説諸篇，皆與楊説略同。）彼時講學之徒，半多如是。高、顧諸公乃起而救之，敦尚名節，力障狂瀾，爲功最鉅。故東林者，所以結明三百年養士之局，而開國初風氣之先者也。

鄭杲

鄭杲（一八五一～一九〇〇），字東父，即墨人。舉光緒己卯（一八七九）鄉試第一，次年成進士，授刑部主事。篤學敦行，母喪，歸。主講濟南濼源書院，教士有法。服闋，復至京師。光緒二十六年卒，年四十九。鄭氏之學，自經訓史傳，朝章國故，以逮百家衆説，無所不涉，獨耽於經。諸經皆致力，尤篤於春秋。遺稿刊行者，春秋説、論書序大傳、書張尚書之洞勸學編後、筆記、文集、雜著等。清史稿卷四八二儒林傳三有傳。

東甫遺稿卷二讀宋元學案

太極圖説訟辨，七八百年未定，或以爲出於異端，或以爲直接夫子，經先賢數十人而不能定，後學豈容置議？然先賢之辨，大抵於大原處争之，夫大原之處，殆非聖人不能定也。杲於此竊有二説，皆但於淺末論之。其一曰：「無極」二字，如象山所譏，則信不可也；如朱子所解，則無不可也。今既不能知周子確從何解，則其是非，固無由而定。然但論修詞之義，則大傳但言太極，後學不宜更言無極，况承異端猖狂之後！「無極」二字，明見老子書中，立言者獨不宜致慎乎？梭山所疑，不當太極上加「無極」二字。象山所疑，大傳「易有太極」，聖人言有，今乃言無。又云：「作大傳時，不言無極。太極何嘗同於一物，不足爲萬化根本邪？」又云：「若懼學者泥於形器而申釋之，則宜如詩言『上天之載』，而下贊之曰『無聲無臭』可也。」此數語似皆顛撲不破，學者宜知所法戒者也。其二曰：太極圖説據潘清逸則周子所自作也；據朱子發則出於陳希夷，傳至穆伯長，而周子得之者也。後之論者，絀圖説則據朱氏，伸圖説則據潘氏。潘氏身及周子，爲之誌墓；朱氏尊信周子，爲之表揚，去周子未遠，皆不應虛搆。惟黄晦木稱「圖出河上公，本名無極圖，陳摶得之，傳种放，放傳穆修，修傳周子，周子更易其名，綴説於圖，附於大易」，殆爲得之。蓋圖出彼氏，而説爲周子所自作，潘氏據其終，朱氏原其始，合而觀之，庶幾得其實耳。惟朱子亦然，其始，單據潘誌，定爲周子自作，後閲十數年，見希夷之徒，其言有與圖説相應者，改謂「是説之傳，固有端緒，至於先生，然後得之於心，無所不貫」。蓋雖始終崇信，而不得謂其端緒不出希夷也。惟晦木亦然，其言曰：「方士之訣，在逆而成丹，故從下而上；周子之意，以順而生人，故從上而下。」蓋雖始終不信，而不得謂周子之説，仍是希夷之舊也。夫極詆圖説者莫如晦木，極尊圖説者莫如朱子，兩端不同之極之中，而有其同者焉。豈非事迹詞旨之顯見，有不可没者也？後學置其不同者，姑付闕如，而但取其顯見者觀之，則亦可得其大概，而不至以畸輕畸重，蹈毫釐千里之失矣。讀濂溪學案。

有單疑圖説者，梭山、象山、晦木、主一是也。有並疑周子者，晁氏謂「元公師事鶴林寺僧」；性學指要謂「元公初與東林總游」；豐道生謂「兩程子稱周子曰茂叔，稱安定必曰胡先生，雖有吟風弄月之游，非師事之」是也。有並程子以來疑之者，本朝紬宋尊漢諸儒是也。有以周子直接夫子，而程子得其統者，朱子以來道統諸儒是也。有因疑圖説，雖不廢周子，而不欲奉爲伊、洛之統者，玉山汪氏及主一謝山是也。末學於此，既不能定疑與信者之是非，假令疑者全是，而我誤信之，或信者全是，而我誤疑之，皆有千里之謬之懼，安敢輕置議哉！今但以其有據易見者考之。梭山謂圖説與通書不相類，今按通書中言太極，不言無極，是其不相類也。豐道生謂兩程子未嘗道及太極圖説。今案，程氏遺書其中與圖説相類者，蓋有之矣，然始終未嘗論及圖説，亦不見「無極」二字，是豐氏之言未盡無據也。然則以圖説與通書分別觀之，或亦可乎？若夫濂、洛之分合，其合而疑者，如紬宋尊漢之説，則周子出於陳摶，出於鶴林寺僧，出於東林總，而程子又出於周子，若大可疑矣。然梨洲有言，使其學而果是乎，則陳摶、壽涯亦周子之老聃、萇宏也。今案：周子之學，若除太極圖説暫不敢定外，其通書中不但無「無極」二字，即其辭義之明白純粹，亦絶無一語夾染彼氏，此其學之果是亦可見矣。又主一有言，元公以誠爲五常之本，百行之源，以無欲主靜立人極，其居懷高遠，爲學精深，孝於母，至性悱惻過人，又勤於政事，宦業卓然。此正與釋氏事事相反者。若果禪學，如此則又何惡於禪學乎？今案：主一亦疑圖説，而有取其無欲、主静、立人極之言者。蓋通書中有「無欲」字，出於初漢老師；通書中有「主静」義，其説出於樂記，無可疑也。況其實行又粹然如此，然則周子雖得圖於希夷，及曾事鶴林寺僧，無害其終爲聖人之徒也。其分而疑之者，如豐道生之説，因程子稱胡先生而字茂叔，及終身語不及太極圖説，遂謂未嘗師事。今案：大程子稱昔受學於周茂叔，述所聞四事，伊川與康節論天地安在何處，歎曰「平生唯見周茂叔論至此」，則謂未嘗師事者非也。又汪氏之言則曰：「濂溪先生高明純正，然謂二程受學，恐未能盡。」又曰：「伊川於濂溪，若止云少年嘗從學，則無害矣。」謝山之言則曰：「伊、洛所得，實不由於濂溪。」又曰：「濂溪誠入聖人之室，而二程子未嘗傳其學。」又引滎陽、紫微之言，以爲之證。今案：滎陽之言曰：「二程初從濂溪游，後青出於藍。」紫微之言曰：「二程始從茂叔，後更自光大。」然則亦謂所得不盡由於濂溪耳。謝山謂實不由於濂溪，分別太甚矣。又統觀明道之言，與其教人之法，合於濂溪者，十八九也，其述茂叔四事，又皆明舉之以教學者也，則謂明道所得不盡由濂溪，及謂未嘗傳其學者，抑又非矣。伊川講學教人，視濂溪、明道有變矣，則以別有得於安定，與其性格不同故也。然如論太極、性、道、陰陽，及見人静坐，便歎其好學，仍是出於濂溪者耳。然則論濂溪之源流分合者，當曰明道傳濂溪之學，微有所損益；伊川兼承濂溪、安定之學，而各有損益，成其爲伊川者也。讀濂溪、明道、伊川學案。

周子直接夫子，下統伊、洛以來者，朱子以後道統諸賢是也。有不廢周子，而不謂其統伊、洛以來者，玉山汪子及主一謝山是也。可謂衆論不同之極致矣。然嘗合而觀之，似乎各有其是，亦各有其非也。如梭山謂圖説與通書不類，欲去圖説而存通書。今案：通書言太極，不言無極，是誠不相類也。然通書有「静無而動有」五字，立言亦未盡善，似宜不分別圖書，而但分別可否，置其一二之可疑，取其八九之可信，其亦可乎。豐道生謂程子稱周曰茂叔，稱安定必曰胡先生，雖有吟風弄月之游，非師事之。不道太極圖説，蓋知其爲異端，莫之齒也。今案：明道自言與伊川同受學濂溪，謂非師事，謬矣。又案：明道、伊川之所發明，往往合於周子，則謂之爲異端，莫之齒者，亦誤矣。然觀二子之終身不以圖説示人，而伊川之稱濂溪，實不逮推尊安定，則亦必有其所以然者，惡不可考邪？若夫詆爲異端，或據朱子發之言，謂出於陳摶，或併據晁氏之言，謂師事鶴林寺僧壽涯，則梨洲論之最善，曰：「使其學而果是乎？則陳摶、壽涯亦周子之老聃、萇宏也。」今案：濂溪人品之高，接物之和，事親之孝，至性過人，宦業卓著，則其行，儒也。遺書中除「無極」二字，及「静無而動有」一語，此外則其言亦儒也。據其一二而概其什百，將可乎哉？然而疑者之紛紛，則亦有故矣，由推崇過其分也。自朱子以爲直接夫子道統之號，垂七百年天下之美惡皆歸之。人見其美之不稱也，則疑之矣；見惡之咸歸也，抑憂之矣。憂夫疑之者，將並廢其美也；憂夫過信者，將並取其不美也。玉山其知之矣，故與朱子書曰：「濂溪先生高明純正，然謂二程受學，恐未能盡。」又曰：「伊川於濂溪，若止云少年嘗從學，則無病矣。蓋目覩洛學之流弊，不宜更張其焰，而又知推崇過當，必致後來之貶抑過當也。」百年以來，舉濂溪、關、閩七八百年之德行學問，被以禪學，而不復道，玉山預料之矣。數十賢達畸輕畸重之間，而數百千年天下學者爲之胥受其病，然後知夫子之慎毀譽，其義有大焉者矣。下略。讀濂溪學案。

馬其昶

馬其昶（一八五五～一九三〇），字通伯，晚號抱潤翁，安徽桐城人。屢應鄉試不中，遂從事教習。主廬江潛川書院山長及桐城中學堂、師範學堂教習。宣統二年（一九一〇）授學部主事，充京師大學堂教習。一九一三歸里任安徽高等學堂監督。一九一六年，任清史館總纂。後以病歸里。工古文，守桐城派古文義法。著有抱潤軒文集、桐城耆舊傳、周易費氏學等。事迹見碑傳集三編卷四一陳三立學部主事桐城馬君墓志銘。

抱潤軒文集卷三書陸清獻公手札後

陸清獻公手札三通，吾鄉蘇欽齋徵君得之杭州書肆，仁和邵位西先生題其後，稱陽明王氏出而朱子之學一變。我朝張武承、孫退谷輩，稍能論著其失，顧其人德業聞望不足與相抗衡，且劉念臺、孫夏峰同時設教，浙東、河北皆陰祖王氏之旨，學者震其直節義行，無敢復置疑義。公獨大聲疾呼，不肯毫髮阿狥，其爲説既當矣，顧又謂王氏之學，例以楊、墨亢儒，老、佛畔孔，殆不爲過，浸淫百有餘年，遂以亡明，因發公所爲功於聖道者，繇闢王氏，則其詞旨乃不無少激。蓋聖人之道大矣，易曰：「天下同歸而殊途，一致而百慮。」百川歧流，同納於海，雨暘寒暑，晦明或愆其節，終成歲功。自聖人之存，其徒各本其所近以爲學，已不勝其互異，故曰：夫子之門何其雜也。然卒不害其同，何也？以其有仁義五常之德也，君臣、父子、兄弟、夫婦、朋友之倫也，詩、書、六藝之業也。畔此者謂之異端，楊、墨、佛、老是也。遵此者謂之儒，而其中有差焉。得其粗者，漢、唐諸儒是也；得其偏者，金谿、姚江是也。其精且正者，惟程、朱氏爲得其宗，自是以降，儒者風趨，出此入彼，要不外此數端，而其精有差焉，其正有差焉。差之極則蔽生，至譏窮理爲支離，如心齋、龍谿之放恣，又偏之甚者也。薄義理爲空疏，如毛西河、戴東原之懻忮，又粗之甚者也。且夫仁義之德，君臣、父子、兄弟、夫婦、朋友之倫，詩、書、六藝之業，人道之大端也，使其學果出於此，雖有其粗且偏者之弊，君子猶將進之焉，謂其大端同也。使其學不出於此，則彌近理大亂真，君子愈嚴之焉，謂其大端異也。孟子之拒揚、墨，昌黎之闢老、佛是已。陽明之節義、事功，震耀一時，聞其風者且皆興起，可不謂豪傑士哉？特其初所得力之由，不能無差，執而不返，遂成其一偏之詣，不謂之蔽，不可也。是故程、朱爲孔氏不祧之宗，而金谿、姚江亦其支孽也，遽絶之聖人之徒，謂其學足以禍世夷民，毋廼亦少過歟？清獻之崇正軌，排歧趨，爲功聖道誠大矣。要其所以能命世獨立者，亦其節義事功之可貴也。其行無纖不完，其言乃能立於不朽之域，不然如陳清瀾、張武承、孫退谷輩之所持固正矣，又豈足以望劉、孫諸公之萬一乎哉？位西先生諱懿辰，以舉人官刑部員外郎，咸豐末死寇難，蓋庶幾能立言者。徵君之子强甫先生，嘗爲其祖授讀，以是册見貽，其祖既敬受而藏之，又附著其所見於此，冀世有知言君子論定焉。桐城後學馬其昶謹記。

康有爲

康有爲(一八五八～一九二七),原名祖詒,字廣廈,號長素,後又號更生,别署西樵山人、天遊化人,廣東南海人。人稱「南海先生」。光緒進士。授工部主事,未就職。光緒二十一年(一八九五)發動「公車上書」,爲光緒帝賞識,謀劃「戊戌變法」。變法失敗,流亡海外。信奉孔子儒家學説,並致力於將儒家學説改造爲可以適應現代社會之國教。著有新學僞經考、孔子改制考、大同書等。清史稿四七三有傳。

萬木草堂口學術源流

孔子之後,荀、孟甚似陸、朱。荀子似朱子,孟子似陸子。

明代全心學,有朱、王之争,晚明高、顧二先生力矯之,故有東林焉。

孟子,公羊之學。荀子,穀梁之學。孟子高明,直指本心,是尊德性,陸、王近之。荀子沉潛,道問學,朱子近之。傳詩則申公,禮則東海孟公,春秋則胡毋生,皆荀子所傳。孟子之後無傳經,惟韓非子顯學篇有樂正氏之儒。宋朱、陸二派亦然,象山弟子著録數千人,而後學不甚光大。朱子之後，彬彬濟濟。可知學之不可以已也。

南海師承記

講格物

朱子至陽明始生別解，聚訟百年。朱子謂：物即事未當，事與理如何混爲一？此以意見改古本。若然，何不云窮理而多廢轉折乎？孔武仲、司馬温公皆當「扞格外物」解，此解見樂記，甚是。陽明又當正解，與扞格頗近。

講宋學

同時陸子静之學，原從大程子得來，直接本心，得於佛學，亦有補於朱子之學，其語録甚可觀，文字有些武斷氣。

朱子之學，爲士人説法；陸子之學，人人皆可。學王學亦然。

朱學善學於陸，包陸在内。

朱、張、吕、陸四大儒，張、吕與朱近，陸則分道揚鑣。朱子能正陸子之偏。

陽明以大學有格物，遂格庭前一竹，七日不得通，因攻朱子，而以致良知之説爲主。非之者以爲近六祖佛學，然知行合一之説最爲緊切，但不講求學問，不講求禮法，此其疏爾。

中和説 節録

朱子自幼從延平學，求未發之旨未達。聞張欽夫得衡山胡氏學，往問之，亦未省。後沉思而自疑，取程氏書虛心讀之，然後知情性之本然。然自敘如此，又謂「中和」二字，道之體用，舊聞李先生論此最詳，後來所見不同，遂不復致思。今乃知其爲人深切，然恨不能盡記曲折。如云「人固有無喜怒哀樂之時，然謂之未發，則不可言無主也」。又云「先言慎獨，然後及中和」。當時既不領略，又不深思，遂成蹉跎，辜負此翁耳。其晚自悔如此。蓋朱子説道理最惡儱侗，又參以程子主敬之説，以静爲偏，不復理會。迨晚年深悔用功之疏，而信延平立教之無弊，蓋經輾轉折證，而後有此定論。朱子生平學力之淺深可見，而中和爲聖學之本亦明矣。王文成以鐘喻性體，謂未和時驚天動地，已和時寂天漠地。又曰：無前後内外，渾然一體。其徒薛中離謂，未發、已發分開不得，若分開便有體用二源，我强曰時時必有事，亦時時未發。未發云者，發而無發。朱子第一書所見相似，然朱子已自注其始見爲非矣。

與朱一新論學書牘 節録

朱子之學，所以籠罩一切爲大宗者，良以道器兼包，本末具舉，不如陸子、止齋之倫滯在偏隅，如耳、目、口、鼻之各明一義，不舉大體也。

徵引文獻

柏堂集續編 （清）方宗誠 清光緒刻本
碑傳集 （清）錢儀吉 中華書局一九九三年版整理本
抱潤軒文集 （清）馬其昶 清宣統石印本
抱經堂文集 （清）盧文弨 清乾隆六十年刻抱經堂叢書本
駁四書改錯 （清）戴大昌 清道光二年刻本
白田草堂存稿 （清）王懋竑 清乾隆十七年刻本
此庵講録 （清）胡統虞 清順治八年刻本
陳確集 （清）陳確 中華書局二〇〇九年整理本
存吾文鈔 （清）余廷燦 清咸豐五年雲香書屋重刻本
存學編 （清）顔元 中華書局一九八七年顔元集本

存硯樓集　（清）儲大文　清乾隆京江張氏刻十九年儲球孫等補修本
茶餘客話　（清）阮葵生　中華書局一九五九年版
巢經巢文集　（清）鄭　珍　民國遵義鄭徵君遺著本
戴東原集　（清）戴　震　清乾隆五十七年經韻樓刻本
讜冰壑先生全書　（清）讜　成　清光緒一一年刻本
雕菰集　（清）焦　循　清道光嶺南節署刻本
東甫遺稿　（清）鄭　杲　民國二十年鉛印本
讀書綵衣堂全集　（清）趙士麟　清康熙三六年刻本
讀書偶記　（清）雷　鋐　文淵閣四庫全書本
得樹樓雜鈔　（清）查慎行　民國烏程張氏適園叢書本
憺園集　（清）徐乾學　清康熙年間冠山堂刻本
大雲山房文稿　（清）惲　敬　商務印書館四部叢刊景清同治本
砥齋集　（清）王弘撰　西北大學出版社二〇〇五年整理本
鵝湖講學會編　（清）鄭之僑　清乾隆九年述堂刻本
二林居集　（清）彭紹升　清嘉慶四年味初堂刻本

二曲集　（清）李　顒　清康熙三三年刻後印本
方苞集　（清）方　苞　上海古籍出版社二〇〇八年版
復初齋文集　（清）翁方綱　清李彦章校刻本
風希堂文集　（清）戴殿泗　清道光八年九靈山房刻本
國朝宋學淵源記　（清）江　藩　清咸豐四年粤雅堂叢書本
歸樸龕叢稿續編　（清）彭藴章　清同治彭文敬公全集本
改亭詩文集　（清）計　東　清乾隆十三年計瓊刻本
光啟堂文集　（清）方孝標　清康熙刻本
冠豸山堂文集　（清）童能靈　清乾隆二十一年刻本
寒松堂全集　（清）魏象樞　清康熙刻本
黄式三全集　（清）黄式三　上海古籍出版社二〇一三年版
金華理學粹編　（清）戴殿江　清光緒刻本
鮚埼亭集　（清）全祖望　清嘉慶十六年刻本
街南續集　（清）吴肅公　清康熙刻本
近思録注　（清）郭嵩燾　華東師範大學出版社二〇一五年整理本

經笥堂文鈔　（清）雷　鋐　清嘉慶十六年寧化伊氏秋水園刻本
經義齋集　（清）熊賜履　清康熙二十九年澡修堂刻本
兼濟堂文集　（清）魏裔介　清光緒刻本
居業堂文集　（清）王　源　清道光十一年讀雪山房刻本
緝齋文集　（清）蔡　新　清嘉慶刻本
景紫堂文集　（清）夏　炘　清咸豐五年景紫堂全書本
康有爲全集　（清）康有爲　中國人民大學出版社二〇〇七年版
孔尚任全集　（清）孔尚任　齊魯書社二〇〇四年版
考槃集文録　（清）方東樹　清道光二十年刻本
南沙文集　（清）洪若皋　康熙三十三年刻本
郎潛紀聞　（清）陳康祺　中華書局一九八四年版
理學逢源　（清）汪　紱　清道光十八年敬業堂刻本
理堂日記　（清）韓夢周　清道光三年至四年静恒書屋刻本
理堂文集　（清）韓夢周　清道光三年至四年静恒書屋刻本
理學宗傳　（清）孫奇逢　康熙五年張沐刻本

李文清公遺書　（清）李棠階　清光緒八年分寧陳氏河北分守道刻本
鹿洲初集　（清）藍鼎元　清文淵閣四庫全書本
明辨録　（清）陳　法　清光緒十八年傳經堂刻西京清麓叢書本
穆堂初稿　（清）李　紱　清道光十年奉國堂刻本
勉行堂文集　（清）程晋芳　黄山書社二〇一二年點校版
南雷文定　（清）黄宗羲　浙江古籍出版社二〇〇五年黄宗羲全集本
樸學齋筆記　（清）盛大士　民國嘉業堂叢書本
佩弦齋雜存　（清）朱一新　清光緒刻本
潛室札記　（清）刁　包　清道光二十三年祁陽順積樓刻本
秋水集　（清）馮如京　清乾隆五年清暉堂刻本
清儒學案　（清）徐世昌　中華書局二〇〇八整理本
鍥不舍齋文集　（清）李祖望　清同治三年江都李氏半畝園刻本
切問齋文鈔　（清）陸　燿　清乾隆壬子暉告堂刻本
榕村全集　（清）李光地　清乾隆元年刻本
日知録　（清）顧炎武　清道光西谿草廬刻黄汝成集釋本

雙池文集　（清）汪紱　清道光十四年一經堂刻本
思辨録輯要　（清）陸世儀　清正誼堂全書本
思復堂文集　（清）邵廷采　清光緒二十年越中徐氏鑄學齋刻紹興先正遺書本
四書近指　（清）孫奇逢　清康熙元年中州學署刻本
四書講義　（清）吕留良　清康熙天蓋樓刻本
四知堂文集　（清）楊錫紱　清嘉慶刻本
四書解瑣言　（清）方祖範　清道光刻本
三魚堂文集　（清）陸隴其　清康熙四十年琴川書屋本
三魚堂日記　（清）陸隴其　清同治浙江書局本
孫徵君日譜録存　（清）孫奇逢　清光緒刻本
聖學知統録　（清）魏裔介　康熙龍江書院刻本
松陽鈔存　（清）陸隴其　清光緒十八年傳經堂西京清麓叢書本
藤陰雜記　（清）孫承澤　清雍正十一年刻本
通甫類稿　（清）魯一同　清咸豐九年魯氏遺著本
唐確慎公集　（清）唐鑑　清光緒元年賀瑗刻本

太乙舟文録　（清）陳用光　清道光二十二年孝友堂重刻本
湯子遺書　（清）湯　斌　清同治九年湯氏祠堂重刻本
鐵廬集　（清）潘天成　清光緒十七年刻本
田間文集　（清）錢澄之　黄山書社一九九九年版
王陽明全集　（明）王陽明　浙江古籍出版社二〇一一年版
王學質疑　（清）張　烈　清光緒十八年傳經堂刻本
晚學齋文集　（清）姚　椿　清咸豐二年刻本
晚村先生文集　（清）吕留良　清雍正三年吕氏天蓋樓刻本
五經堂文集　（清）范鄗鼎　清康熙五經堂刻本
文史通義　（清）章學誠　民國嘉業堂章氏遺書本
王學質疑　（清）張　烈　浙江省圖書館藏清鈔本
學統　（清）熊賜履　鳳凰出版社二〇一一年整理本
閑道録　（清）熊賜履　四庫全書存目叢書影印清刻本
夏峰先生集　（清）孫奇逢　中華書局二〇〇四年整理本
西河合集　（清）毛奇齡　清康熙蕭山書留草堂刻本

小安樂窩文集　（清）張海珊　清道光十一年震澤張氏刻本
西澗草堂集卷　（清）閻循觀　清乾隆三十八年樹滋堂刻本
西山集　（清）張能麟　清康熙刻本
學餘堂文集　（清）施閏章　黄山書社一九九二年施愚山集本
蓄齋二集　（清）黄中堅　清乾隆刻本
習齋記餘　（清）顔　元　中華書局一九八七年顔元集本
雪庵文集　（清）范爾梅　清刻本
養晦堂文集　（清）劉　蓉　清光緒三年思賢講舍刻本
愚庵小集　（清）朱鶴齡　上海古籍出版社一九七九年版
用六集　（清）刁　包　清道光二十三年孫懷瑾順積樓刻本
姚江學辨　（清）羅澤南　清咸豐九年羅忠節公遺集本
姚江釋毁録　（清）彭定求　清光緒六年長洲彭祖賢刻本
應潛齋先生集　（清）應撝謙　清咸豐四午
揅經室集　（清）阮　元　清道光刻本
餘山先生遺書　（清）勞　史　清乾隆三〇年須友堂刻本

蘊愫閣文集　（清）盛大士　清道光六年刻本

煙霞草堂文集　（清）劉光蕡　民國七年王典章思過齋蘇州刻本

楊園先生全集　（清）張履祥　中華書局二〇〇二年本

養一齋集　（清）潘德輿　清道光二十九年刻本

翊翊齋筆記　（清）馬翮飛　清道光十八年刻本

隱拙齋集　（清）沈廷芳　清嘉慶十六年刻本

有懷堂文集　（清）韓　菼　清康熙四二年刻本

湛園集　（清）姜宸英　清文淵閣四庫全書本

曾文正公詩文集　（清）曾國藩　清同治十三年傳忠書局刻本

周易函書別集　（清）胡　煦　中華書局二〇〇八年整理本

止泉先生文集　（清）朱澤澐　清乾隆四年顧天齋刻本

拙修集　（清）吴廷棟　清同治十六年安求我齋刻本

正誼堂文集　（清）張伯行　清同治五年福州正誼書局刻本

朱文端公集　（清）朱　軾　清康熙六十年山西劉鎮初刻本乾隆二年江西吴學濂續刻本